Les Éditions Transcontinental
1100, boul. René-Lévesque Ouest, 24e étage
Montréal (Québec) H3B 4X9
Téléphone : 514 392-9000 ou 1 800 361-5479
www.livres.transcontinental.ca

Catalogage avant publication de Bibliothèque et Archives nationales du Québec
et Bibliothèque et Archives Canada

Vedette principale au titre :

40 moments qui ont transformé le hockey :
les événements, les innovations et les joueurs qui ont façonné l'histoire de la LNH

ISBN 978-2-89472-395-1

1. Ligue nationale de hockey - Histoire. 2. Hockey - Histoire. 3. Joueurs de hockey - Biographies.
4. Hockey - Innovations - Histoire. I. Hockey news (Montréal, Québec). II. Titre: Quarante moments qui
ont transformé le hockey.

GV847.8.N3Q37 2008   796.962'6409   C2008-942415-8

Rédacteur en chef de la bannière *The Hockey News*: Jason Kay
Chargé de projet : Alain Menier
Consultant : Jean-François St-Pierre
Traduction : Jean-Sébastien Albert, Mathieu Gautier, Dominic Lapointe, Maxime St-Onge, Alain Tittley
Révision-correction : Hélène Larue, Françoise Miquet
Mise en pages : Centre de production partagé de Montréal, Médias Transcontinental
Conception graphique de la couverture : Charles DesGroseilliers
Impression : Transcontinental Interglobe

Imprimé au Canada
© Les Éditions Transcontinental, 2008
Dépôt légal – Bibliothèque et Archives nationales du Québec, 4e trimestre 2008
Bibliothèque et Archives Canada

Nous reconnaissons, pour nos activités d'édition, l'aide financière du gouvernement du Canada par l'entremise du Programme d'aide au développement de l'industrie de l'édition (PADIÉ). Nous remercions également la SODEC de son appui financier (programmes Aide à l'édition et Aide à la promotion).

Pour connaître nos autres titres, consultez le www.livres.transcontinental.ca. Pour bénéficier de nos tarifs spéciaux s'appliquant aux bibliothèques d'entreprise ou aux achats en gros, informez-vous au 1 866 800-2500.

The Hockey News

40 MOMENTS QUI ONT TRANSFORMÉ LE HOCKEY

Les Éditions
Transcontinental

Table des matières

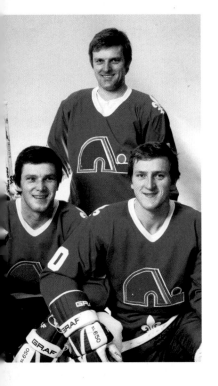

Guy Carbonneau soulève la Coupe Stanley à bout de bras après la victoire des Canadiens contre les Kings, en 1993.

AVANT-PROPOS

CE LIVRE S'INTITULE *40 MOMENTS QUI ONT transformé le hockey*. Ce n'est pas un livre sur les 40 plus grands moments du hockey, ni sur les 40 plus grands exploits de l'histoire de la LNH. Ainsi, on ne décrira pas les 50 buts en 50 matchs du Rocket, ni les 14 victoires consécutives en prolongation des Canadiens en séries entre 1993 et 1998, pas plus que la soirée de 10 points de Darryl Sittler ou les trois buts en 21 secondes de Bill Mosienko.

Quoiqu'il s'agisse de moments magiques qui ont probablement marqué à jamais l'histoire de la LNH, ils n'ont pas réellement façonné le hockey tel que nous le connaissons aujourd'hui. Or, c'est ce dernier facteur d'influence qui fait l'objet de ce livre.

Cet ouvrage porte sur les moments qui ont contribué à faire évoluer le hockey au cours des quelque 60 dernières années. Ils illustrent à merveille la troisième loi du mouvement d'Isaac Newton, selon laquelle il existe une réaction égale et opposée pour chaque action.

Par exemple, l'expansion de la LNH en 1967 et l'arrivée de l'Association mondiale de hockey au début des années 1970 ont réparti le talent existant dans un plus grand nombre d'équipes, et ces dernières ont commencé à se préoccuper davantage du repêchage dans un premier temps, pour plus tard se tourner vers les Européens, qui allaient modifier la façon de pratiquer le hockey. Et cetera.

Sir Isaac Newton n'a jamais connu le hockey. Néanmoins, sa théorie s'y applique.

Il est également à noter que chacun des essais qui suit est l'œuvre d'un auteur choisi avec soin, et vise strictement à présenter son analyse, son opinion et ses perspectives. Les faits essentiels figurent à la rubrique MOMENT DÉCISIF, version «dépêche de presse» de l'événement tel qu'il s'est produit à l'époque. Les textes plus longs sont des rétrospectives expliquant pourquoi ces moments ont pris une telle importance.

Bonne lecture!

Le défenseur Butch Bouchard prête main-forte à Jacques Plante pour contrer l'attaque des Rangers.

Jacques Plante a popularisé non seulement le port du masque, mais aussi le maniement de la rondelle.

INTRODUCTION

Le hockey en évolution

⟩ PAR STAN FISCHLER

«Que deviendrait l'homme s'il ne pouvait aspirer qu'aux seules choses qui se trouvent à sa portée?»
– **Robert Browning**

Le poète n'a peut-être pas inspiré directement la LNH, mais celle-ci n'a jamais cessé de vouloir s'améliorer. Il en va de même pour les joueurs, les entraîneurs et les directeurs.

De ses débuts en 1917 jusqu'à l'ère actuelle de Gary Bettman, la LNH a constamment évolué.

J'ai assisté à ma première joute au Madison Square Garden en 1939, avant l'arrivée de la Zamboni. On n'avait pas encore peint la surface de jeu en blanc et la glace était donc brune.

La différence entre le hockey d'hier et celui d'aujourd'hui équivaut à peu près à la différence entre le modèle T de Ford et un lance-fusées.

Durant la Deuxième Guerre mondiale, les équipes de la Eastern League ont joué quelques parties sur des patinoires sans lignes bleues, sous prétexte que cela accélérerait le jeu. En fait, cette mode s'est éteinte presque aussi vite qu'elle était née.

Le masque constitue une autre innovation. Du protecteur en plastique d'allure grotesque que portait jadis Jacques Plante jusqu'aux modèles d'aujourd'hui, cette pièce d'équipement est devenue tellement efficace que les gardiens n'ont pas peur d'arrêter des rondelles au vol avec leur tête. Qui aurait cru en 1947, qu'un gardien bloquerait des rondelles ainsi?

Je n'oublierai jamais ma première visite au Madison Square Garden. J'avais lu, sur une énorme affiche dans le hall, « Le hockey : le jeu le plus rapide sur terre ». Si le jeu était si rapide il y a près de 70 ans, que dire du jeu d'aujourd'hui, qui se déroule à une vitesse incroyable?

Tout ce dont il est question ici, c'est de changement, ce sur quoi porte ce livre.

Selon moi, les plus importants changements sont survenus après la saison 1946-1947.

À l'époque, j'étais un partisan des Maple Leafs de Toronto, et le duo défensif composé de Garth Boesch et Bill « Snake Hips » Barilko m'émerveillait littéralement. Contrairement aux autres tandems que j'ai vus évoluer, Boesch et Barilko ont perfectionné le déplacement à reculons lors des attaques. Aussitôt qu'un joueur adverse se préparait à tirer, les deux joueurs des Leafs formaient un mur en s'agenouillant simultanément devant le gardien Walter « Turk » Broda. C'est Bob Goldham, des Red Wings, qui finit par se voir attribuer le mérite d'être le premier défenseur à bloquer des rondelles de façon spectaculaire, mais Boesch et

Les juges de but sont désormais une espèce en voie de disparition.

Barilko furent les premiers à le faire, et encore mieux grâce à leur synchronisme.

Cependant, la technique de ce duo ne m'a jamais renversé autant que l'a fait Jacques Plante en révolutionnant à lui seul la façon de garder les buts. J'ai été habitué, comme la plupart des amateurs de hockey, à voir les gardiens faire ce pourquoi ils étaient payés, c'est-à-dire bloquer des rondelles. Il n'était pas question de manier ou de tirer le disque, encore moins d'aller le pourchasser derrière le filet.

Or un bon soir, au vieux Garden, quelque chose de très étrange se produit. Un joueur des Rangers vient d'envoyer la rondelle derrière le filet des Canadiens, et je suis persuadé que le défenseur Doug Harvey va la récupérer. Mais quoi? Qu'est-ce qui se passe? Au lieu de voir Harvey se précipiter, je vois monsieur Plante quitter brusquement sa zone pour aller chercher le disque derrière le filet!

Aucun des 15 925 spectateurs présents n'avait jamais été témoin d'un jeu aussi bizarre – tous sont bouche bée.

Plante ne s'arrête pas là. En plus de cueillir la

Tony Esposito effectue un arrêt devant Bobby Hull.

rondelle, il effectue une passe rapide à l'ailier gauche Dickie Moore ! Merveille des merveilles ! Le gardien devient défenseur, puis, soudainement, il devient également un fabricant de jeux. Lord Stanley doit bien se retourner dans sa tombe.

Comme nous le savons tous, le fameux gardien avait d'autres tours dans son sac. Bientôt, il commença à se ruer le long des bandes pour récupérer le disque et il nous surprit tous en devenant le premier gardien à porter régulièrement le masque. Bien sûr, Plante allait bientôt nous présenter d'autres techniques révolutionnaires.

Au Garden, j'ai cependant été témoin d'une autre stratégie qui n'a pas reçu les honneurs qui lui étaient dus, à l'époque où chaque équipe n'avait qu'un gardien. Il se trouvait que les Rangers avaient, à leur grand bonheur, deux gardiens de talent égal, soit Chuck Rayner et James « Sugar Jim » Henry. Que faire ? Frank Boucher, leur entraîneur, avait un plan archi simple : il changeait de gardien durant ses changements de ligne. En se dirigeant au banc des siens, Rayner remettait son bâton à Henry, et vice versa. Ce fut une expérience de courte durée, mais noble. Le tout prit fin lorsque Boucher décida d'échanger Henry aux Blackhawks de Chicago.

Je ne veux pas paraître irrespectueux, mais le mérite accordé à Bobby Orr pour la technique consistant à se porter à l'attaque à partir de la défense revient en fait à Leonard « Red » Kelly des Red Wings de Detroit, qui, plusieurs années auparavant, nous avait pris par surprise (et surtout les adversaires) en commençant à transporter la rondelle de bout en bout de la patinoire. En tant que révolutionnaire, Kelly détenait une longueur d'avance sur Orr.

Leurs contributions ne sont toutefois que de la petite bière comparativement à ce que Bernard « Boum Boum » Geoffrion, Bobby Hull et Stan Mikita ont apporté au hockey. La première fois que j'ai vu Geoffrion déco-

cher son lancer frappé au Garden, j'ai cru qu'il allait tuer le pauvre gardien Rayner, qui ne portait pas de masque. Il ne l'a pas tué, mais il a sans contredit chamboulé le hockey, et ce ne fut qu'une question de temps avant que le lancer frappé ne devienne la principale arme de tous les joueurs. Entre-temps, Hull et Mikita ont simplement profité de l'engouement en décidant de courber la palette de leur bâton pour donner un effet de balle papillon au lancer popularisé par Geoffrion.

Vous comprenez : toutes ces révolutions font simplement partie du processus d'évolution du hockey, qui n'a jamais cessé et ne cessera jamais de s'améliorer.

Prenons comme exemple la saison 2008-2009.

Où sont passés ces juges de but qui, pendant des dizaines d'années, se sont assis derrière le filet en at-

LA PREMIÈRE FOIS QUE J'AI VU GEOFFRION DÉCOCHER SON LANCER FRAPPÉ AU GARDEN, J'AI CRU QU'IL ALLAIT TUER LE PAUVRE GARDIEN RAYNER.

tendant de faire scintiller la lumière rouge ? Beaucoup d'entre eux, victimes de la haute technologie d'aujourd'hui, ont été mus à la galerie de presse ou à d'autres endroits où ils ne peuvent même pas voir la rondelle pénétrer dans le but... Il s'agit là d'un autre événement marquant dans l'histoire du hockey.

Nous vous offrons dans les pages qui suivent la meilleure description de ces changements fondamentaux. ⟨

LA RIVALITÉ CANADIENS-NORDIQUES

Québec et Montréal à couteaux tirés

〉 PAR MARC DE FOY

Le défenseur Gilbert Delorme tente de stopper Dale Hunter.

« J'AVAIS DANS MON BUREAU UNE PHOTO DE JACQUES LEMAIRE SUR LAQUELLE JE M'AMUSAIS À LANCER MON PETIT CHANGE » – MICHEL BERGERON

MOMENT DÉCISIF

flash-info
21 avril 1984

MONTRÉAL – Les Canadiens ont éliminé les Nordiques au terme d'un sixième match mouvementé, hier, jour du vendredi saint, au Forum de Montréal. Après la fin de la seconde période, une escarmouche entre Guy Carbonneau et Dale Hunter a entraîné une mêlée générale. Au retour de l'entracte, alors qu'on annonçait les pénalités attribuées aux deux équipes par l'arbitre Bruce Hood, une autre bagarre a éclaté entre les joueurs des deux équipes. Au total, 250 minutes de punition ont été décernées et 10 joueurs ont été expulsés du match: Dale Hunter, Clint Malarchuk, Louis Sleigher, Peter Statsny et Wally Weir pour le Fleurdelysé, et Mark Hunter, Mike McPhee, Chris Nilan, Mario Tremblay et Richard Sévigny pour Montréal.

Forts d'une poussée de cinq buts en troisième période, les Canadiens ont remporté le match 5 à 3.

JUSTE APRÈS LA DÉCHIRURE DU RÉFÉRENDUM de 1980, le Québec a connu une autre grosse division, pendant les annés 1980, avec la rivalité Canadiens-Nordiques. L'ex-entraîneur des Nordiques Michel Bergeron est sans doute le personnage qui a vécu le plus intensément cette rivalité. Natif de Montréal mais entraîneur des Bleus à Québec, le Tigre, comme on l'appelait, était l'ennemi public numéro numéro un de sa ville d'origine.

À son avis, on ne reverra vraisemblablement plus jamais une telle rivalité, car il ne croit pas que Québec a les moyens de s'offrir une autre équipe de la Ligue nationale. « L'appui corporatif est moins grand qu'à Montréal », invoque-t-il. Le soutien des partisans était toutefois indéfectible. « J'ai connu gens qui coupaient dans les dépenses afin de pouvoir s'offrir des billets de saison. »

« Aujourd'hui, les coûts d'opération d'une équipe sont devenus astronomiques. La construction d'un nouvel amphithéâtre coûterait 300 millions. Qui le paierait ? », se demande Bergeron.

Son scepticisme est compréhensible. La masse salariale des Nordiques s'élevait à 16 millions de dollars à leur dernière saison, et la Ligue nationale n'avait pas encore réussi à faire accepter l'idée d'un plafond sala-

rial. Leurs propriétaires ont abandonné le club parce qu'il n'était plus rentable.

Peut-on penser que ce serait différent avec un plancher salarial de 40,7 millions de dollars et un plafond atteignant 56,7 millions ? Pas de doute, les Nordiques ont disparu à jamais.

La carte québécoise du hockey est redevenue rouge comme avant l'arrivée des Nordiques dans la Ligue nationale, en 1979. Les Canadiens sont même devenus encore plus populaires que durant leur grande période de gloire des années 1970.

La rivalité qui les oppose aux Maple Leafs de Toronto, aux Bruins de Boston ou aux Sénateurs d'Ottawa ne se compare toutefois en rien à celle qui a fait vibrer le Québec durant les 16 saisons où ils ont partagé les rangs de la LNH avec les Nordiques.

« LE CIEL EST BLEU, L'ENFER EST ROUGE », SE PLAISAIENT À DIRE LES PARTISANS DES NORDIQUES.

Les partisans des Nordiques emporteront dans la tombe le souvenir du but refusé à Alain Côté, surnommé le Beu de Matane, dans le cinquième match de la finale de la division Adams, le 28 avril 1987.

Avec moins de trois minutes à faire en deuxième période et une égalité de 2 à 2 dans le match et dans la série, l'arbitre Kerry Fraser — par ailleurs toujours en fonction 21 ans plus tard — avait refusé le fameux but sous le prétexte que Paul Gillis avait causé de l'obstruction à l'endroit du gardien Brian Hayward.

Le Tricolore a gagné la rencontre avant de remporter la série, qui a atteint la limite de sept rencontres.

L'issue de cet affrontement aurait pu être différente si les Nordiques étaient retournés au Colisée avec l'avance dans la série pour le sixième match. Si vous voulez faire fâcher Bergeron, demandez-lui si le but de Côté était bon.

« Chaque fois que je revois Alain, je lui dis que ce but refusé a fait de lui un joueur étoile », raconte-t-il. Mais le soir même, Bergeron n'avait pas du tout envie de rire. Debout sur la bande, toutes griffes sorties, le Tigre dévorait Fraser à coups d'invectives.

Les Nordiques ont aussi vécu leur part de moments exaltants contre les Canadiens. « J'ai toujours pensé que le but vainqueur de Dale Hunter dans le match décisif de la première série entre les deux équipes, en 1982, a été l'élément déclencheur de cette rivalité, estime Bergeron. Les partisans du Canadien ne nous souhaitaient pas de mal jusque-là parce qu'ils ne nous prenaient pas au sérieux. Personne ne croyait que nous pouvions gagner. »

Les fans du Tricolore sont demeurés figés à leurs sièges de longues minutes après le but de Hunter, le grand favori de Bergeron parmi tous les joueurs qu'il a dirigés durant ses 10 ans à la barre des Nordiques.

À partir de ce moment, les Nordiques ont perdu leur étiquette de sympathiques petits cousins de l'autre bout de la 20. La haine s'est installée entre les deux camps.

« Le ciel est bleu, l'enfer est rouge », se plaisaient à dire les partisans des Nordiques, paraphrasant une célèbre citation de l'ancien Premier ministre unioniste Maurice Duplessis. Des familles oubliaient toutes convenances quand les équipes ennemies s'affrontaient dans des séries aller-retour entre Québec et Montréal les 30 et 31 décembre.

Des partys se sont terminés dans la discorde. Aucun compromis n'était possible. Bergeron en a été le témoin dans sa propre famille.

« Lors d'une soirée du Jour de l'an, après un match au Forum, un de mes oncles, qui était partisan des Canadiens, m'a dit qu'il n'était plus capable de me voir gesticuler et crier derrière le banc des Nordiques dans les matchs contre son équipe. Je lui ai répondu à la blague qu'il n'était plus mon oncle ! »

Durant cette période, on pouvait deviner les allégeances des gens en regardant la marque de bière qu'ils consommaient. Les brasseries Molson et Carling-O'Keefe (avant qu'elles ne fusionnent) qui étaient propriétaires respectivement des Canadiens et des Nordiques, se partageaient le marché québécois selon la couleur des régions.

Les deux organisations ne se gênaient pas pour séduire ouvertement les journalistes. Lors de la Série du vendredi saint, en 1984, la salle de presse du Colisée de Québec a été littéralement transformée en cabane à sucre !

Ne voulant pas être en reste, les Canadiens ont laissé tomber les petits sandwichs-pas-de-croûte,

SI VOUS VOULEZ FAIRE FÂCHER BERGERON, DEMANDEZ-LUI SI LE BUT DE CÔTÉ ÉTAIT BON.

leurs célèbres hot-dogs grillés et les gros hamburgers qu'ils avaient l'habitude de servir aux journalistes pour leur offrir du rôti de bœuf juteux à souhait et la Cuvée du Forum.

Les représentants des médias étaient gâtés. En plus de se gaver aux frais de la princesse, les deux équipes leur donnaient du matériel à la tonne pour remplir leurs journaux et leur temps d'antenne.

C'est lors de cette fameuse série que la coupe a débordé. Dirigés par deux entraîneurs qui se détestaient à s'en confesser, les joueurs ont réglé leurs comptes en se tapant dessus en pleine journée sainte dans le temple sacré du hockey.

« Ça devait en arriver là, pense Bergeron. Je haïssais Jacques Lemaire autant qu'il me détestait. On se croisait dans le lobby du Colisée ou du Forum sans jamais se regarder. J'avais même dans mon bureau une photo de lui sur laquelle je m'amusais à lancer mon petit change. » Leur différend ne les a pas empêchés de tourner une pub télé pour Coca-Cola. « J'ai dit non tout de suite quand une dame d'une agence de publicité m'a présenté ce projet, relate Bergeron. Mais lorsqu'elle m'a révélé le cachet qu'on était disposé à m'offrir, j'ai

changé d'idée. Lemaire a eu la même réaction. Dans le fond, on ne se détestait pas tant que ça ! »

Le jour du tournage, Jacques Lemaire s'est informé des performances au golf de Michel Bergeron. « Moi, je lui ai demandé comment il appréciait son été sur son bateau. On a fait le tournage sans se dire grand-chose. »

Lemaire n'est resté que 124 matchs derrière le banc du Canadien, mais la foule montréalaise a continué à faire la vie dure à Bergeron.

Un soir, le lutteur Dino Bravo a bousculé Bergeron en se frayant un passage derrière le banc des visiteurs. En une autre occasion, un auditoire hostile l'a traité de « pourri » toute la soirée. Le Tigre a rugi moins fort ce soir-là.

« Ma mère et ma femme étaient dans les gradins, mentionne-t-il. J'avais mal pour elles. Le coup était dur à encaisser parce que je suis natif de Montréal après tout. »

Ce n'était pas facile de travailler au Forum. « C'était intimidant. Il n'y avait pas de baie vitrée derrière le banc. On entendait tout ce que les spectateurs nous disaient. »

Et c'était tout sauf des compliments. ⟨

LE LANCER FRAPPÉ

Boum Boum la terreur

〉 PAR STAN FISCHLER

Bernard Geoffrion a reçu son surnom grâce à son lancer frappé.

PENDANT PLUS DE 30 ANS, LES FORMES DE LANCER privilégiées dans la LNH ont été le lancer droit (tir du poignet) et le lancer du revers. Maurice « The Rocket » Richard, des Canadiens de Montréal, le Babe Ruth du hockey, en fut l'un des adeptes les plus remarquables.

De temps en temps, un joueur audacieux tentait de dévier des méthodes de lancer habituelles. Vers la fin des années 1930, Alex Shibicky, un attaquant des Rangers de New York, relevait son bâton vers l'arrière, plutôt que de faire frotter la rondelle sur la palette, puis la frappait d'un élan qui rappelait un peu celui du golf.

Toutefois, Shibicky ne le faisait pas assez souvent pour se faire vraiment remarquer.

Pat « Boxcar » Egan, un défenseur ayant joué avec les Americans de New York et, plus tard, les Bruins de Boston et les Rangers de New York, imitait la technique du lancer de Shibicky. Il a longtemps insisté sur le fait qu'il était le premier à avoir popularisé le lancer frappé, et ce au moins 10 ans avant que Bernard Geoffrion ne devienne joueur professionnel. C'était vrai, mais son lancer frappé, de toute évidence, n'impressionnait aucunement les amateurs ni les médias.

Il ne fait aucun doute que le lancer frappé tel que nous le connaissons aujourd'hui peut être attribué à l'homme qui sera connu sous le nom de « Boum Boum », tout particulièrement en raison de sa manière unique de frapper la rondelle.

« J'ai commencé à travailler mon lancer frappé quand j'ai joué avec ma première équipe de hockey organisée à Montréal, soit l'Immaculée-Conception, rappelait Geoffrion il y a plusieurs années. Un jour, je patinais vers le but et j'ai fait un lancer qui a raté le

« JE ME SUIS DIT : VOILÀ QUELQUE CHOSE QUE LES GARDIENS DE BUT CRAINDRONT PENDANT TRÈS LONGTEMPS ! » – BOUM BOUM GEOFFRION

filet. Ça me fâchait toujours quand cela survenait, mais cette fois-là, j'ai commencé à frapper furieusement mon bâton contre la rondelle, comme si je voulais lui donner une fessée. Je l'ai touchée, et la rondelle s'est déplacée tellement vite qu'elle a traversé le filet! Lorsque j'ai vu la rondelle sortir de l'autre côté, je me suis dit : "Voilà quelque chose que les gardiens de but craindront pendant très longtemps ! " »

Geoffrion commença dès lors à perfectionner son élan de type golf et constata rapidement qu'il détenait là une arme dangereuse dans son arsenal offensif. « Dès que j'ai su que cela pourrait fonctionner, j'ai dé-

MOMENT DÉCISIF
flash-info
12 octobre 1951

MONTRÉAL – Bernie Geoffrion, l'ailier recrue des Canadiens, surprend le monde du hockey grâce à son arme formidable appelée le «lancer frappé».

Geoffrion a marqué deux buts lors du match d'ouverture de la saison hier soir, qui s'est terminé par une victoire de 4 à 2 contre Chicago. Après avoir relevé son bâton vers l'arrière comme un golfeur, il le ramène vers le bas en formant un arc jusqu'à ce qu'il soit en contact avec la rondelle.

Geoffrion, 20 ans, a marqué huit buts en 18 matchs avec le Tricolore cette année, tout en effrayant les gardiens de but avec son lancer frappé. D'autres joueurs ont déjà essayé cette technique dans le passé sans toutefois connaître beaucoup de succès.

cidé de l'essayer à l'occasion d'un match. La première fois que j'ai laissé la rondelle voler vers le gardien de but adverse, il a failli trépasser sous l'impact. Tout le monde – mon entraîneur, mes coéquipiers, l'autre équipe – se demandait ce qui se passait ! »

Un jour, un rédacteur sportif de Montréal, Charlie Boire, était de passage dans un aréna vide pendant que Geoffrion travaillait son lancer.

« Il y avait une douzaine de rondelles longeant la ligne bleue, expliqua Geoffrion. Une à une, je les frappais pour les envoyer dans le filet. Certaines trouvaient le fond du filet, d'autres rataient la cible. Quand je ratais le filet, j'entendais un claquement de la rondelle qui frappait la palette de mon bâton et un autre claquement lorsque le disque rebondissait sur la bande. »

Aux dires de Boire, les deux claquements résonnaient comme « Boum » et « Boum », et il surnomma donc ainsi Geoffrion.

Par la suite, Geoffrion a pu joindre la LNH en 1950 pour évoluer chez les Canadiens de Montréal. Son premier match dans la grande ligue eut lieu au Forum de Montréal, contre les Rangers. À la deuxième période d'un match toujours sans but, Geoffrion intercepta une passe de Tom Johnson et déjoua le gardien de but Charlie Rayner. Plus tard, Frank Dean, dans *The Hockey News,* écrira : « Geoffrion aura davantage d'occasions de démontrer ses talents. Lui et Jean Béliveau ont des lancers exceptionnels. »

Fait plus important encore, Geoffrion était sur le point de devenir l'architecte d'un changement capital pour le hockey, changement qui dure toujours. Geoffrion perfectionnait constamment son lancer frappé lors des pratiques contre le gardien de but régulier du Tricolore, Jacques Plante. Comme le lancer était souvent imprévisible et puissant, il traumatisait occasionnellement le gardien. Plante décida finalement d'essayer un protecteur facial, qu'il finit par porter pendant les pratiques. Avec le temps, Plante s'est vraiment épris de son invention. Il l'a finalement utilisée pour la première fois lors d'un match régulier après avoir été assommé par un lancer frappé d'Andy Bathgate, des Rangers.

Le lancer frappé fait aujourd'hui partie de l'arsenal offensif de la plupart des joueurs.

Chronométré à près de 165 km/h, le lancer frappé du grand défenseur Zdeno Chara est un des plus impressionnants de la LNH.

APRÈS LE BOOMER, BOBBY HULL FUT LE PREMIER À DÉVELOPPER LE LANCER FRAPPÉ.

La création de Plante fut par la suite adoptée par tous les gardiens de but de la LNH. Le masque est maintenant une pièce d'équipement régulière... et tout cela grâce au lancer frappé terrifiant de Boum Boum.

Le Boomer est demeuré le seul fervent du lancer frappé pendant de nombreuses années jusqu'à ce que des joueurs tels que, justement, Andy Bathgate des Rangers commencent à l'expérimenter. Ce dernier finira par suivre les traces de Geoffrion, mais avec moins de succès.

Après le Boomer, Bobby Hull, la comète blonde des Blackhawks de Chicago, fut le premier à développer le lancer frappé. Ce fut lui qui rendit le lancer plus terrifiant en courbant la palette de son bâton de façon que le lancer gagne en vitesse et ait un effet de balle papillon, ce qui augmentait le niveau de difficulté pour le gardien de but.

Un artiste du lancer frappé moins connu, Fred Stanfield des Bruins de Boston, a fissuré le masque de Plante, en plus de lui faire perdre connaissance, à l'aide d'un lancer brutal. Cet incident a obligé les fabricants de masques à trouver rapidement des matériaux plus robustes pour amortir les coups !

L'expansion de la LNH au cours de la saison 1967-1968 a entraîné la grande ruée sur les lancers frappés. Plusieurs des six nouvelles équipes étaient composées de joueurs de la Ligue américaine qui avaient peu ou n'avaient pas d'expérience dans la LNH et qui produisaient des lancers relativement médiocres. En regardant les Geoffrion, Bathgate et Hull, ils ont rapidement adopté le lancer frappé. Malheureusement, il s'ensuivit un effet terriblement négatif sur le déroulement des matchs ; le style de jeu voulait que les attaquants se déplacent au-delà de la ligne bleue ennemie avant de lancer.

Désormais, grâce aux bâtons améliorés – et recourbés –, les joueurs, et tout particulièrement les anciens de la Ligue américaine, frappaient aléatoirement la rondelle à partir du centre de la glace.

Il en a résulté un jeu où ne régnait aucune discipline, puisque plus de la moitié des lancers rataient largement le filet. D'où la naissance de la stratégie connue maintenant sous le nom de « Dump and Chase » (dégager et pourchasser la rondelle). Cette technique a contribué à réduire l'aspect artistique du jeu, mettant fin à une époque où les passes et la possession de la rondelle étaient prioritaires pour les joueurs. ⟨

Une touche

〉 PAR RICH CHERE

LE SUCCÈS NE FUT PAS INSTANTANÉ. MALGRÉ LE talent incontesté de Borje Salming chez les Maple Leafs de Toronto, les portes de la LNH n'étaient pas toutes grandes ouvertes aux joueurs européens. Le succès de Salming a toutefois ouvert les yeux des gens qui doutaient encore qu'ils puissent réussir en Amérique du Nord.

Les Européens pouvaient-ils avoir du succès? Bien sûr! Un simple coup d'œil sur les Jeux olympiques suffisait pour comprendre que la planète regorgeait de joueurs talentueux... qui n'évoluaient toujours pas dans la LNH.

Borje Salming a montré que les Suédois avaient le cran nécessaire pour jouer dans la LNH.

de raffinement

Toutefois, les amateurs qui suivaient le hockey il y a 30 ans se souviendront qu'on remettait en cause la capacité des joueurs suédois, finlandais, tchécoslovaques et russes de jouer dans la LNH. Don Cherry et d'autres critiques affirmaient qu'ils manquaient de solidité. Ils généralisaient, mais il demeure que les équipes de la LNH ont longtemps hésité à repêcher des joueurs européens.

« Pour les Européens et les joueurs collégiaux, c'était du pareil au même, explique le DG des Devils du New Jersey, Lou Lamoriello : on ne leur donnait pas leur chance. On remarquait certains talents aux Jeux olympiques, mais on se demandait vraiment si les Européens pouvaient faire preuve de robustesse. »

Salming démontra qu'ils le pouvaient, et sept ans plus tard, Peter Stastny devenait le premier attaquant vedette entraîné en Europe à jouer dans la LNH. Il évolua chez les Nordiques de Québec avec ses frères Anton et Marian. Grâce à son immense talent, il a remporté, en 1981, le trophée Calder remis à la meilleure recrue et figura souvent parmi les meilleurs marqueurs de la ligue.

Des esprits brillants avaient constaté la qualité du jeu des Européens, et au fil du temps, la LNH fut transformée. Herb Brooks faisait parfois l'objet de critiques, mais il croyait fermement en un style de jeu opposant davantage l'Est à l'Ouest au lieu de la traditionnelle compétition Nord-Sud.

Les Européens ont peiné davantage que les joueurs collégiaux américains, surtout lorsque Viacheslav Fetisov s'est joint aux Devils en 1989, pavant ainsi la voie de la LNH à d'autres étoiles soviétiques. Malgré leur compétence, ils furent souvent mal reçus, car on estimait parfois qu'ils volaient le pain et le beurre des Nord-Américains. Leur arrivée créa de l'amertume chez les joueurs nord-américains moins talentueux.

MOMENT DÉCISIF

flash-info
octobre 1973

TORONTO – L'équipe actuelle des Maple Leafs de Toronto sera difficile à reconnaître tellement elle compte de nouveaux visages.

L'un d'eux est le défenseur suédois de 22 ans Borje Salming, qui a connu un camp d'entraînement remarquable.

Lors d'un match nul de 3 à 3 contre Chicago, Salming a démontré son talent offensif et défensif et s'est révélé le meilleur joueur des Leafs. Sa rude mise en échec à l'endroit de Cliff Koroll a soulevé la foule du Maple Leaf Garden.

Bien que Salming ne fût pas le premier joueur entraîné en Europe à joindre les rangs de la LNH (le Suédois Ulf Sterner a joué quatre matchs avec les Rangers de New York en 1964-1965), une année productive de sa part pourrait paver la voie à d'autres joueurs d'Europe.

ON SE DEMANDAIT VRAIMENT SI LES EUROPÉENS POUVAIENT FAIRE PREUVE DE ROBUSTESSE.

Fetisov, respecté partout dans le monde et légende vivante dans son pays d'origine, était boudé par la plupart de ses coéquipiers.

Durant sa première saison chez les Devils, il a subi une raclée aux mains de Wendel Clark des Maple Leafs, et personne n'est venu à sa rescousse. « Les joueurs devaient surmonter une barrière psychologique qui n'avait rien à voir avec le hockey », explique Lamoriello.

Il est pourtant difficile d'imaginer ce que serait la LNH si nous n'avions pas accueilli les Européens. Les Oilers d'Edmonton des années 1980 auraient excellé avec Wayne Gretzky, Mark Messier, Grant Fuhr et Paul Coffey dans leurs rangs, mais ils n'auraient pas été les mêmes sans Jari Kurri. Les Penguins de Pittsburgh auraient dominé grâce à Mario Lemieux, Kevin Stevens et Tom Barrasso, mais auraient-ils remporté les grands honneurs en 1991 et en 1992 sans Jaromir Jagr?

Steve Yzerman était le cœur et l'âme des Red Wings de Detroit à la fin des années 1990, mais ils n'auraient pas été sacrés champions sans Sergei Fedorov, Vladimir Konstantinov, Nicklas Lidstrom et Viacheslav Fetisov, pour ne nommer que ceux-là.

LA PLUPART DES JOUEURS EUROPÉENS SEMBLENT MOINS PRESSÉS DE JETER LES GANTS, MAIS EST-CE LÀ UN POINT NÉGATIF?

Jaromir Jagr a remporté cinq fois le championnat des compteurs de la LNH.

Le « Russian Five » des Red Wings de Detroit, dans les années 1990 : Fetisov, Kozlov, Konstantinov, Larionov et Fedorov.

Les Red Wings ont su mettre en pratique la philosophie russe des formations de cinq joueurs. Si Fetisov s'était joint à la LNH à son apogée plutôt qu'à 31 ans, qui sait combien il aurait remporté de Coupes Stanley? Salming, Stastny, Kurri et Fetisov font tous partie du Temple de la renommée du hockey.

Tout comme les joueurs latins ont changé la face du baseball majeur, les Européens ont révolutionné la LNH. Dans les vestiaires et sur le banc, les conversations ne se font plus uniquement en français ou en anglais. De plus, les soirs de match, en sortant des vestiaires, il n'est pas rare de voir des joueurs se réunir pour s'amuser avec un ballon de soccer et relaxer.

L'habileté à diriger la rondelle sur la palette était remarquable chez les joueurs européens, et ils le faisaient mieux que la plupart des joueurs nord-américains.

Vous n'êtes pas encore convaincu de l'apport des joueurs européens dans la Ligue nationale? Tout d'abord, ils représentent environ 30 % du nombre total de joueurs de la ligue, soit l'équivalent de 10 équipes complètes. De plus, ces dernières années, en moyenne une équipe sur deux compte un joueur originaire d'Europe comme gardien numéro un. Pour la saison 2007-2008, le premier marqueur de 12 des 30 équipes de la LNH était un Européen, et 13 équipes comptaient un capitaine originaire du vieux continent.

Évidemment, il y en a toujours qui n'apprécient pas les joueurs européens. On leur reproche d'être agressifs avec leur bâton et de se cacher derrière une visière, mais ce style de jeu n'est pas propre aux Européens. La plupart des joueurs européens semblent moins pressés de jeter les gants, mais est-ce là un point négatif? La majorité des amateurs n'ont aucun intérêt à voir Ovechkin se battre.

De plus, on a longtemps souligné qu'aucune équipe ayant remporté la Coupe Stanley n'avait eu un capitaine entraîné en Europe. Niklas Lidstrom a fait mentir cette statistique en gagnant la Coupe avec les Red Wings en 2008.

Les Européens ont non seulement marqué le hockey, mais ils ont aussi sauvé la LNH. Les chiffres parlent d'eux-mêmes. Durant les années d'expansion de la ligue, le talent fut dilué, et le jeu s'en ressentit. Aujourd'hui, on manque tout simplement de joueurs compétents en Amérique du Nord pour satisfaire les besoins des 30 équipes de la LNH.

Sans les vedettes tchèques, russes, suédoises, finlandaises, slovaques et d'ailleurs, le hockey de la LNH ne mériterait pas d'être regardé. ⟨

L'EXPANSION DE 1967

La fin des « six équipes »

⟩ PAR JAY GREENBERG

JAMAIS ÉVÉNEMENT NE CHANGEA LE HOCKEY autant que ne le fit la grande expansion de 1967. Pressentant ce bouleversement, les propriétaires de la LNH s'engagèrent dans le projet avec une certaine réticence malgré ce que cet audacieux développement laissait espérer. Alors que dans d'autres sports, on passait la décennie 1960 à mettre sur pied des franchises le long de la côte du Pacifique, le propriétaire des Blackhawks de Chicago, Jim Norris, contestait l'idée voulant que des équipes de la LNH à Los Angeles et dans la baie de San Francisco puissent contribuer à augmenter le rendement d'une ligue jouant déjà à 95 % de capacité. « Ça nous priverait de quatre parties contre les Maple Leafs et les Canadiens », disait Norris.

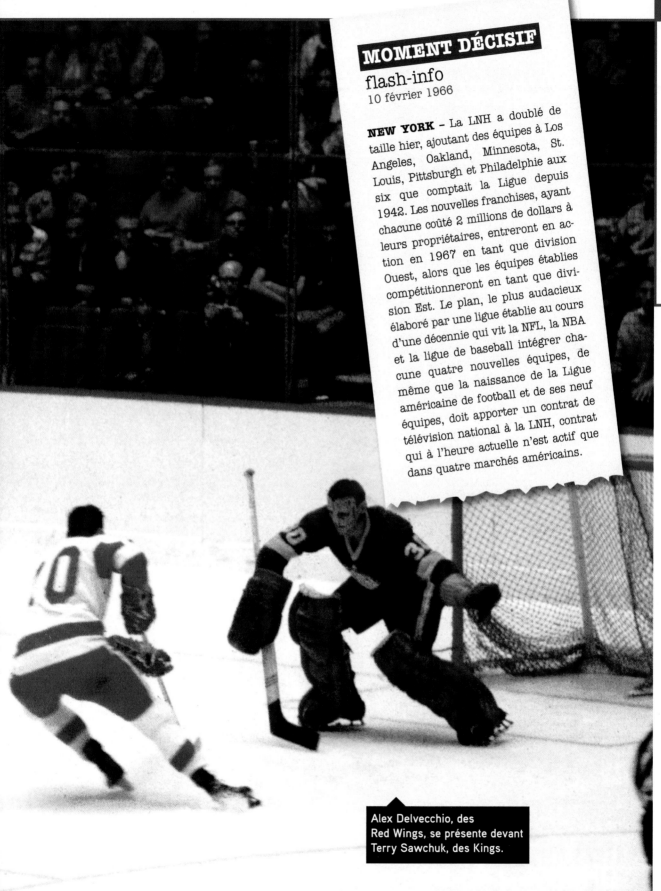

MOMENT DÉCISIF

flash-info
10 février 1966

NEW YORK – La LNH a doublé de taille hier, ajoutant des équipes à Los Angeles, Oakland, Minnesota, St. Louis, Pittsburgh et Philadelphie aux six que comptait la Ligue depuis 1942. Les nouvelles franchises, ayant chacune coûté 2 millions de dollars à leurs propriétaires, entreront en action en 1967 en tant que division Ouest, alors que les équipes établies compétitionneront en tant que division Est. Le plan, le plus audacieux élaboré par une ligue établie au cours d'une décennie qui vit la NFL, la NBA et la ligue de baseball intégrer chacune quatre nouvelles équipes, de même que la naissance de la Ligue américaine de football et de ses neuf équipes, doit apporter un contrat de télévision national à la LNH, contrat qui à l'heure actuelle n'est actif que dans quatre marchés américains.

Alex Delvecchio, des Red Wings, se présente devant Terry Sawchuk, des Kings.

Lui et son frère Bruce, propriétaire des Red Wings de Detroit, n'étaient pas les seuls anti-expansionnistes : « New York et Boston (alors perpétuels derniers) continuent de vendre des billets parce qu'il n'y a que six équipes dans la Ligue, soulignait quant à lui le propriétaire du club torontois, Conn Smythe. Deux équipes de plus, ça voudrait dire 10 mauvais matchs de plus. » Par contre, le fils de Smythe, Stafford, promu à la présidence des Maple Leafs au milieu des années 60, voyait les choses différemment de son père. Il se joignait ainsi au propriétaire du Canadien, David Molson, et à Bill Jennings, président des Rangers de New York et futur

président du Comité pour l'expansion, dans leur désir d'inclure de nouvelles équipes. Les propriétaires de la Ligue de hockey de l'Ouest étant sur le point de se proclamer ligue majeure et de se lancer dans une guerre d'enchères sur les joueurs, le choix de la LNH – débourser considérablement plus d'argent pour obtenir des joueurs de talent ou ramasser des fonds grâce aux droits de diffusion et aux cotisations – allait désormais de soi et plaidait même pour l'ajout de plus de deux équipes sur la côte Ouest.

Le plan d'expansion fut emprunté au légendaire gérant de baseball Branch Rickey. Celui-ci s'était associé à William Shea, notable new-yorkais et partisan frustré des Dodgers de Brooklyn, en vue de ramener une seconde équipe de baseball à New York pour remplacer les Dodgers et les Giants. Les investisseurs de la Ligue continentale, agitant implicitement la menace de former leur propre entreprise concurrente, faisaient pression pour être admis comme troisième ligue majeure. Les Ligues nationale et américaine éteignirent la menace en intégrant chacune deux équipes, y compris celles de Los Angeles et de New York, au début des années 60. Malgré cela, le concept d'une division entièrement nouvelle, en compétition avec elle-même, plaisait aux propriétaires issus de la vieille garde de la LNH tels les Norris, qui ne voyaient aucun intérêt à affaiblir les rivalités existantes en jouant trop de matchs contre de nouvelles équipes. En 1965, le président de la LNH Clarence Campbell avait cessé de considérer l'expansion comme un simple « bavardage de chroniqueurs », et l'agrandissement devenait imminent.

L'étonnant Gary « The Snake » Simmons, des Seals d'Oakland.

AU COURS DE LA SEPTIÈME ANNÉE SUIVANT L'EXPANSION, HORMIS LES FLYERS, AUCUNE DES ÉQUIPES NÉES EN 1967 N'AVAIT UNE FICHE GAGNANTE.

En février 1966, avec une ligue encore indécise quant au nombre d'équipes à inclure et quant à une date d'entrée en action, des candidats en provenance des villes de San Francisco, Oakland, Baltimore, Philadelphie, Buffalo, Vancouver, Louisville, Minneapolis-Saint Paul, Cleveland, Pittsburgh et deux de Los Angeles s'installèrent au Plaza Hotel de New York pour deux jours d'entrevues.

À l'occasion de ces réunions, les franchises étaient accordées aux groupes disposant d'arénas neufs ou de plans. Jack Kent Cooke, en bâtissant le monumental Forum dans le quartier suburbain d'Inglewood, en Californie, l'emporta sur le propriétaire des Rams de L.A., Dan Reeves, qui proposait de jouer dans le L.A. Sports Arena, vieux de sept ans. Mel Swig, le proprié-

taire des talentueux Seals de San Francisco, qui évoluaient dans la LHO, avait déménagé son équipe du Cow Palace au Colisée d'Oakland lorsque celui-ci ouvrit ses portes en 1966, mais ce fut Barend Van Gerbig, un banquier d'affaires new-yorkais, qui se vit en bout de ligne octroyer une franchise LNH pour y jouer. Pittsburgh, avec un Civic Arena datant de six ans et les antécédents d'un solide support pour ses Hornets de la Ligue américaine, s'était depuis le début pratiquement assurée d'une franchise, et celle-ci alla à un groupe local dirigé par le sénateur de la Pennsylvanie, Jack McGregor. Walter Bush, un avocat important dans les cercles de hockey amateurs des Villes jumelles et en partie propriétaire des Bruins de Minneapolis, de la Ligue centrale, s'associa avec Gordon Ritz, un ancien joueur de Yale devenu propriétaire d'une compagnie de construction, pour emporter une franchise au Minnesota, où les installations devaient être construites à Bloomington, de l'autre côté du parc de stationnement du stade de baseball des Twins. Le projet du propriétaire des Eagles, Jerry Wolman, de faire construire un nouvel aréna de 16 000 places dans Philadelphie Sud avait été gardé secret jusqu'à la nuit précédant l'octroi des franchises. Sans même une équipe de ligue mineure, Philadelphie créa ainsi la surprise en l'emportant sur Baltimore, qui possédait une franchise prospère dans la Ligue américaine, mais dont le Civic Center ne pouvait accueillir que 12 700 personnes. On n'entrava pas Jim Norris dans sa volonté de se débarrasser de l'aréna de St. Louis. Même s'il n'y eut aucune offre pour une franchise provenant de cette ville, on en accorda une conditionnellement, qui fut en fin de compte achetée par Sidnet Salomon III.

Parce que Smythe ne voulait pas d'une équipe se trouvant à moins de deux heures de route, Buffalo n'avait pas la moindre chance. Vancouver pas davantage, et ce malgré la construction du Pacific Coliseum, car une franchise canadienne additionnelle n'aurait en rien aidé la ligue dans son objectif d'accroître les audiences télévisées américaines. Toutefois, pour avoir ainsi donné la priorité à certains marchés et arénas, la ligue devait payer le premier de plusieurs lourds tributs dus à une mauvaise gestion.

Il se trouva que Wolman n'avait pas les fonds nécessaires, et ses partenaires Ed Snider et Bill Putnam ne purent obtenir les 2 millions de cotisation que coûtait la franchise des Flyers que le jour du repêchage d'expansion. Les Penguins de Pittsburgh, dont les multiples propriétaires avaient épuisé leurs ressources

dans le démarrage d'une autre entreprise de soccer, durent être vendus à la fin de la première saison à un homme d'affaires de Detroit, Donald Parsons. Un magnifique aréna juste en dehors de la ville ouvrière d'Oakland se révéla rapidement incapable d'attirer les

Les North Stars ont joué au Minnesota pendant 23 ans avant que la franchise ne déménage au Texas.

partisans venant de San Francisco. Les Seals de la Californie durent donc changer leur nom pour les Seals d'Oakland au milieu de leur première saison.

Fidèle à son objectif, la Ligue obtint son match national de la semaine tant désiré sur CBS. Des joueurs relégués aux ligues mineures, attendant pour la plupart depuis longtemps cette occasion, se retrouvaient soudainement dans les ligues majeures, et les salaires allaient bientôt se mettre à croître inexorablement. Pourtant, la signature LNH n'attirait pas automatiquement beaucoup plus de partisans que n'en avaient déjà les équipes de la ligue mineure dans les villes ajoutées. Ainsi, une autre expansion survint en 1970. À ce moment-là, les pressions pour obtenir plus de contenu canadien dans la Ligue, conjuguées aux efforts de Vancouver pour obtenir les Seals, avaient fait de cette ville le prochain choix évident. En plus, avec de désastreuses assistances à Oakland, Pittsburgh et Los Angeles, la promesse d'un auditorium rénové et rempli à

LES JOUEURS VEDETTES SE TROUVAIENT TOUS DANS L'EST, EN PARTICULIER BOBBY ORR ET PHIL ESPOSITO.

pleine capacité dans une ville frontalière du Canada, Buffalo, devenait aussi intéressante.

La capacité des nouvelles équipes à remporter le tiers des points dans les parties contre des équipes établies appuya d'abord la prédiction de Campbell voulant que la parité soit atteinte en cinq ans. Toutefois, les succès de l'Ouest contre l'Est fléchirent la deuxième année, et encore la troisième. Sous la direction de son jeune et dynamique entraîneur Scotty Bowman, St. Louis avait rapidement dominé ses camarades d'expansion, mais s'était pourtant montrée incapable de gagner une seule partie contre Montréal (1968 et 1969) et Boston (1970) lors des trois premières finales de la Coupe Stanley suivant l'expansion. En outre, ces mauvaises finales, qui se terminèrent lorsque Chicago fut transférée dans l'Ouest et que Vancouver et Buffalo entrèrent dans la Ligue, n'étaient que les premiers

symptômes de problèmes de compétitivité qui iraient en s'aggravant.

Les joueurs vedettes se trouvaient tous dans l'Est. Bobby Orr, le révolutionnaire défenseur des Bruins de Boston, et l'héroïque centre Phil Esposito profitèrent à plein de cette baisse de concurrence. Au cours de la deuxième année d'expansion, Esposito ne fut pas seulement le premier marqueur à dépasser les 100 points (il finit avec 126, un énorme 39 de plus que le meneur de l'année précédente, Stan Mikita), mais l'un de trois qui brisèrent la barrière.

Le repêchage amateur universel, qui débuta en 1969 alors que prenait fin le parrainage de clubs juniors par la LNH, accorda aux équipes les plus faibles les premiers choix. La plupart des nouvelles équipes gaspillèrent toutefois leurs chances de se rattraper en consentant à échanger des choix de premier ordre, principalement au DG de Montréal Sam Pollock, qui se construisait ainsi dans la seconde moitié des années 70 une véritable dynastie sur le dos des équipes d'expansion aux prises avec l'adversité. Seule Philadelphie refusa de vendre son avenir et devint un modèle d'édification. Alors qu'au cours de la septième année suivant l'expansion, les Flyers d'Ed Snyder devenaient la première nouvelle équipe à remporter la Coupe Stanley, aucune des autres équipes nées en 1967 n'avait une fiche gagnante. Les Sabres, que les Flyers défirent pour leur second titre consécutif en 1975, et les Islanders, qui avaient une fiche gagnante à leur troisième année et s'en allaient vers quatre Coupes consécutives, joignirent Philadelphie en tant que seules équipes de l'expansion à justifier l'agrandissement de la Ligue.

Tout cela n'empêcha pas la création de la nouvelle Association mondiale de hockey, et la LNH dut ajouter deux nouvelles concessions à Atlanta et à Long Island en 1972. Pour la même raison, Kansas City et Washington furent ajoutées en 1974, portant la Ligue à 16 équipes. À ce moment, Pittsburgh était à un an de la faillite, les Seals étaient dirigés par la Ligue et les difficultés de l'AMH supprimaient l'urgence d'une autre expansion à Denver et Seattle en 1976, même si Denver devait recevoir l'équipe naufragée de Kansas City un an plus tard.

En 1974, la NBC, qui avait remplacé CBS en tant que diffuseur national, laissa tomber la LNH, et celle-ci dut attendre jusqu'aux années 1980, avec la venue de jeunes câblo-opérateurs affamés de contenu, pour que soit maintenu le sport à la télévision. C'était trop tard pour empêcher les Flames de quitter Atlanta pour Calgary, les Rockies du Colorado d'abandonner Denver pour les zones humides du New Jersey et les Seals de délaisser Oakland pour Cleveland, où ils devinrent après deux saisons la seule franchise des quatre principaux sports au cours du 20e siècle à définitivement fermer ses portes. Ses membres fusionnèrent alors avec une autre équipe en difficulté, les North Stars du Minnesota.

clubs de l'AMH qui provenaient de marchés de moindre envergure, mais qui raffolaient de hockey. Toutefois, 18 années plus tard, toutes ces franchises, à l'exception d'Edmonton, s'étaient déplacées dans des marchés plus grands, à l'image de ceux qui inspirèrent originellement l'expansion.

La Ligue, courant toujours après l'argent rapide issu de l'expansion sous couvert d'aller chercher des marchés de télévision supplémentaires, ajouta les équipes 27 à 30 entre 1998 et 2001 en promettant aux nouveaux propriétaires un « coût certitude » pour leurs joueurs. Plutôt que de laisser les forces du marché condamner les équipes ne pouvant se permettre de débourser de 50 à 60 millions de dollars en salaires, le mot d'ordre devint « plafond salarial ».

Aujourd'hui, il y a plus de bons joueurs que jamais auparavant, mais pourtant pas assez pour suffire à la tâche, et les entraîneurs répartissent ceux qu'ils ont

EN 1967, TOMMY WILLIAMS ÉTAIT LE SEUL JOUEUR DE LA LNH NÉ AUX ÉTATS-UNIS. EN 1996, UNE ÉQUIPE DE JOUEURS DE LA LNH AMÉRICAINS BATTAIT LES MEILLEURS JOUEURS DU CANADA LORS DE LA COUPE DU MONDE.

Les années 1970 furent une dure période à traverser pour une ligue ayant un trop grand besoin de l'argent de l'expansion et ayant remis trop de franchises entre trop de mauvaises mains. Alors même que les Islanders se constituaient une dynastie, le propriétaire Roy Boe manquait à ses obligations, et se vit contraint de vendre à un groupe mené par John Pickett. L'expansion suivante, en 1979, en était une de bon sens financier, éliminant la concurrence en intégrant quatre

sur quatre lignes et jouent pour ne pas perdre, diminuant ainsi l'intérêt du jeu alors même que des marchés déchus tels que la baie de San Francisco, Minnesota, Denver et Atlanta sont réintégrés à la Ligue sous des directions plus stables et devant de plus grandes assistances. Toutefois, tout en passant au travers des essais-erreurs de huit déménagements de franchises, d'une grève en 1994 qui priva le hockey d'une moitié de saison et d'une autre en 2004-05 qui

Les Californiens ont eu la chance de voir évoluer un joueur vedette comme Dane Keon.

supprima une saison complète, le sport s'est jusqu'ici relativement bien porté, jouant à 91 % de capacité en 2006-07, soit près des performances de 1966-67. Le jeu est plus rapide, mais les marques sont ironiquement plus près de ce qu'elles étaient en 1967, comparativement à l'heure des 21 équipes des années 80, alors que le niveau de jeu était à son apogée.

San Jose, Tampa Bay, Ottawa et la Floride ont appris de dures leçons des précédentes expansions et conservent leurs sélections, mais avec plus d'équipes; les butins de repêchage se font plus minces, et, malheureusement, le spectaculaire hasard de voir atterrir plusieurs grands joueurs dans l'une d'entre elles et de créer ainsi une dynastie mémorable risque certes moins de se produire. Évidemment, Wayne Gretzky, Mario Lemieux et Sidney Crosby auraient trouvé du travail même dans une ligue de six équipes, et personne n'aurait nié leur mérite. Cependant, sans l'expansion, des équipes légendaires telles que les Islanders et les Oilers des années 80 et les « Broad Street Bullies » de Philadelphie n'auraient jamais pu exister.

En 1967, Tommy Williams était le seul joueur de la LNH né aux États-Unis. En 1996, une équipe de joueurs de la LNH américains battait les meilleurs joueurs du Canada lors de la Coupe du monde. La Nouvelle-Angleterre serait quant à elle devenue une source de joueurs même sans expansion, alors que la demande en talents et en victoires poussa la LNH à se tourner vers l'Europe pour trouver les joueurs qui deviendraient par la suite certaines de ses plus brillantes étoiles. Le Canada, pilier et gardien de l'âme du jeu, possède des franchises à Edmonton, à Calgary et à Ottawa qui n'auraient jamais pu exister sans les forces qui poussèrent à l'expansion. Pour ce qui est des villes de Winnipeg et de Québec, tout aussi ferventes, elles virent plus tard leurs équipes leur échapper pour les mêmes raisons.

Des millions de partisans sont nés, et plus important encore, une véritable frénésie s'est créée. Depuis 1967, toutes les décisions de la Ligue d'ajouter des équipes ont été d'ordre financier. Pourtant, quand on revient à l'essentiel, on doit admettre que les grands moments et les souvenirs impérissables des quatre dernières décennies de hockey justifient largement chaque décision d'expansion, bonne ou mauvaise, qu'a prise la LNH. ⟨

LE MASQUE DE GARDIEN DE BUT

Changer le visage du hockey

> PAR STAN FISCHLER

IL Y A PRÈS DE 50 ANS, PAR UNE FRAÎCHE SOIRÉE de novembre, Jacques Plante estomaquait le monde du hockey en enfilant un masque de gardien de but.

D'autres gardiens avaient porté cet équipement de protection auparavant, mais seulement de façon temporaire pour couvrir une blessure à la tête.

Clint Benedict fait partie des gardiens de but de la LNH qui avaient brièvement utilisé le masque. Dennis Mooney, gardien des Sea Gulls d'Atlantic City, avait quant à lui essayé un genre d'enveloppe de plastique courbée transparente qui se révéla inutilisable parce qu'elle s'embuait et se fendillait lors d'un impact sévère. Ne restait plus qu'à voir, après que Plante eut porté le masque, s'il aurait le droit de continuer à le faire.

Vivement opposé à l'utilisation de cette pièce d'équipement, l'entraîneur Toe Blake arriva à un compromis avec Jacques Plante : si le gardien perdait le match alors qu'il portait son masque, l'expérience prenait fin, et Plante retournait jouer sans masque. Blake devait, quant à lui, tolérer l'invention tant que Plante l'emportait. Il se trouva que le gardien connut une importante séquence victorieuse. En effet, durant les 11 premiers matchs disputés avec un masque, Plante n'alloua que 13 buts !

Mais Blake n'était toujours pas convaincu et insistait auprès de Plante pour qu'il dispute une partie sans

MOMENT DÉCISIF

flash-info
Le 2 novembre 1959

NEW YORK – Une page d'histoire a été tournée hier soir au Madison Square Garden, durant une partie âprement disputée entre le Canadien de Montréal et les Rangers de New York. L'ailier droit des Rangers, Andy Bathgate, a effectué un puissant tir du revers qui a frappé au visage le gardien du Canadien, Jacques Plante. Ce dernier est alors tombé sur la glace dans une mare de sang. Après avoir reçu des points de suture, Plante ne voulait pas retourner sur la glace sans protection faciale.

masque. Le cerbère acquiesça... et l'expérience se révéla désastreuse : défaite du Canadien. Ce fut la dernière fois que Plante joua sans masque. Il avait 30 ans à l'époque et était au tiers d'une carrière qui le mènerait au Temple de la renommée.

La grande question se posa : les cinq autres gardiens réguliers de cette ligue professionnelle allaient-ils imiter le Montréalais et porter un masque ?

À l'époque, le port du masque allait à l'encontre de la philosophie « macho » des gardiens de but de la LNH. De futurs membres du Temple de la renommée, comme Glenn Hall des Blackhawks de Chicago et Lorne « Gump » Worsley des Rangers, ont catégoriquement refusé de faire comme Plante, tandis que d'autres gardiens sont revenus sur leur décision plus tard. Un à un, tous ont imité Plante, et Worsley a été le dernier gardien à ne pas porter de masque.

« Mon visage est mon masque », avait expliqué Gump, qui finalement changea d'idée alors qu'il évoluait avec sa dernière équipe de la LNH, les North Stars du Minnesota.

DURANT LES 11 PREMIERS MATCHS DISPUTÉS AVEC UN MASQUE, PLANTE N'ALLOUA QUE 13 BUTS.

Gump Worsley a été le dernier gardien à jouer sans masque.

Gump, en effet, a cédé à la pression de son épouse et de Cesare Maniago, propriétaire de l'équipe, et a commandé un masque avant la saison 1973-1974. Il a porté un masque pour la première fois dans une partie de la LNH le 13 octobre 1973. Il a alors accordé deux buts en troisième période, et Minnesota s'est inclinée 4 à 3 face aux Sabres de Buffalo. Plus tard, Gump s'est plaint qu'il ne voyait pas la rondelle à ses pieds et que le masque était trop chaud et l'empêchait de bien respirer.

À la suite de cette défaite, Gump n'a pas revêtu de masque pendant un certain temps, ce qui ne l'a pas empêché de le modifier quelque peu en perçant des trous supplémentaires pour accroître l'aération et en élargissant les fentes des yeux pour mieux voir. Plus tard dans la saison, lorsqu'il a dû disputer huit matchs sur dix, Worsley a recommencé à utiliser le masque. Il a ensuite pris sa retraite à la fin de la saison. Les plaintes émises par des personnes comme Gump et d'autres au sujet du masque ont eu un effet positif : les

concepteurs ont travaillé sans relâche pour améliorer le produit. Et une fois que Hall, Worsley et Terry Sawchuk s'étaient ralliés, il était impossible de revenir en arrière : le masque était là pour de bon.

À SAVOIR :

STYLE DE GARDIEN : Parce que les masques s'amélioraient et devenaient plus rigides, les gardiens n'avaient plus peur de la rondelle et osaient changer leur style. « Sans masque, notre réflexe prédominant était lié à la peur et nous nous placions de façon à ne pas être blessés », mentionna Glenn « Chico » Resch, qui a remporté la Coupe Stanley avec les Islanders. Le plus gros changement s'effectua quand les masques devinrent assez solides pour que les gardiens s'en servent... pour arrêter la rondelle. Ces développements ont entraîné l'adoption du style papillon, que plusieurs gardiens utilisent actuellement.

STYLE DE LANCER : Il fut un temps où les atta-

Pour Chico Resch,
le masque a révolutionné
toute la stratégie des
gardiens de but.

quants pouvaient intimider les gardiens de but avec des lancers foudroyants. Cette arme a perdu de sa vigueur avec l'apparition du masque et, par conséquent, les pointages ont baissé. Le masque a également amené les attaquants et les défenseurs à développer de nouvelles techniques et à concevoir des bâtons de haute technologie. De plus, la cohue devant le filet et l'obstruction de la vue sont devenues choses courantes.

UTILISATION GÉNÉRALE : Le masque a donné infiniment plus de liberté aux gardiens, qui peuvent maintenant se lancer dans la mêlée et effectuer des gestes qui auraient été excessivement dangereux à l'époque.

AUTRE ÉQUIPEMENT : Le succès du masque a augmenté l'accent mis sur la protection et les autres pièces d'équipement de gardien de but. Si celui-ci pouvait avoir le visage recouvert, il pouvait aussi avoir une meilleure armure des épaulières jusqu'aux patins. Voilà pourquoi, un jour, les cerbères ont commencé à

ressembler au bonhomme Michelin! Toute cette quête de protection supplémentaire découle de l'introduction du lancer frappé par Bernard « Boum Boum » Geoffrion, du Canadien, au début des années 50. Si le lancer frappé et le bâton courbé avaient été bannis, Plante et sa cohorte qui performent dans l'enclave n'auraient jamais cherché à se protéger le visage. Après tout, on a joué au hockey organisé pendant plus de 60 ans avant que les gardiens de but ne demandent à porter un masque.

Certains pourront critiquer les effets de ce changement, mais il reste que le hockey a évolué.

On peut dire sans se tromper que nous ne reverrons plus d'autres gardiens faire ce que Glenn Hall a fait, c'est-à-dire disputer 502 parties consécutives sans masque. En fait, nous ne reverrons certainement plus aucun gardien professionnel jouer sans masque, même l'espace d'un instant. ⟨

À un but de l'égalité en fin de partie ? C'est le temps de retirer le gardien...

LE RETRAIT DU GARDIEN

Le sens du risque

⟩ PAR GLEN GOODHAND

MOMENT DÉCISIF

flash-info
5 avril 1970

CHICAGO – La tentative désespérée des Canadiens de Montréal de se classer pour les séries éliminatoires s'est soldée par un échec lorsque les Blackhawks de Chicago ont marqué cinq buts dans un filet désert, en troisième période. Les Hawks ont remporté le match 10-2 et ont éliminé Montréal.

Les Canadiens, qui devaient marquer cinq buts pour passer en série éliminatoire, ont retiré leur gardien au milieu de la troisième période, alors qu'ils tiraient de l'arrière à 5-2. Mais la manœuvre s'est retournée contre eux, et les Canadiens seront absents des séries pour la première fois en 22 ans.

« JE N'AI JAMAIS VU ÇA. JAMAIS. » CE SONT LES PAROLES QU'A prononcées Bobby Hull après la cuisante défaite à 10-2 infligée par les Blackhawks de Chicago aux Canadiens de Montréal. Et Hull avait de bonnes raisons de s'étonner.

Le 5 avril 1970, les derniers matchs de la saison régulière se déroulaient dans une atmosphère tendue : les Rangers de New York et les Canadiens de Montréal se disputaient la dernière place menant aux séries éliminatoires. Après la victoire des Rangers en après-midi et la défaite des Canadiens contre Chicago la veille, les deux équipes se classaient à égalité avec 92 points. Le seul espoir des Canadiens était de marquer cinq buts au cours de leur match contre les Blackhawks, ce qui leur permettrait de dépasser les Rangers au classement.

Comme le pointage des Hawks n'était pas déterminant pour le classement, l'entraîneur des Canadiens, Claude Ruel, retira le gardien, Rogatien Vachon, pour envoyer un attaquant supplémentaire dans la mêlée, avec neuf minutes et demie à jouer en dernière période. Le gardien retournait au filet pour les mises en jeu dans la zone des Canadiens, puis revenait immédiatement au banc.

Mais le stratagème a échoué. Montréal n'a pas trouvé le chemin du filet des Hawks et Chicago a envoyé la rondelle cinq fois d'affilée dans un filet désert. Le retrait du gardien était une tactique couramment employée, mais qui ne l'avait jamais été de manière aussi radicale.

Était-ce une astuce ou un coup de folie ?

Selon le livre *The World's Strangest Hockey Stories*, en 1950, durant un match de la Ligue de la côte du Pacifique, l'entraîneur de l'équipe

CETTE STRATÉGIE À HAUT RISQUE EST PROPRE AU HOCKEY ET N'EXISTE DANS AUCUN AUTRE SPORT D'ÉQUIPE.

de New Westminster, Walter « Babe » Pratt, décida de retirer le gardien de but alors qu'il restait 14 minutes de jeu. Son équipe tirait de l'arrière avec 6-2 contre Vancouver. Contre toute attente, New Westminster réussit à compter quatre buts et à égaliser le score à 6-6.

L'entraîneur des Blues de St. Louis, Andy Murray, a lui aussi eu recours à cette tactique dans la ligue junior, également avec 14 minutes restant à jouer au match. Alors que les Kings de Dawson menaient 7-1, les Travelers de Brandon ont été près de faire match nul, après avoir marqué 5 buts.

Il est exceptionnel de retirer le gardien pour une si longue période. Cette tactique est généralement employée lorsqu'il ne reste environ qu'une minute de jeu.

L'entraîneur et directeur général des Bruins de Boston, Art Ross, fut le premier à retirer un gardien pour bénéficier d'un joueur supplémentaire, le 26 mars 1931, au Garden de Boston.

Les Bruins et les Canadiens s'affrontaient pour le deuxième match d'une série de cinq matchs éliminatoires. Montréal menait 1 à 0 avec 40 secondes à jouer dans la troisième période, lorsque Ross opta pour ce que les journalistes devaient qualifier de « manœuvre étonnante ».

C'est dans des filets déserts que Ron Hextall a pu marquer ses deux buts en carrière.

On ne s'attarda pas outre mesure sur le geste de Ross, jugé désespéré, d'autant plus que ce n'était pas la première fois que cet entraîneur sortait des sentiers battus.

Il n'existe aucune documentation concernant le nombre de fois où un gardien a été retiré ni sur le taux de réussite de cette tactique ; toutefois, les statistiques des saisons 1941-1942 à 1966-1967 indiquent que les entraîneurs n'y avaient pas souvent recours.

Toutes les instances de retrait de gardien en séries éliminatoires ont été enregistrées à l'époque des six équipes originales. Au cours de ces 25 saisons, 14 buts ont été marqués dans un filet désert contre l'équipe qui avait retiré son gardien.

L'idée de bénéficier d'un attaquant de plus, pour une équipe qui n'a plus rien à perdre, mais tout à gagner, est à l'origine de nombreux buts marqués dans des filets déserts.

Mais retirer le gardien est aussi une tactique qui donne lieu à de grands moments de suspense, lorsque la présence d'un attaquant supplémentaire permet à une équipe de se rendre en prolongation.

C'est ce qui s'est produit deux fois au cours des séries de la coupe Stanley de 2007.

Le 4 mai, les Rangers et les Sabres de Buffalo s'affrontaient pour le cinquième match de la série. À 19 : 01, en troisième période, Lindy Ruff décide de retirer le

L'ENTRAÎNEUR ET DIRECTEUR GÉNÉRAL DES BRUINS DE BOSTON, ART ROSS, FUT LE PREMIER À RETIRER UN GARDIEN POUR BÉNÉFICIER D'UN JOUEUR SUPPLÉMENTAIRE.

Il est arrivé une fois qu'aucun but n'ait été marqué, et également une fois que la tactique ait permis de marquer le but égalisateur. C'était au cours des séries éliminatoires de 1951, où chacun des cinq matchs opposant les Maple Leafs aux Canadiens s'est décidé en prolongation. Avec 32 secondes restant au chronomètre, Al Rollins est retiré du filet des Leafs. Avec un sixième joueur sur la glace, Tod Sloan réussit à marquer le but égalisateur. En prolongation, Bill Barilko déjoue Gerry McNeil avec un lancer qui permet aux Leafs de remporter la victoire ainsi que le championnat.

En somme, le retrait du gardien est une tactique audacieuse donnant un avantage immédiat à l'équipe qui tire de l'arrière en fin de match. Elle lui permet en quelque sorte de se retrouver en avantage numérique volontairement. Cette stratégie à haut risque est propre au hockey et n'existe dans aucun autre sport d'équipe.

gardien Ryan Miller. Moins d'une minute plus tard, 7,7 secondes avant la fin prévue du jeu, Chris Drury réussit à déjouer Henrik Lundqvist avec un tir puissant, forçant la tenue d'une période supplémentaire.

Maxim Afinogenov couronnera la remontée des Sabres en marquant le but victorieux au cours de la prolongation.

Le 12 mai, les Sabres se rendent à nouveau en prolongation. À 19 : 04, Miller cède sa place à un sixième joueur. Daniel Brière réussit à niveler le score à 5,8 secondes de la fin. Mais Ottawa marquera un but en prolongation, et prendra le dessus à 2-0 dans la finale de la Conférence de l'Est.

Astuce ou coup de folie ? Probablement un peu des deux. Mais dans quel autre sport la chance peut-elle se retourner de façon aussi spectaculaire ?

Bien joué, Art Ross ! ⟨

LE PORT DU CASQUE
Les « durs » résistent

⟩ PAR GLEN GOODHAND

AU FIL DES ANS, DES CENTAINES DE JOUEURS de la LNH ont « vu des étoiles » après avoir été frappés par une rondelle ou un bâton, ou encore, après avoir durement heurté la bande. Il est surprenant qu'un seul accident ait entraîné le décès d'un joueur.

Le 13 janvier 1968, après à peine quatre minutes de jeu, Bill Masterton des North Stars du Minnesota se retrouvait étendu sur la glace du Met Center, saignant du nez et des oreilles. Quelques secondes plus tôt, alors qu'il entrait dans la zone des Seals d'Oakland, il avait été projeté par une mise en échec des défenseurs Larry Cahan et Ron Harris. L'entraîneur des Stars, Wren Blair, racontait qu'il n'avait jamais vu une telle chute. Littéralement projeté les quatre fers en l'air, le joueur est tombé tête première contre la glace. On a pu entendre le bruit de l'impact jusqu'au banc des joueurs.

Masterton a été transporté d'urgence à l'hôpital, où quatre médecins ont tout tenté pour le sauver. Trente heures plus tard, il décédait des suites d'un « traumatisme crânien majeur ». C'était la première fois qu'un joueur perdait la vie au hockey depuis la toute première saison de la LNH en 1917-18.

Après un grave accident, Eddy Shore a décidé de porter un casque, dans les années 1930.

Pourquoi les joueurs ont-ils attendu si longtemps avant de porter volontairement un casque protecteur? Et pourquoi a-t-il fallu 11 ans avant que la LNH ne rende le port du casque obligatoire pour tous les joueurs admis dans la Ligue?

Pour répondre à ces questions, il faut remonter aux premières années de la LNH, à une période où la sécurité et la protection étaient moins importantes que la virilité et la vantardise. Pensez-y: ne pourrait-on pas dire la même chose aujourd'hui au sujet du port de la visière?

Au début, les amateurs et les professionnels portaient souvent des bonnets de laine pour se garder au chaud. On dit que George Owen, qui a joint les rangs des Bruins de Boston en 1928-29, a été le premier joueur de la LNH à porter un casque pour des raisons de sécurité.

Auparavant, divers types de casques étaient utilisés sur le circuit pour se protéger contre les blessures à la tête ou pour retenir un masque contre les coupures et les fractures à la mâchoire. Mais dans le « bon vieux temps », le port d'équipement protecteur était généralement considéré comme un signe de faiblesse.

« Un gars qui porte un casque, ça attire l'attention, disait Johnny Gottselig, ce joueur des Blackhawks de Chicago dans les années 1930 réputé pour son maniement de la rondelle. Les joueurs vont être tentés de lui donner quelques petits coups sur la tête, en pensant que ça ne peut pas le blesser. »

MASTERTON A ÉTÉ TRANSPORTÉ D'URGENCE À L'HÔPITAL. TRENTE HEURES PLUS TARD, IL DÉCÉDAIT.

MOMENT DÉCISIF

flash-info
Août 1979

NEW YORK – La Ligue nationale de hockey annonce qu'un nouveau règlement rendant obligatoire le port du casque protecteur entrera en vigueur pour la saison 1979-80.

« L'introduction du règlement concernant le port du casque contribuera à renforcer la sécurité des joueurs », a déclaré le président de la Ligue, John Ziegler.

La seule exception prévue concerne les joueurs qui ont signé un contrat professionnel avant le 1er juin 1979, et nécessitera la signature d'une demande d'exemption.

Comme le port du casque est déjà obligatoire dans les ligues juniors, collégiales et internationales, le règlement ne devrait pas incommoder les nouveaux joueurs admis dans la Ligue.

La fierté des joueurs et le désir de préserver leur image ont retardé l'entrée en vigueur du règlement.

« Tôt ou tard, tous les joueurs en porteront un », ajoutait Ziegler.

Aujourd'hui encore, les adversaires du port du casque et de la visière disent la même chose. Ils prétendent que le sport est devenu plus dangereux parce que les joueurs s'apparentent à des soldats portant une armure. On peut donc se demander si la Ligue a introduit son règlement concernant le casque de sécurité en 1979 pour protéger les joueurs ou plutôt pour se protéger elle-même.

Il est intéressant de savoir qu'un débat à ce sujet avait déjà eu lieu plusieurs années auparavant. Lorsque l'oncle d'Allan Stanley, Barney, proposa un prototype à l'assemblée annuelle de la LNH de 1927, l'idée fut rejetée. Mais le célèbre incident impliquant « Ace » Bailey et Eddie Shore dans la saison 1933-34 aura eu le même effet sur le hockey de l'époque que la mort de Masterton quatre décennies plus tard.

À la suite de cet incident, qui a vu Bailey frôler la mort et Shore se blesser à la tête en tombant après avoir été frappé durement par Red Horner, Art Ross a mis au point un nouveau concept de casque, plus léger que le casque de football, avec des ouvertures sur le dessus.

Bailey fut blessé le 12 décembre 1933 à la suite d'un double-échec de Shore. Lorsque son équipe, les Bruins de Boston, sauta sur la glace à Ottawa le 4 janvier 1934, la plupart des joueurs portaient un casque. Ils en firent aussi la démonstration devant leurs partisans cinq jours plus tard. Si certains joueurs laissèrent leur casque dans le vestiaire par la suite, Shore porta le sien jusqu'à la fin de sa carrière.

Mais de toute évidence, cela n'aura pas eu beaucoup d'effet sur les autres joueurs au cours des décennies suivantes. Une explication : les préjugés machos, qui sont encore bien présents aujourd'hui.

prétexte que les autres joueurs le « traitaient de poule mouillée ».

En novembre 1947, Elmer Lach et Maurice Richard ont porté pendant plusieurs matchs consécutifs une sorte de protecteur de plastique retenu par des sangles au menton. L'initiative a été vivement critiquée par les autres joueurs, les partisans et les journalistes.

Lorsque Lach décida finalement de retirer son casque, Jim Thomson des Leafs blagua : « Je vois qu'Elmer a enlevé son casque de bain ! » Même les joueurs les plus respectés ne pouvaient résister à la pression.

En 1949, deux joueurs seulement portaient le casque : Jack Crawford (pour cacher sa tête chauve) et Ed Kryzanowski. Charlie Burns, qui avait une plaque d'acier dans la tête, fut au premier rang des dissidents dans les années 1960, soutenu par Warren « Rocky » Godfrey, Camille Henry, Vic Stasiuk, Murray Balfour, Red Kelly, Ron Ellis et Frank St. Marseille. D'autres collégiens comme Red « Baron » Berenson et le héros de la Série

DON CHERRY ET BOBBY CLARKE AFFIRMAIENT HAUT ET FORT QUE LE PORT DU CASQUE AVAIT UN CÔTÉ « POULE MOUILLÉE ».

Dans les années 1930, on ordonna aux joueurs des Maple Leafs d'ajouter le casque protecteur à leur liste d'équipement. La mesure fut un échec total. « King » Clancy se débarrassa de son casque au bout de quelques minutes pour ne plus jamais l'enfiler. En peu de temps, tous les joueurs de l'équipe patinèrent de nouveau nu-tête. Leur principal argument était que le casque nuisait à l'identification des joueurs.

Dans les années 30 et 40, le port du casque demeurera l'exception. Des Smith, Bill Mosienko, Dit Clapper et Don Gallinger figurent au nombre de ceux qui ont surmonté les préjugés. « Toe » Blake en a porté un pendant plus d'une saison avant de l'enlever sous

du siècle, Paul Henderson, feront également fi du mépris de leurs contemporains, et les préjugés défavorables à l'égard du casque s'estomperont progressivement.

Certains hauts dirigeants de la Ligue, comme Stafford Smythe des Maple Leafs, réclamèrent l'emploi du casque protecteur. La plupart des joueurs reconnaissaient qu'il serait plus sage d'en porter un, mais ils maintenaient qu'ils ne le feraient pas à moins d'y être obligés. Gordie Howe ne le portait pas, mais il ordonnait à ses fils de le faire, même lors des entraînements. De même, Jean Béliveau déclara : « Je conseille à tous les jeunes joueurs de le porter, mais je ne le ferai pas moi-même. »

Comme le disait un journaliste après la mort de Mas-

terton : « Les amateurs ne peuvent que constater avec étonnement que la liste des victimes de la Ligue n'est pas plus longue. Quand des professionnels se livrent bataille sur la glace, avec des patins aux lames affutées comme des couteaux, qu'ils brandissent des bâtons et lancent une rondelle en caoutchouc durci à des vitesses dépassant les 120 milles à l'heure, c'est un miracle qu'il y ait des survivants. »

Ce qui fit dire à Stan Mikita : « Vous pouvez être certains que je vais porter un casque à partir de maintenant. Je préfère passer l'été à tondre le gazon plutôt qu'à bouffer les pissenlits par la racine. »

C'est vraiment le décès de Masterton qui mit la réglementation concernant le port du casque à l'ordre du jour, même s'il a fallu attendre une bonne dizaine d'années pour que l'idée prenne réellement forme. C'est au début de la saison 1979-80 que le port du casque est devenu obligatoire pour tout nouveau joueur admis dans la ligue. Les ordres de la haute direction auront finalement réussi là où le bon sens avait échoué.

« L'introduction du règlement concernant le port du casque contribuera à renforcer la sécurité des joueurs, déclarait alors le président de la Ligue, John Ziegler. Ce règlement permet quand même aux vétérans de refuser de porter le casque. »

En effet, les joueurs ayant signé un contrat avant le 1er juin 1979 pouvaient être dispensés de porter le casque, après avoir signé une demande d'exemption. La Ligue a choisi d'attendre qu'environ 70 % des joueurs adoptent volontairement le casque pour appliquer le règlement à tous.

Les bons et les mauvais côtés de la nouvelle réglementation n'ont pas tardé à se manifester. Les détracteurs comme Don Cherry de *Hockey Night in Canada*, l'auteur Stan Fischler et Bobby Clarke affirmaient haut et fort que le port du casque avait un côté « poule mouillée » et estimaient que le règlement violait les droits

individuels des joueurs. Mais le dilemme allait bien au-delà de ce genre de préjugés.

L'ancien joueur de la LNH Ed Westfall, par exemple, a fini par admettre que le fait de porter un casque « favorise les bâtons élevés et le jeu déloyal. Il y en a certainement plus maintenant qu'à l'époque où je suis entré dans la ligue (1961) ».

L'opinion de Westfall reçoit encore beaucoup d'appuis. Maintenant que la dernière partie vulnérable du corps est bien protégée, de nombreux joueurs se sentent invincibles sous leur armure et perçoivent leurs adversaires de la même manière. Du modèle serre-tête emprunté au football jusqu'à sa version moderne homologuée par la CSA, le casque protecteur est toujours au centre de la controverse.

En conclusion, arrêtons de penser que les joueurs qui ne veulent pas porter le casque sont stupides. Ils sont peut-être mal conseillés ou font erreur, mais ils ne sont pas stupides. Après l'entrée en vigueur du règlement, il aura fallu attendre 18 ans pour que le dernier joueur à ne pas porter de casque prenne sa retraite. Et Craig MacTavish n'est pas précisément ce qu'on appellerait un imbécile, n'est-ce pas ? Tout comme Doug Wilson et Randy Carlyle, deux autres joueurs qui se sont distingués de la même manière. ⟨

LE STYLE PAPILLON

Révolution devant le filet

MOMENT DÉCISIF

flash-info
4 juin 1955

DETROIT – Les Red Wings de Detroit ont réalisé un important échange de 10 joueurs hier, au cours duquel le gardien nº 1 Terry Sawchuk est passé aux Bruins de Boston. Cette transaction ouvre la porte pour Glenn Hall, qui a servi pendant quatre ans dans les ligues mineures des Red Wings. Ceux-ci ont remporté trois Coupes pendant ces quatre ans, mais Sawchuk est depuis tombé en défaveur auprès du DG Jack Adams. Hall, 23 ans, soit deux ans de moins seulement que Sawchuk, est vu comme un remplaçant fort prometteur. Il est connu pour aimer se jeter sur la glace pour effectuer des arrêts.

GLENN HALL L'A INVENTÉ. TONY ESPOSITO L'A modernisé. Les frères Allaire l'ont perfectionné. Patrick Roy l'a popularisé. Une révolution qui s'est étendue sur 30 ans. La manière dite « style papillon » de garder les buts, en effet, a carrément balayé le monde du hockey au cours de la seconde moitié des années 80. Cette position n'avait pas connu de changement aussi important depuis que Jacques Plante avait revêtu son masque pour de bon en 1959.

Avant le papillon, les gardiens restaient toujours debout. Ils ne connaissaient que cette manière de faire, qui se perpétuait à cause de la théorie voulant qu'un gardien agenouillé soit un gardien vaincu. Ils jouaient donc les angles et défiaient le tir en s'en remettant à leurs réflexes. Patrick Roy, lui, dès ses débuts avec les Canadiens en 1985, au seuil d'une carrière qui devait le mener au Temple de la renommée, renversa cette tendance. On le vit évoluer jambières au sol, face au tireur et les bras au corps, étendant les jambes d'un

buts sont comptés au niveau de la glace. Privez l'adversaire de cette option et il se voit contraint de tirer dans les coins supérieurs, ce que seuls les meilleurs marqueurs de la LNH parviennent à réussir sur une base régulière.

LE PAPILLON N'A PAS SEULEMENT RÉVOLUTIONNÉ LA FAÇON DONT ON GARDE LES BUTS, IL A AUSSI COMPLÈTEMENT CHANGÉ LA NATURE MÊME DU GARDIEN.

pôle à l'autre de façon à couvrir le tiers inférieur du filet. « Roy a élaboré une nouvelle méthode et transformé la façon de jouer des gardiens », affirma John Davidson, un ancien gardien de la LNH devenu président des Blues de St. Louis. Roy ne jouait pas les angles, il jouait les pourcentages. Les statistiques montraient et continuent de montrer que la majorité des

C'est aux frères Allaire, François et Benoît, qu'on doit le style papillon tel qu'il se pratique aujourd'hui. François fut l'entraîneur de Roy lorsque ce dernier se joignit aux Canadiens. Maintenant entraîneur de gardiens pour les Ducks d'Anaheim, c'est lui qui a fait de Jean-Sébastien Giguère un gardien d'élite. « Il m'a beaucoup appris, dit Giguère. Quand je suis arrivé ici, à Anaheim (en 2000), mon jeu n'était vraiment pas aussi bon que ce qu'il aurait pu être. Mon niveau de confiance était très bas. Je n'étais pas certain de pouvoir jouer un jour dans la LNH. » À la suite des succès de Roy, qui établissait de nouvelles marques, le style papillon gagna bientôt la faveur des entraîneurs de la LNH et généra des disciples partout au sein de la Ligue. « Tout le monde, jusqu'aux jeunes gardiens, en particulier au Québec, l'admirait, dit Giguère. C'est sans doute pour ça qu'on compte tant de gardiens francophones dans la Ligue. »

Le papillon n'a pas seulement révolutionné la façon dont on garde les buts, il a aussi complètement changé la nature même du gardien. Jusque-là, on assignait à cette position le petit gros, ou alors celui qui ne savait pas patiner. Il était rare de voir un gardien de six pieds. Après l'arrivée du papillon, les gardiens se firent plus athlétiques, plus grands, et gagnèrent en stature.

À Chicago, Glenn Hall est le premier gardien à avoir pratiqué un style s'apparentant au papillon.

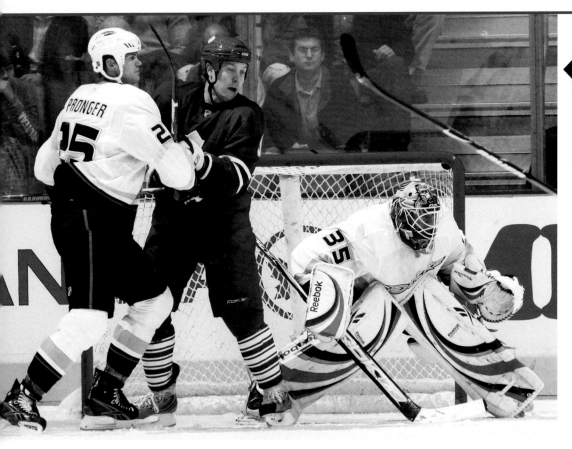

C'EST AUX FRÈRES ALLAIRE, FRANÇOIS ET BENOÎT, QU'ON DOIT LE STYLE PAPILLON TEL QU'IL SE PRATIQUE AUJOURD'HUI.

Le style papillon n'aurait pu connaître une telle popularité sans les progrès en matière d'équipement, qui rendirent la position beaucoup plus sûre. « L'équipement a donné naissance au papillon, dit Phil Myre, gardien dans la LNH de 1969 à 1983 et présentement entraîneur de gardiens pour les Panthers de la Floride. Aussitôt que les gardiens se sont sentis à l'aise pour se jeter au sol, il ne resta plus d'espace dans le filet... si ce n'est pour le bâton. On ne pouvait pas faire ça avant avec notre équi-

pement. Le style debout était autant un moyen de survie qu'un style de jeu. » « Quand j'étais gardien, on avait deux seuls objectifs, raconte Davidson : arrêter la rondelle, et ne pas se faire tuer en l'arrêtant ! »

Glenn Hall, qui commença dans la LNH avec Detroit au milieu des années 50 et joua pour Chicago tout au long de la décennie suivante, fut le premier gardien à mettre en pratique le style papillon en gardant la tête en deçà de la barre transversale et dans la ligne de tir. « Il a changé la façon de tenir les buts, a dit de lui Ken Dryden. Glenn Hall n'était pas qu'un excellent gardien, il était un gardien important. »

Esposito éleva ce style d'un nouveau cran avec les Blackhawks au cours des années 1970. « Agressive », telle était la manière dont Esposito qualifiait sa version du papillon. « Attaquer la rondelle. » Le papillon est conçu pour ôter au tireur les cibles les plus accessibles. Tout comme le masque, ce style eut d'abord à subir sa part de critiques, mais il s'est imposé au fil du temps et le hockey ne s'en porte que mieux. ⟨

Paul Henderson, un héros de la Série du siècle, est félicité par ses coéquipiers après le but vainqueur.

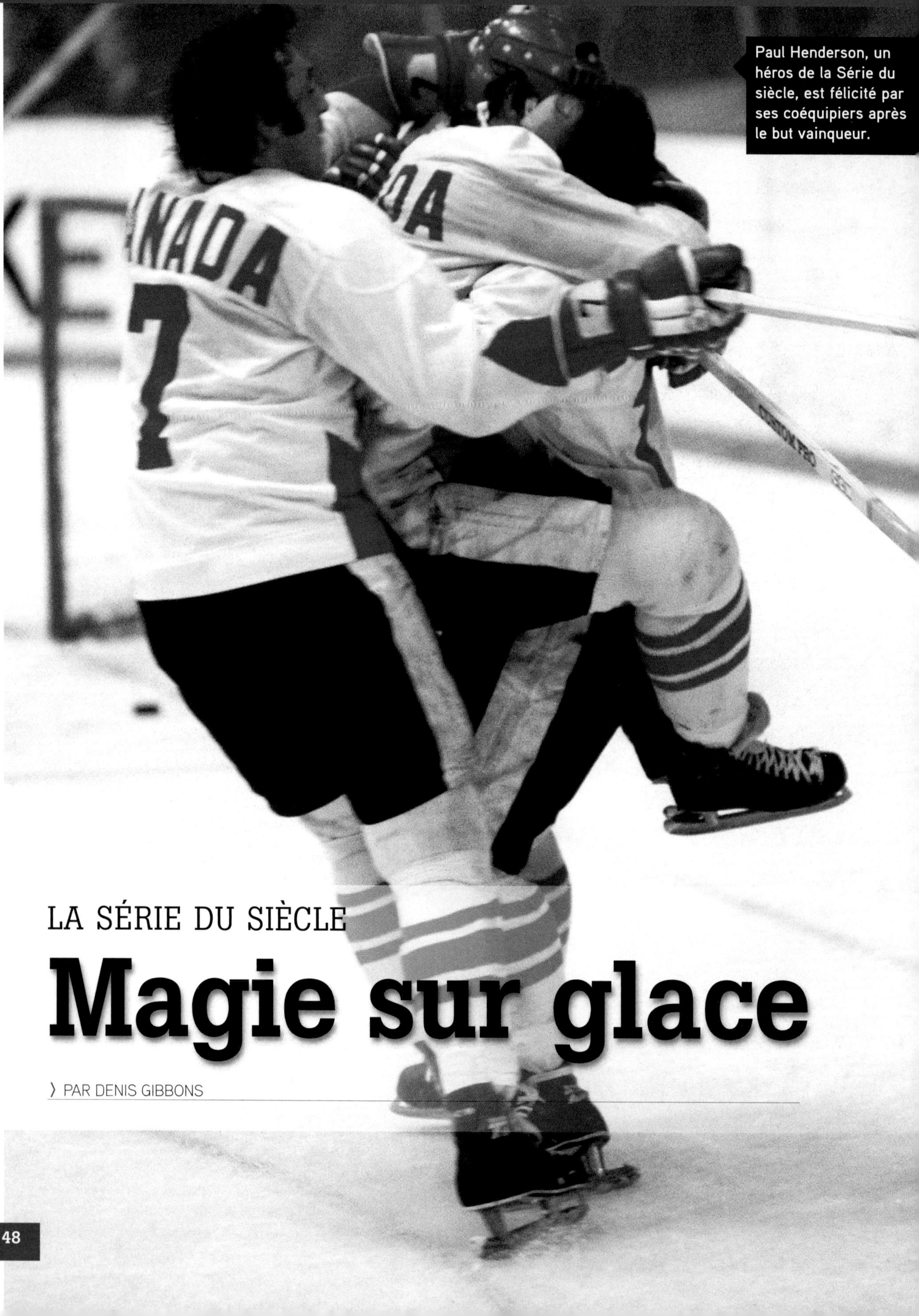

LA SÉRIE DU SIÈCLE

Magie sur glace

〉PAR DENIS GIBBONS

LA SÉRIE DU SIÈCLE DE 1972 MARQUERA LE hockey à jamais.

Un grand nombre d'amateurs canadiens étaient lassés de la LNH et de son produit dilué, fruit d'une expansion en 1967 et d'une autre en 1970, qui marquait l'arrivée des Sabres de Buffalo et des Canucks de Vancouver dans la ligue. La tactique privilégiée par la plupart des équipes consistait à dégager la rondelle dans la zone adverse et à la pourchasser. Le jeu stratégique perdait en popularité.

Si la foule du Forum était abasourdie par la victoire de 7 à 3 des Soviétiques lors du premier match, leur jeu apporta à tous une bouffée d'air frais. Les champions olympiques effectuaient des passes précises, souvent indirectes, en ne faisant que rediriger la rondelle vers leurs coéquipiers. Et leur vitesse d'exécution était déconcertante.

Les Soviétiques jouaient du hockey plus méthodique. Au cours de la série, le vétéran joueur de centre Vyacheslav Starshinov prit les joueurs du Canada par surprise en leur remettant un questionnaire portant sur divers aspects du jeu.

Le gardien soviétique Vladislav Tretiak, alors âgé de 20 ans, était agile comme un chat. Les Canadiens ont fini par apprendre que durant l'été, Tretiak s'entraînait à bloquer des balles de tennis avec ses jambes pour améliorer ses déplacements. La tactique des Soviétiques s'inspirait grandement du bandy, un jeu qui se joue à l'aide d'un bâton, d'une balle et de patins sur un terrain de soccer gelé.

MOMENT DÉCISIF

flash-info
28 septembre 1972

MOSCOU – Des Canadiens de partout bombaient le torse après que Paul Henderson eut marqué son troisième but gagnant en trois matchs alors qu'il ne restait que 34 secondes à jouer, procurant ainsi une victoire de 6 à 5 à l'Équipe Canada sur l'Union Soviétique lors du huitième et ultime match de la Série du siècle.

Cette victoire marquait une formidable remontée du Canada, qui tirait de l'arrière 3-1-1 après les cinq premiers matchs de la série.

Cependant, malgré la victoire des Canadiens, les Soviétiques ont démontré que la qualité de leur jeu était comparable à celle des pros de la LNH.

Cet événement historique a attiré l'attention non seulement des amateurs de hockey, mais également des Canadiens de tous les horizons.

LES SOVIÉTIQUES EFFECTUAIENT DES PASSES PRÉCISES ET LEUR VITESSE D'EXÉCUTION ÉTAIT DÉCONCERTANTE.

Après la série, certains entraîneurs de la LNH, en plus de s'efforcer de développer les habiletés de leurs joueurs, adoptèrent le système soviétique, qui consistait à jumeler trois attaquants à deux défenseurs pour toute la durée de la partie.

Auparavant, plusieurs joueurs canadiens passaient leur été à relaxer et à jouer au golf. Après avoir constaté la superbe forme physique des joueurs soviétiques, ils commencèrent à s'entraîner davantage hors glace et à patiner durant la saison estivale. Mais tandis que les Soviétiques étaient déjà sur la glace au début de juillet 1972, les joueurs canadiens ne commencèrent

« Ils ont joué comme s'il n'y avait ni pointage, ni hauts ni bas, avait-il déclaré. Aucune équipe de la LNH n'aurait joué comme ils l'ont fait dans les 10 dernières minutes, en patinant et en maniant la rondelle aussi bien en tirant de l'arrière 4 à 1. »

Cependant, Phil Esposito, le meilleur joueur des deux équipes durant la série, a dû ramener son entraîneur à l'ordre.

« Au moins, nous savons enfin quelle équipe est la meilleure (le Canada) », avait-il répliqué.

C'est à ce stade de la série que la passion du hockey des joueurs canadiens, illustrée remarquablement

PLUS DE TÉLÉSPECTATEURS CANADIENS ONT REGARDÉ LE HUITIÈME MATCH DE LA SÉRIE QUE LES PREMIERS PAS SUR LA LUNE DE NEIL ARMSTRONG.

leur camp d'entraînement qu'à la mi-août, la plupart d'entre eux préférant profiter de l'été. Quelques-uns, certains d'écraser les Soviétiques, se la coulaient douce à l'entraînement.

Quoi qu'il en soit, après s'être remis de leur surprenante défaite lors du premier match et n'avoir remporté qu'une seule des quatre parties disputées à domicile, les joueurs du Canada se sont rapidement adaptés au style des Soviétiques. Dès le début du cinquième match à Moscou, on pouvait remarquer que les Canadiens étaient plus rapides et en bien meilleure forme physique que le 2 septembre, au début de la série. Ils avaient rapidement pris les devants 4 à 1 et avaient retrouvé leur confiance, bien qu'ils aient perdu la partie 5 à 4. Ils avaient si bien joué que l'entraîneur Harry Sinden avait peine à comprendre comment les Soviétiques étaient parvenus à se sauver avec la partie.

par Esposito, a pris le dessus. La nervosité des Soviétiques se faisait grandissante.

La remontée s'est officiellement amorcée après la défaite de 5 à 3 des Canadiens lors du quatrième match à Vancouver, ponctué d'un discours mémorable d'Esposito à la télévision. Il a alors blâmé les partisans pour avoir hué les joueurs canadiens à leur sortie de la patinoire, révélant à quel point cela avait rendu les joueurs furieux. « Certains d'entre nous ont vraiment le moral dans les talons, avait-il affirmé. L'URSS a une bonne équipe, soyons réalistes. »

De nombreux partisans ont repris confiance en Équipe Canada après la victoire des leurs au sixième match. Le glas de la grosse machine rouge allait bientôt sonner.

Les partisans soviétiques, dont la plupart se faisaient discrets lors des matchs en raison de la présence po-

licière à l'aréna Luzhniki, étaient renversés de voir combien les 1 000 partisans canadiens se trouvant dans l'amphithéâtre de 12 000 places étaient bruyants et émotifs.

Et cela leur a plu.

Trente-cinq ans plus tard, lors du Championnat du monde 2007 au nouvel aréna Khodynka de Moscou, les partisans russes s'époumonaient. De nombreux partisans des deux pays étaient trop jeunes pour savoir que les deux nations avaient déjà croisé le fer sur la glace.

Le premier championnat de hockey de l'URSS n'a eu lieu qu'en 1947, et les Soviétiques ont remporté leur premier titre en 1954. Il faut dire que le Canada était représenté par une équipe senior B, les Lyndhursts d'East York de Toronto. Dans les années 1960, les Soviétiques battaient régulièrement les équipes d'amateurs canadiennes. C'est alors que le Canada demanda à l'IIHF la permission d'envoyer des professionnels des ligues mineures. L'IIHF refusa, et l'équipe canadienne se retira des compétitions mondiales à la fin du tournoi de 1969 disputé en Suède. La Série du siècle constituait donc la première occasion pour l'élite des deux pays de croiser le fer.

Trente-six ans plus tard, le Canada demeure le pays produisant le plus de talents, mais au moins six autres pays peuvent lui faire concurrence en compétition internationale, lorsque vient le temps de couronner une seule équipe.

La Série du siècle prit une telle ampleur qu'elle fit la une de tous les journaux. L'Équipe Canada fut élue Équipe du siècle par la Presse canadienne, et lors de la sélection des 20 nouvelles canadiennes les plus marquantes du 20ᵉ siècle, la Série du siècle est arrivée en 8ᵉ place.

En fait, plus de téléspectateurs canadiens ont regardé le huitième match de la série que les premiers pas sur la Lune de l'Américain Neil Armstrong. De plus, le journal *Sovietsky Sport* a placé la série au troisième rang des événements de hockey les plus importants du 20ᵉ siècle en Union soviétique.

La confrontation entre les deux puissances mondiales du hockey a par-dessus tout permis aux joueurs européens de se joindre à la LNH, créant ainsi une ligue de calibre supérieur où l'on pratique deux styles de jeu. Le défenseur suédois Thommie Bergmann a fait ses débuts à la LNH durant la saison 1972-1973, tout comme Borje Salming la saison suivante. De plus, la Série du siècle a démontré que les Soviétiques pouvaient rivaliser avec les joueurs de la LNH, et dès lors les dépisteurs intensifièrent leurs recherches de jeunes talents en Europe. ⟨

Chris Chelios et, à l'arrière-plan, Larry Robinson : deux joueurs repêchés par les Canadiens et qui ont connu une carrière fabuleuse.

LE REPÊCHAGE UNIVERSEL

Miser sur l'avenir

> PAR KEN CAMPBELL

À L'ÉPOQUE POST-EXPANSION DE LA LNH, AUCUN outil ne s'est révélé plus important que le repêchage annuel pour assurer des assises solides à une formation. Aucun autre outil n'a également été aussi mal géré par certaines équipes.

C'est assez simple, vraiment. Il suffit d'examiner l'évolution des équipes au cours des 30 dernières années pour rapidement constater qu'il existe une corrélation entre la capacité à sélectionner et développer des joueurs de la LNH dans toutes les rondes du repêchage, et le succès au classement. Le contraire s'applique également si l'on regarde les équipes qui ont connu des déboires.

Prenons comme exemple les Canadiens de Montréal. Selon toute logique, ils auraient dû être les plus lésés par les repêchages, parce que le fait de donner à chaque équipe une chance égale de s'approprier les meilleurs joueurs les forçait à abandonner leur monopole des meilleurs joueurs canadiens-français, ce qu'ils ont fait pour de bon en 1970.

Qui sait combien d'autres Coupes les Glorieux auraient pu remporter s'ils avaient eu un accès sans obstacle à des joueurs tels que Gilbert Perreault, Marcel Dionne, Mike Bossy, Raymond Bourque, Denis Savard, Mario Lemieux, Martin Brodeur ou Vincent Lecavalier?

Par contre, les Canadiens ont quand même fait du bon travail, en grande partie parce qu'ils avaient un DG qui reconnaissait la valeur du repêchage et qui investissait du temps et des ressources dans le dépistage. À partir du

MOMENT DÉCISIF

flash-info
30 novembre 1962

DETROIT – Dans l'espoir de mettre un terme au système de commandites utilisé pour trouver des joueurs, la LNH procédera à un repêchage amateur qui donnera en bout de ligne à chaque équipe une occasion égale d'acquérir les meilleurs jeunes joueurs de l'industrie. « Nous avons espoir que cela fournira à chaque équipe une occasion juste de s'approprier un joueur vedette », a déclaré le président de la LNH, Clarence Campbell.

DE 1969 À 1990, LES BLACKHAWKS DE CHICAGO N'ONT REPÊCHÉ QUE 42 JOUEURS DE CALIBRE DE LA LNH.

début du repêchage moderne, en 1969, jusqu'en 1993, le CH a remporté huit Coupes Stanley, soit plus que toute autre équipe de la Ligue. Entre 1969 et 1990, l'équipe a sélectionné 73 joueurs ayant tous joué 200 matchs ou plus dans la LNH, notamment Guy Lafleur,

Larry Robinson, Steve Shutt, Bob Gainey, Rod Langway, Patrick Roy et Chris Chelios, qui ont été intronisés au Temple de la renommée ou qui finiront par l'être.

Comparons la situation avec celle des Maple Leafs de Toronto, une équipe qui, au cours de son histoire, a souvent raté son coup lors du repêchage, bien qu'elle ait bénéficié de nombreux choix dans les toutes premières rondes. Au cours de la même période 1969-1990, les Leafs ont repêché 56 joueurs qui ont connu une carrière dans la LNH, parmi lesquels seuls Darryl Sittler et Lanny McDonald furent intronisés au Temple de la renommée.

Les Blackhawks de Chicago ont fait pire. De 1969 à 1990, ils n'ont repêché que 42 joueurs de calibre de la LNH, dont un seul membre du Temple de la renommée, en l'occurrence Denis Savard, et peut-être deux autres prétendants, soit Dominik Hasek et Jeremy Roenick.

N'est-ce pas étonnant que les Maple Leafs n'aient

Sous la gouverne de Jim Nill et Ken Holland, les Red Wings de Detroit ont un flair incroyable pour trouver du talent.

COMBIEN D'AUTRES COUPES LES CANADIENS AURAIENT-ILS REMPORTÉES AVEC DES JOUEURS TELS QUE MARCEL DIONNE, MIKE BOSSY, RAYMOND BOURQUE OU MARIO LEMIEUX?

pris part à aucune finale de la Coupe Stanley depuis 1967 et que les Hawks n'aient pas savouré la Coupe depuis 45 saisons, la plus longue séquence d'insuccès parmi les équipes de la Ligue? En passant, les deux équipes ont été extrêmement lentes à reconnaître les talents européens, une qualité que partagent la plupart des équipes qui réussissent. Les Islanders, Edmonton, Pittsburgh, Detroit et New Jersey ont bâti leur dynastie sur la force du repêchage.

Même avec l'argent qu'ils pouvaient dépenser avant la mise en vigueur du plafond salarial, les Red Wings ont quand même remporté la Coupe en grande partie en raison de leur incroyable succès à la table de sélection des joueurs dans les années 80. En 1989, ils ont réussi la meilleure sélection de l'histoire de la LNH en choisissant Mike Sillinger, Bob Boughner, Nicklas Lindstrom, Sergei Fedorov, Dallas Drake et Vladimir

Konstantinov sur le plancher du Met Center à Bloomington, au Minnesota.

Ce repêchage a été orchestré par nul autre que Ken Holland, aujourd'hui DG des Red Wings et l'un des administrateurs de hockey les plus respectés de l'industrie.

Dans une ligue comptant 30 équipes, ces dernières se considèrent extrêmement chanceuses si elles réussissent à obtenir lors d'un repêchage un ou deux joueurs qui évolueront à court terme sur une base régulière dans la LNH. Certains diront que le repêchage n'est rien d'autre qu'un coup de dés qui ne vaut pas toute l'attention et tout le battage publicitaire qui l'entourent. Or, les équipes ne disposent pas de meilleures façons d'acquérir des atouts sans donner quelque chose en retour. De plus, il n'existe pas de meilleur moyen éprouvé de créer un champion. ⟨

LES TIRS DE BARRAGE ONT PERMIS DE METTRE EN VALEUR LE TALENT DES JOUEURS ET DES GARDIENS.

Roberto Luongo, des Canucks, perd son bâton en tentant de stopper David Vyborny, des Blue Jackets.

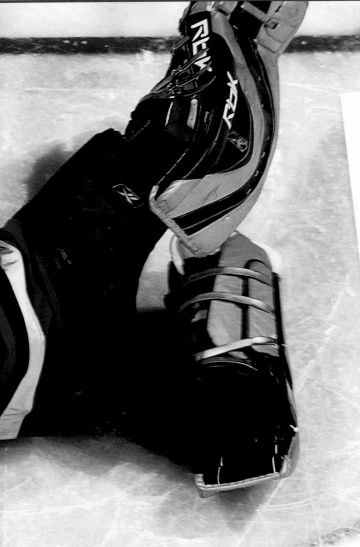

MOMENT DÉCISIF

flash-info

Le 22 juillet 2005

NEW YORK – La LNH aura recours aux tirs de barrage pour décider de l'issue d'une rencontre lorsque la saison 2005-2006 s'amorcera. En abolissant les verdicts nuls, la ligue veut qu'il y ait un gagnant lorsque le compte reste égal après les cinq minutes de prolongation. À tour de rôle, trois joueurs de chaque équipe effectueront des tirs de pénalité sur le gardien de but adverse. S'il n'y a toujours pas de vainqueur après les trois lancers par équipe, le premier joueur qui marque fera gagner son équipe. Deux points seront attribués à l'équipe qui l'emporte en temps réglementaire, en prolongation ou en tirs de barrage, tandis que l'équipe perdante recevra un point si elle s'incline en prolongation ou en tirs de barrage.

LES TIRS DE BARRAGE

Un gagnant à tout prix

⟩ PAR RANDY SPORTAK

UN MATCH NUL. UNE ÉGALITÉ. UNE IMPASSE.

Pour une raison inconnue, la LNH a permis les verdicts nuls en saison régulière pendant de nombreuses saisons. Malgré tout le sang perdu, la sueur et les ecchymoses, trop de parties se sont conclues sans vainqueur. La LNH n'est pas parvenue à résoudre le problème, en dépit d'une période de prolongation à quatre contre quatre et de l'attribution d'un point à l'équipe perdante. Près de 14 % des parties disputées durant la saison 2003-2004 ont fini sans équipe gagnante. Or, quel athlète pourrait consacrer plusieurs heures de sa vie à un sport et accepter facilement qu'il n'y ait ni gagnant ni perdant à la fin d'une joute ? Je vous parie que c'est la minorité.

Après tout, regarder l'horloge défiler jusqu'à zéro alors que le pointage est égal, c'est loin d'être passionnant, particulièrement aujourd'hui alors que l'impatience et le besoin de gratification instantanée sont le lot de plusieurs.

Oui, c'est difficile de changer de mentalité face aux tirs de barrage quand on a grandi sans eux. Facile de hausser les épaules et de dire que les verdicts nuls, ça fait partie du sport. Ce n'est cependant pas ce qui donne les meilleurs résultats.

Ce serait bien de supposer que les équipes veuillent changer leur plan de match en prolongation, heureuses d'avoir empoché un seul point, et qu'elles essaient vraiment de gagner durant la période à quatre contre quatre. Mais même cette façon de faire ne peut garantir qu'il y aura un vainqueur. En vérité, il n'y pas d'autre solution, du moins, pas de meilleure solution que les tirs de barrage. En effet, ils sont excitants et rapides, surtout avec la possibilité que seulement trois joueurs par équipe s'affrontent. De plus, les résultats sont immédiats et faciles à comprendre. Or, compte tenu du montant que dépensent les fans pour assister à une partie de la LNH, leur offrir un spectacle divertissant, où la tension est forte et l'intrigue captivante, en couronnant un gagnant avec des tirs de barrage, est la moindre des choses pour la ligue, les joueurs et la foule.

Durant la saison 2003-2004, la dernière de l'époque de « la trappe », alors que les pointages au hockey étaient aussi élevés qu'au soccer anglais (!), 315 des 1 230 parties de la LNH ont duré plus de trois périodes. De ces matchs, plus de la moitié, 170 pour être exact, n'ont pas permis de départager de vainqueur. À chacune des deux saisons depuis le lock-out, 281 parties sont allées en prolongation, ce qui représente une réduction de 11 % du nombre de matchs à égalité après les 60 minutes réglementaires.

Ce nombre chutera encore plus si la Ligue fait quelque chose pour encourager les équipes à « jouer pour gagner », par exemple en mettant en place un système de trois points pour tous les matchs, de façon qu'une victoire en temps réglementaire ait une plus grande valeur.

Les tirs de barrage ont fait bien plus que seulement décider du résultat final, ils ont permis d'obtenir des pointages plus élevés et de mettre en valeur le talent des joueurs et des gardiens. Qui se souviendrait de Jussi Jokinen s'il n'avait pas connu autant de succès en tirs de barrage? Aurions-nous su que Roberto Luongo et Marty Turco étaient si bons entre les poteaux à un contre un? Comment aurions-nous pu voir Marek

IL FAUT QUE LA LNH FASSE EN SORTE QUE LES PARTIES VALENT TROIS POINTS.

Malik compter après avoir fait passer la rondelle entre ses jambes, ou Pierre-Marc Bouchard en faisant le spin-o-rama? C'est du divertissement, et c'est ce que le hockey de la LNH doit être. Oui, oui, nous sommes tous conscients que les tirs de barrage ne font pas partie de la tradition du hockey. Mais regrettons-nous vraiment cette époque où les passes avant étaient interdites, où les gardiens devaient demeurer sur leurs jambes et n'avaient pas suffisamment d'équipement pour résister à un barrage de tirs, où les joueurs étaient tenus de rester sur le banc toute la durée de leur punition, où les bâtons n'étaient pas incurvés et où les parties étaient divisées en deux demies de 30 minutes?

Ne dépassons pas les bornes, cependant, et ne commençons pas à utiliser les tirs de barrage en séries éliminatoires! Aucun championnat ne doit être remporté de cette façon – bien qu'il y ait eu quelque chose d'intéressant à voir les Maple Leafs de Toronto privés d'une participation aux séries parce que les Islanders de New York avaient gagné leur dernière partie de la saison régulière en tirs de barrage; mais ça, c'est autre chose...

Il faut que la LNH fasse preuve d'audace en passant à la prochaine étape, soit de faire en sorte que les parties valent trois points afin qu'on se débarrasse du déséquilibre. Mais comme les dernières saisons l'ont prouvé, terminer chaque partie en célébrant est certainement mieux que de ne pas trancher. ⟨

Martin Brodeur réalise un arrêt aux dépens d'Alexander Steen, des Maple Leafs.

LA DÉFECTION DES STASTNY

Tout quitter pour la LNH

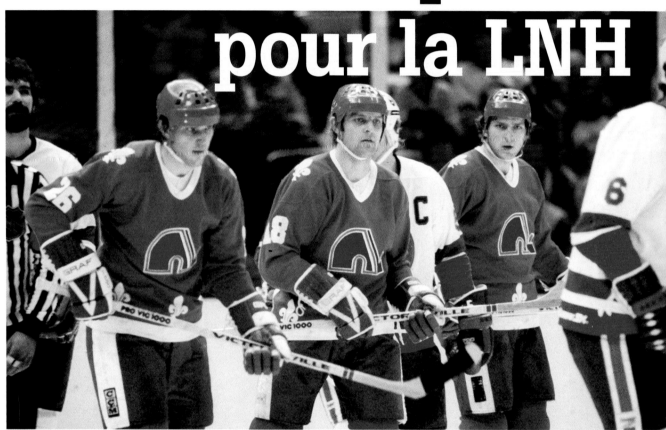

De gauche à droite, Peter, Marian et Anton Stastny.

⟩ PAR DENIS GIBBONS

AUTORISÉS À NE CONSERVER QUE TROIS JOUEURS DE LEUR ALIGNEMENT original de l'AMH avant de se joindre à la LNH en 1979-1980, les Nordiques de Québec ont terminé au cinquième rang de la division Adams (fiche de 25-44-11) et ont raté les séries.

Il ne fait aucun doute que le destin des Nordiques a pris une autre tournure à l'été 1980, lorsque Peter et Anton Stastny ont fui la Tchécoslovaquie et le régime communiste pour signer un contrat avec la LNH. Les cahiers de sport des quotidiens avaient délaissé le baseball et les Jeux olympiques d'été pour couvrir cette nouvelle qui avait su captiver l'imagination des amateurs de hockey et d'histoires intrigantes. Bref, il s'agissait de la manchette sportive de l'année au Canada : en décidant de quitter leur pays natal, les Stastny avaient pris le risque de mourir... pour tenter de se joindre à la LNH.

« J'ai dénoncé ce qui, à mes yeux, constituait de la corruption et de l'injustice flagrante, raconte Peter Stastny. Lorsqu'on m'a dit que j'allais perdre le droit de jouer pour l'équipe nationale si je ne me la fermais pas, je suis sorti de mes gonds.

« Nous étions surveillés 24 heures sur 24, ajoute-t-il. Ils avaient envoyé des tonnes d'espions en Autriche. Un soir, nous ne nous étions pas pointés pour prendre l'autobus de l'équipe à minuit, et ils étaient à nos trousses. »

La situation était d'autant plus délicate pour son épouse Darina, qui avait dû parcourir les Alpes pendant neuf heures pour joindre Peter et Anton. « Nous avions tout abandonné en Tchécoslovaquie », explique Darina, qui, peu après, avait donné naissance à leur première fille, Katerina, au Canada.

EN DÉCIDANT DE QUITTER LEUR PAYS NATAL, LES STASTNY AVAIENT PRIS LE RISQUE DE MOURIR... POUR TENTER DE SE JOINDRE À LA LNH.

Après l'arrivée des Stastny, les Nordiques ont participé pour la première fois aux séries en 1981 et ont atteint la finale d'association deux fois entre les saisons 1981-1982 et 1984-1985. Peter, l'un des meilleurs marqueurs des Jeux de 1980 grâce à ses sept buts et ses 14 points en six matchs, fut intronisé au Temple de la renommée.

Le troisième frère, Marian, dut demeurer en Tchécoslovaquie avec sa femme et leurs trois enfants. L'année suivante, les dirigeants des Nordiques ont négocié

MOMENT DÉCISIF

flash-info

25 août 1980

QUÉBEC, QC – Deux des meilleurs hockeyeurs tchécoslovaques ont fui leur pays et signé un contrat pour jouer dans la LNH.

Les Nordiques de Québec en sont venus à une entente avec les frères Peter et Anton Stastny après qu'ils eurent quitté leur équipe, Bratislava, à la conclusion de la Coupe d'Europe disputée à Innsbruck, en Autriche.

Le président des Nordiques, Marcel Aubut, les a aidés à se rendre à Vienne, où ils ont obtenu leurs documents d'immigration. La police les a ensuite escortés vers l'aéroport, tandis que la police secrète de Tchécoslovaquie tentait de les pourchasser.

avec la Fédération de hockey sur glace de Tchécoslovaquie pour qu'il soit libéré. À cette époque, Marian, qui aura récolté 294 points en 322 matchs en cinq saisons à Québec et à Toronto, avait déjà écopé pour les gestes de ses frères. La Fédération l'avait contraint à rater toute la saison 1980-1981 pour ne pas qu'il quitte la Tchécoslovaquie.

Les Stastny ont permis de rehausser le calibre de la LNH et ont connu un succès instantané.

Peter et Anton jouaient sur la même ligne que Jacques Richard à leurs débuts dans la LNH. Le 20 février 1981, ils ont tous deux marqué trois buts pour aider les Nordiques à vaincre Vancouver 9 à 3. Comme si ce n'était pas assez, ils ont inscrit sept buts (Peter quatre et Anton trois) dans une victoire de 11 à 7 de Québec quelques jours plus tard. Entre 1981 et 1985, après l'arrivée de Marian, les trois frères ont évolué pour les Nordiques et jouaient parfois sur la même ligne.

À sa première saison à Québec, Peter a récolté 109 points (39 buts et 70 passes). Il s'agissait de la première fois qu'un joueur de la LNH marquait plus de 100 points à sa saison recrue. Cet exploit lui valut le trophée Calder. À sa deuxième saison, il amassa 139 points, un sommet chez les Nordiques.

Peter récoltera 450 buts et 1 239 passes durant sa carrière de 15 saisons dans la LNH, qui l'aura également mené au New Jersey et à St. Louis, avant de se retirer en 1995. Seul Wayne Gretzky comptera plus de points que lui dans les années 1980. Anton a aussi connu une brillante carrière chez les Nordiques en inscrivant 636 points en neuf saisons.

Les frères Stastny ont grandement contribué au nouveau climat de compétition qui s'installa au Québec : ils ont permis aux Nordiques de vaincre les légendaires Canadiens de Montréal et de devenir « l'équipe québécoise à battre »...

DANS LES ANNÉES 1980, SEUL WAYNE GRETZKY A COMPTÉ PLUS DE POINTS QUE PETER STASTNY.

En 1981-1982, les Nordiques ont surpris les Canadiens au Forum de Montréal en les éliminant en cinq parties lors de la première ronde des séries. Trois saisons plus tard, ils ont affronté de nouveau les Canadiens et les ont vaincus trois fois en prolongation, y compris lors du septième match ponctué par un but de Peter, pour atteindre la finale de l'Association Prince de Galles pour la deuxième fois.

Cette nouvelle rivalité francophone avait remplacé la rivalité Toronto-Montréal, qui donnait droit aux duels les plus âprement disputés dans la LNH. Dans le cœur

des amateurs de hockey de La Belle Province, le Tricolore n'était désormais plus seul.

Vaclav Nedomansky fut le premier Tchécoslovaque à faire défection, en 1974. En 1980, le gardien Jiri Crha et le défenseur Vitezslaz Duris l'imitèrent et arrivèrent à Toronto. Après le départ de Peter et Anton, craignant un exode massif de ses joueurs, la fédération tchécoslovaque a adopté une politique permettant à certains joueurs vedettes âgés d'au moins 32 ans et ayant joué un minimum de 100 matchs avec l'équipe nationale de se joindre à la LNH.

« Ils ont compris qu'ils se devaient d'agir », explique Peter.

En 1981, l'ancien capitaine de l'équipe nationale Ivan Hlinka et le défenseur Jiri Bubla furent les premiers joueurs tchécoslovaques autorisés à quitter leur pays pour évoluer dans la LNH.

Ils ont tous deux conclu une entente avec Vancouver. Par la suite, en 1982-1983, le très productif Milan Novy s'est joint aux Capitals de Washington, tandis que le vétéran défenseur Miroslav Dvorak s'est retrouvé chez les Flyers de Philadelphie. En 1982, Hlinka et Bubla sont aussi devenus les premiers Tchécoslovaques à participer à la finale de la Coupe Stanley. Malgré la défaite des Canucks face aux Islanders, les DG et les dépisteurs de la LNH ont intensifié leurs recherches de joueurs prometteurs de l'autre côté du Rideau de fer.

En 1978, Anton fut le tout premier joueur né et entraîné en Slovaquie moderne repêché par une équipe de la LNH. Philadelphie l'avait sélectionné pour ensuite découvrir qu'il était trop jeune pour être admissible au repêchage. Il dut prendre part au repêchage de 1979, durant lequel les Nordiques le choisirent en quatrième ronde.

Le mince filet de joueurs tchécoslovaques et soviétiques se transforma rapidement en un véritable torrent.

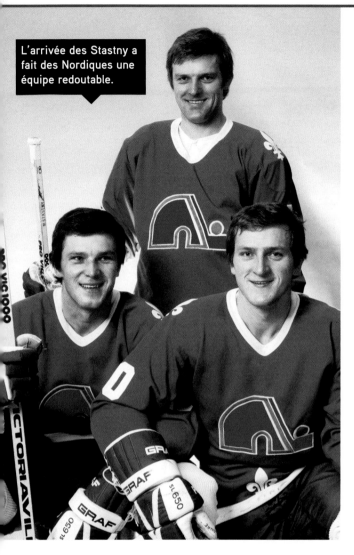

L'arrivée des Stastny a fait des Nordiques une équipe redoutable.

Avant l'arrivée des Stastny en 1980, aucun Tchécoslovaque n'avait été repêché. Quatre furent choisis l'année suivante, puis en 1982, ils étaient 13. En 1990, le total de 21 joueurs repêchés dans l'ancienne Tchécoslovaquie constitua un sommet pour les pays d'Europe.

Entre 1984 et 1990, trois Tchécoslovaques furent repêchés en première ronde : Petr Svoboda, par Montréal, en 1984; Bobby Holik, par Hartford, en 1989; et Jaromir Jagr, par Pittsburgh, en 1990. Enfin, en 1992, Roman Hamrlik fut le tout premier joueur repêché, une première pour un Tchécoslovaque. Il prit la direction de Tampa Bay pour faire partie du Lightning.

L'étoile des Thrashers d'Atlanta, Marian Hossa, se dit toujours reconnaissant envers les Stastny, en particulier Peter. En comparaison avec toutes les épreuves que ce dernier avait traversées, Hossa n'eut aucune difficulté à se diriger en Amérique du Nord pour se joindre aux Winter Hawks de Portland de la WHL et, en 1997, il a été un choix de première ronde des Sénateurs d'Ottawa. « Peter est l'un de ceux qui m'ont le plus influencé, indique Hossa. Il fut l'un des meilleurs joueurs de l'histoire. »

Durant la dernière saison des Stastny avec la formation Slovan Bratislava de la ligue tchécoslovaque (1979-1980), l'équipe a terminé au troisième rang parmi 12 équipes et a marqué 195 buts en 44 matchs, un sommet dans la ligue. Le départ des trois frères a fait chuter l'équipe en dernière place la saison suivante – Slovan ne remporta que 14 matchs sur 44.

Selon Peter, la difficulté de devoir fuir son pays sera de moins en moins comprise par les prochaines générations de joueurs de l'ancien bloc communiste. « Il faut vraiment avoir vécu à cette époque pour saisir la complexité de la situation, explique-t-il. Il sera de plus en plus difficile d'expliquer cela à nos successeurs. On a empêché Marian de jouer. Il a connu l'enfer. On le poursuivait partout où il allait. Il perdait ses meilleurs amis, qui craignaient de s'associer à lui. »

Les Stastny sont finalement retournés visiter leur terre natale en 1990 après la chute du mur de Berlin en 1989. « Si nous y étions retournés avant, j'aurais dû purger une peine de 24 mois de prison, et ma femme, 12 mois, mentionne Peter. Tout ça pour ne pas avoir demandé une libération officielle. »

Lorsque la Tchécoslovaquie prit le virage démocratique et se sépara en deux pays, Peter devint le tout premier porte-drapeau de la Slovaquie aux Jeux olympiques de 1994 en Norvège. Plus tard, il occupa le poste de DG de l'équipe nationale de Slovaquie. En juin 2004, il fut élu au Parlement européen, où il représentait la Slovaquie après que le président Rudolf Schuster lui eut personnellement demandé de poser sa candidature. 〈

L'homme qui a fait exploser les salaires

Bob Goodenow a gagné toutes ses batailles, sauf celle de 2004.

> PAR KEN CAMPBELL, BRUCE GARRIOCH ET DAVID SHOALTS

LORSQUE L'AVOCAT DE DETROIT Robert W. Goodenow a pris les rênes de leur association durant la pause du Match des étoiles de 1990 à Pittsburgh, la plupart des joueurs de la LNH n'auraient pas pu le différencier du défenseur Larry Goodenough. Mais cela allait changer, et rapidement.

Personne dans l'histoire de la LNH n'a eu plus d'influence sur le plan financier que Bob Goodenow, qui a dirigé l'AJLNH tant dans ses périodes difficiles que dans ses moments plus prospères. Aussi brillant qu'intimidant, l'ancien capitaine de l'équipe de hockey de Harvard n'a jamais tourné le dos à un duel et, jusqu'au lock-out qui a tué la saison 2004-2005 et mené à sa destitution deux semaines plus tard, il avait gagné toutes ses batailles.

Sous la gouverne de Goodenow, le salaire moyen d'un joueur de la LNH est monté en flèche, passant grosso modo de 276 000 $ à 1,8 million. Les joueurs de toutes les équipes, les grandes vedettes comme les joueurs de quatrième trio, sont devenus incroyablement riches en grande partie grâce à Goodenow. Garry Valk, un plombier qui a joué 700 matches avec cinq équipes de la LNH, a gagné 4,6 millions durant toute sa carrière. Stéphane Yelle, un joueur de caractère efficace et dont le plus grand fait d'armes a été de se retrouver le centre

SOUS LA GOUVERNE DE GOODENOW, LE SALAIRE MOYEN D'UN JOUEUR DE LA LNH EST MONTÉ DE 276 000 $ À 1,8 MILLION.

MOMENT DÉCISIF

flash-info
21 janvier 1990

PITTSBURGH – Une ère de corruption à l'Association des joueurs de la LNH et de liens étroits avec les propriétaires a pris fin avec l'embauche de Bob Goodenow comme directeur adjoint du syndicat des joueurs de hockey. Goodenow prend la place d'Alan Eagleson, qui a récemment fait face à une révolte des joueurs à la suite d'allégations de fraude et de corruption. On ne s'attend pas à ce que Goodenow prenne le contrôle officiel du syndicat pour une autre année, mais son embauche changera certainement la dynamique de la relation entre les propriétaires de la LNH et leurs employés sur patins.

d'un troisième trio, avait empoché l'énorme somme de 10,2 millions en 11 saisons.

Bon nombre de joueurs parmi ceux qui ont permis à Ted Saskin et au comité directeur de l'AJLNH de renverser Goodenow après le lock-out, devraient embrasser sa photo chaque soir avant d'aller au lit, car c'est lui qui a enfin donné aux joueurs une colonne vertébrale pour négocier avec les propriétaires.

Auparavant, Alan Eagleson avait des ententes à l'amiable avec les propriétaires. Il se promenait souvent sur le yacht du propriétaire des Blackhawks de Chicago et du président du Bureau des gouverneurs, Bill Wirtz. Même si Eagleson a créé l'Association des joueurs et permis aux hockeyeurs d'amasser énormément d'argent, les propriétaires dormaient sur leurs deux oreilles le soir venu, sachant que sous sa gouverne, les opérations de leur ligue ne seraient jamais compromises par un arrêt de travail.

Goodenow, cependant, était tout le contraire d'Eagleson. Il a été le premier à affirmer publiquement que les propriétaires cumulaient des millions de dollars en tentant de se faire passer pour de bienveillants hommes d'affaires qui faisaient de leur mieux pour assurer la survie de leur équipe. Il a été assez culotté, en fait, pour dire que le problème des équipes qui perdaient de l'argent relevait des propriétaires et non des joueurs.

Goodenow a rapidement laissé sa marque en menant l'AJLNH à une grève de 10 jours avant les éliminatoires de 1992, grève dont le principal enjeu était les revenus des cartes à collectionner. L'AJLNH a battu les propriétaires à plates coutures dans cette confron-

à réduire l'âge des agents libres sans restriction, mais voulaient réserver une place dans chacune d'elles pour un « joueur de concession », ce dont l'AJLNH ne voulait pas entendre parler.

Même si Goodenow pouvait compter sur des poids lourds comme Wayne Gretzky, Mario Lemieux, Paul Coffey et Trevor Linden pour gagner la faveur du public, les partisans avaient de la difficulté à prendre les joueurs en pitié alors que les propriétaires se disaient dans une situation précaire.

LORSQUE LES JOURNAUX ONT COMMENCÉ À PUBLIER LES SALAIRES, EN 1990, WAYNE GRETZKY A DÉCOUVERT QU'IL FAISAIT PRESQUE 300 000 $ DE MOINS QUE MARIO LEMIEUX.

tation, tout comme ce fut le cas pour l'entente signée après le 103e jour de lock-out en 1994.

Après avoir laissé les joueurs participer au camp d'entraînement, Bettman et sa bande, installés au siège social de la LNH à New York, ont déclaré que la saison ne commencerait pas tant que Bob Goodenow et les membres de l'Association des joueurs ne collaboreraient pas en signant une convention collective qui permettrait à la Ligue de contrôler les coûts.

« Le lock-out de 1994 a forgé l'identité collective des joueurs », affirme l'ex-gardien des Blues, Mike Liut, aussi ancien avocat de l'AJLNH et l'un des meilleurs agents d'Octagon Hockey.

Les propriétaires avaient repêché Bettman dans la NBA pour qu'il les aide à atteindre une rentabilité assurée, malgré le syndicat. Idéalement, la Ligue voulait lier les salaires aux revenus. Les équipes étaient prêtes

Comme les joueurs étaient fermement opposés à un « plafond salarial », Bettman essayait de ne pas utiliser cette expression. Au lieu d'offrir un plafond salarial, il parlait d'un système de taxe qui imposerait une amende aux équipes les plus dépensières et qui les forcerait à partager leurs revenus avec les plus petits marchés situés au Canada.

Avec l'objectif de convaincre les joueurs d'adhérer au programme, Bettman a soumis une proposition en 19 points, qui permettait à la ligue d'économiser entre 20 et 40 millions. Il a éliminé l'arbitrage et les per diem, et a demandé aux joueurs de s'occuper de leur propre assurance médicale.

Cette proposition a uniquement eu pour effet d'affermir la résolution des joueurs, qui était d'en obtenir encore davantage. Évidemment, le syndicat était au courant que les joueurs gagnaient bien leur vie, mais

Après divulgation des salaires, Mario Lemieux et Wayne Gretzky ont connu de sérieuses augmentations.

Goodenow n'allait quand même pas s'excuser parce que Eric Lindros des Flyers et Alexandre Daigle des Sénateurs avaient reçu de grosses sommes d'argent avant même d'avoir joué une seule partie.

Ce n'était pas facile pour Goodenow de rallier tous les joueurs. Malgré tout, ces derniers ont tenu bon et les propriétaires commencèrent à se demander à quoi une année sans hockey pouvait ressembler. « La proposition de la Ligue éliminait ou réduisait de façon importante les avantages de presque chaque joueur, affirme Liut. Mis à l'écart, les joueurs ont fait ce qu'ils ont toujours fait, ils se sont retirés. » Et ils sont sortis gagnants. Incapable d'arriver à une entente et sous la pression des propriétaires, qui ne voulaient pas que la saison entière soit annulée, Bettman a décidé de reti-

rer sa proposition de système de taxe. À la place, Goodenow a accepté le plafond salarial pour les recrues; l'entente comprenait une clause des ligues mineures pour les nouveaux venus, de même qu'une limite quant au montant des salaires et des bonis qui pouvaient être versés aux recrues. La saison 1994-1995 était sauvée, même si elle n'allait compter que 48 matchs en plus des éliminatoires.

Les propriétaires croyaient avoir marqué le but décisif. Le fait d'empêcher les recrues d'empocher de grosses sommes d'argent, croyaient-ils, allait contenir la montée des salaires et ainsi maintenir les coûts le plus bas possible.

Bien sûr, ils avaient complètement tort.

Peut-être que le geste le plus astucieux de Goodenow

n'avait rien à voir avec le fait d'accepter de confronter les propriétaires des équipes de la LNH. Très tôt dans son mandat, il s'était rendu compte que le dévoilement de tous les salaires aiderait à faire augmenter le traitement de l'ensemble des joueurs. Jusque-là, la compensation des joueurs et les modalités des contrats étaient secrètes. Goodenow a changé la donne en divulguant des chiffres. Les joueurs bénéficiaient dorénavant de précieux renseignements pour les aider à négocier leur contrat. Maintenant, tous les médias d'Amérique du Nord ont accès aux salaires et aux modalités de contrat quelques heures seulement après que les joueurs l'ont signé, ou même pendant les négociations.

Le contrat d'Alexandre Daigle, signé avant même son entrée dans la LNH, a inquiété les propriétaires au plus haut point.

GOODENOW AVAIT SON CÔTÉ SOMBRE, MAIS LES JOUEURS ONT TOUJOURS SU QU'IL AGISSAIT DANS LEUR INTÉRÊT.

Lorsque les journaux ont commencé à publier les salaires, en 1990, plusieurs ont été surpris. Wayne Gretzky a découvert qu'il faisait presque 300 000 $ de moins que Mario Lemieux, qui gagnait 2 millions. Le propriétaire des Kings de Los Angeles, Bruce McNall, a égalisé le salaire de Gretzky avec celui de Lemieux, tout en insistant pour dire que c'était une simple coïncidence. Le coéquipier de Gretzky, Luc Robitaille, ne se trouvait qu'au 14e rang de la liste de paie des Kings avec un salaire de 210 000 $, bien qu'il fût une grande vedette.

Randy Gregg, dont la grande réussite comme défenseur des Oilers d'Edmonton a été d'obtenir un diplôme en médecine, gagnait 15 000 $ de plus par année que son coéquipier vedette Kevin Lowe. Leur gardien de but, Grant Fuhr, alors considéré comme le meilleur de la LNH à cette position, n'occupait que le sixième rang chez les gardiens de la Ligue avec un salaire de 310 000 $ tandis que Ron Hextall, un gardien ordinaire, mais qui avait un agent extraordinaire, trônait au sommet avec une rémunération de 500 000 $.

Durant les 11 années qui ont précédé la divulgation des salaires, soit de la saison 1978-1979, lorsque l'AMH a mis fin à ses activités, à la saison 1989-1990, le salaire moyen de la LNH est passé de 100 000 $ à 201 000 $. À la fin de la saison 1990-1991, la moyenne salariale avait bondi à 271 000 $, puis les montants ont pris leur envol. En 1999, les joueurs gagnaient en moyenne 1,3 million, et 1,8 million en 2003-2004 avant que les propriétaires, qui se plaignaient à haute voix à

Gary Bettman et Bob Goodenow ont été en confrontation à plus d'une reprise.

propos de leurs pertes, ne découvrent finalement que l'union fait la force et qu'ils ne l'emportent sur les joueurs lors du lock-out de 2004-2005.

Goodenow a apporté à l'AJLNH la touche de professionnalisme qu'elle n'avait pas au temps d'Eagleson. Il a augmenté le personnel à l'Association des joueurs, a nommé Saskin, un brillant avocat, pour diriger la division des licences, a saisi les occasions offertes par les cartes de hockey, les souvenirs et les jeux vidéo, et a obligé tous les agents à être certifiés par l'AJLNH avant qu'ils ne puissent négocier avec une équipe de la ligue au nom d'un client.

« L'Association manquait d'efficacité et était remplie d'irrégularités, avait une fois mentionné Goodenow, c'est maintenant chose du passé. »

Lorsque Goodenow a été destitué, son pouvoir au sein de l'Association et son influence s'étaient tellement érodés qu'il a été tenu à l'écart lors des négociations portant sur la convention collective qui a donné naissance au plafond salarial. Pourtant, Goodenow avait juré que les joueurs n'accepteraient jamais cette clause.

Goodenow avait son côté sombre aussi, mais les joueurs ont toujours su qu'il agissait dans leur intérêt, que ce soit en insistant fermement auprès des agents pour que leurs clients obtiennent des salaires plus élevés ou en disant à tel joueur d'aller en arbitrage et en quelle année. Lorsque l'AJLNH fut dans son processus de reconstruction, à la suite de la débâcle de Saskin, quelques joueurs déclarèrent que le meilleur candidat pour prendre la direction du syndicat était celui qui avait été plaqué deux ans plus tôt. Pas besoin de se demander pourquoi: les joueurs n'ont jamais eu la vie aussi facile et les propriétaires n'ont jamais eu autant de bâtons dans les roues qu'à l'époque de Goodenow. ⟨

LE PHÉNOMÈNE GRETZKY
Voici la Merveille

⟩ PAR ALLAN MAKI ET ADRIAN DATER

AVEC LE RECUL, CE FUT UN BUT TOUT À FAIT insignifiant. La rondelle n'a pas traversé le gant tendu du gardien de but. Le but n'a pas brisé maints cœurs ni laissé de défenseurs ardents dans son sillon. La rondelle ne s'est que frayé un chemin à travers les jambières de Glen Hanlon des Canucks de Vancouver, puis a terminé sa trajectoire dans le fond du filet comme un beignet dans une assiette.

« Le but d'Edmonton, son premier de la saison, par le numéro 99, Wayne Gretzky… »

Le premier de la saison 1979-1980; son tout premier dans la LNH. Si l'on y regarde de plus près, ce ne fut pas le plus grand but que la Merveille aura marqué. Mais ce fut son premier, et il signalait son arrivée dans une ligue qui était censée le manger tout rond.

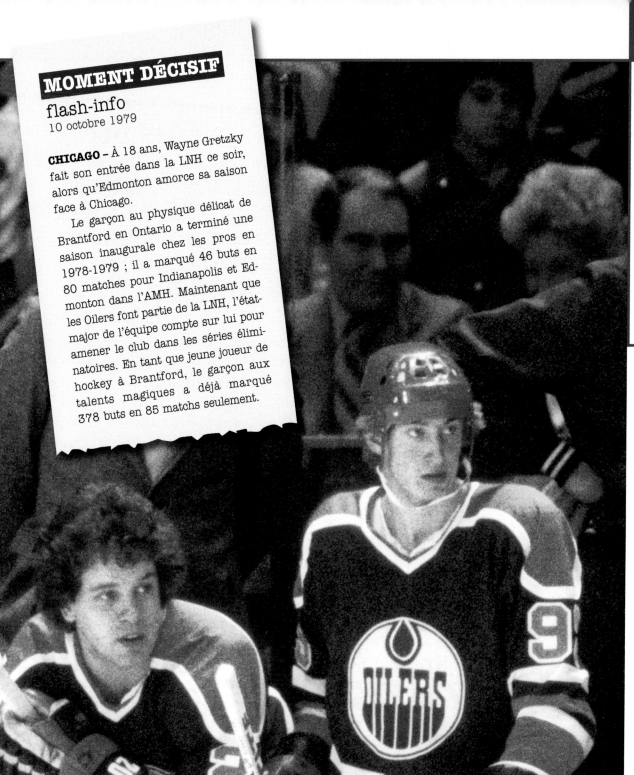

MOMENT DÉCISIF

flash-info
10 octobre 1979

CHICAGO – À 18 ans, Wayne Gretzky fait son entrée dans la LNH ce soir, alors qu'Edmonton amorce sa saison face à Chicago.

Le garçon au physique délicat de Brantford en Ontario a terminé une saison inaugurale chez les pros en 1978-1979 ; il a marqué 46 buts en 80 matches pour Indianapolis et Edmonton dans l'AMH. Maintenant que les Oilers font partie de la LNH, l'état-major de l'équipe compte sur lui pour amener le club dans les séries éliminatoires. En tant que jeune joueur de hockey à Brantford, le garçon aux talents magiques a déjà marqué 378 buts en 85 matches seulement.

Wayne Gretzky s'est toujours démarqué des autres joueurs.

Gretzky a remporté le trophée Hart à sa première saison dans la LNH.

s'apparente à ce premier but. Il n'avait pas le tir le plus puissant, il n'était pas le patineur le plus rapide ni le joueur d'avant le plus costaud, ni même celui qui maniait le mieux le bâton.

Mais il performait bien dans tous ces domaines et, grâce à sa capacité d'anticiper et de déplacer la rondelle, presque personne ne pouvait l'arrêter, ni comme marqueur de buts, ni comme fabricant de jeux. Arrêtons-nous sur quelques innovations de Gretzky qui sont devenues l'essence du hockey actuel : l'arrêt et le pivot à l'entrée de la zone adverse, la pause derrière le filet des adversaires et l'orchestration des jeux à partir d'une zone qui est devenue le « bureau de Gretzky ». Ces mouvements et ces trucs allaient devenir la marque de commerce de Gretzky.

Par contre, au début de cette première saison, il devait quand même faire ses preuves. Son succès dans l'AMH signifiait bien peu pour la LNH, puisque la ligue, qui en était à ses débuts, était moins disciplinée et, supposément, pas plus forte que les ligues mineures professionnelles de l'époque.

Al Hamilton, un défenseur qui a joué avec Gretzky dans l'AMH et la LNH, se souvient de la première impression qu'il a eue lorsqu'il a vu le joueur de centre, autour duquel on faisait un si grand battage, dans le vestiaire. « Je me suis dit que ce garçon était un paquet d'os, qu'il allait se faire blesser », a-t-il déclaré.

Cette impression s'est rapidement volatilisée après plusieurs démonstrations d'envergure, dont une où Gretzky a enregistré un record de sept passes lors

Le but, marqué à 18 minutes et 51 secondes de la troisième période d'un match nul de 4 à 4, fut le quatrième point de Gretzky en trois matchs. Lors de la partie suivante contre les Nordiques de Québec, l'attaquant des Oilers a accumulé trois points et, à la mi-novembre, il se classait parmi les 10 meilleurs pointeurs de la LNH. Pas si mal pour un garçon maigrichon aux cheveux longs qui devait se faire « écraser » dans une LNH remplie de joueurs robustes.

Tant de gens ont écrit à propos de l'influence de Gretzky dans la LNH que le numéro 99, à lui seul, pourrait avoir été l'auteur d'une bonne douzaine des « moments qui ont transformé le hockey ». Par contre, par une étrange ironie, sa carrière a quelque chose qui d'une partie contre les Capitals de Washington et où il était venu bien près d'en réussir une huitième.

« Il s'emparait de la rondelle, la retenait quasi éternellement et déjouait tout le monde, a ajouté Hamilton. J'étais parti de la ligne bleue vers le filet, et il a glissé le disque entre 10 paires de jambes, directement sur mon bâton. Le filet était grand ouvert, et je l'ai raté de huit pieds. Je savais que je venais de l'irriter. »

Gretzky a terminé sa première saison avec fracas. Le 2 avril 1980, il devenait le plus jeune joueur de l'histoire de la LNH à marquer 50 buts. Marcel Dionne, des Kings de Los Angeles, et Gretzky ont terminé à égalité pour remporter le titre de meilleurs marqueurs de la ligue. Gretzky a remporté le trophée Lady Byng et le trophée Hart, qu'il allait recevoir aussi lors des six saisons suivantes. Il aurait dû remporter le trophée Calder à titre de meilleure recrue, mais on le lui a refusé parce qu'il avait joué une année comme professionnel dans l'AMH.

Ce joueur, cette saison-là, a marqué le hockey à tout jamais. La maîtrise offensive de Gretzky et son jeu d'anticipation soutenu ont démontré que la taille est moins importante que les habiletés. Ces dernières ont établi le type de jeu extraordinaire de Gretzky et des Oilers et ont permis de préparer le terrain pour l'une des dynasties légendaires de la LNH.

Huit années plus tard, en août 1988, on pouvait lire ces grands titres : « Gretzky échangé aux Kings ». Il est certain que beaucoup de gens ont eu la même réaction : Le Great One a été échangé ? À Los Angeles ? Est-ce qu'on joue au hockey, là-bas ? Les Oilers ont-ils perdu la tête ?

Près de 20 ans plus tard, beaucoup d'Edmontoniens remplis d'amertume n'ont pas cessé de se poser cette question. Le titre mémorable du *Sun* d'Edmonton le jour après l'échange était « 99 Tears » (99 larmes), et l'échange avait tellement bouleversé le système canadien qu'un politicien, Nelson Riis, avait demandé au gouvernement de s'en mêler pour empêcher l'échange.

Une conférence de presse marquante : Wayne Gretzky annonçant son départ d'Edmonton.

Les États-Unis – et, non la moindre des villes, Hollywood – s'étaient emparés de l'un des plus précieux trésors du Canada. Était-ce une riposte envers les Canadiens qui avaient brûlé la Maison Blanche durant la guerre de 1812? Si cela n'était pas un acte de guerre envers les Canadiens, à l'été de 1988, c'était proche. Les tentacules du blâme commençaient à pointer dans toutes les directions.

Janet Jones, la nouvelle épouse de Gretzky, était la source de la désapprobation. L'actrice de Hollywood avait endoctriné la Merveille et l'avait poussée à vendre son âme au style de vie américain. Combien y avait-il de studios de cinéma à Edmonton de toute façon? Elle est immédiatement devenue la Yoko Ono du hockey.

Le propriétaire des Oilers, Peter Pocklington, était aussi à blâmer. Ses commerces commençaient à battre de l'aile, et il a vu Gretzky comme rien d'autre que l'ultime article de vente à la caisse enregistreuse. Son effigie aura été – et l'est toujours à l'occasion – brûlée par les Edmontoniens. Gretzky lui-même était la source du blâme. Les gens murmuraient que sa tête commençait à enfler et qu'il voulait faire davantage la manchette. Il envisageait même de devenir acteur un jour, comme son ami McSorley, disait-on.

Une très grande controverse perdure : le Great One a-t-il été poussé hors d'Edmonton ou a-t-il quitté les Oilers de son plein gré? La vérité semble se situer quelque part au milieu. Ce qui est sans contredit admis, c'est que l'échange de Gretzky à L.A. a changé le visage de la LNH et, pendant une période de temps, a fait du hockey une attraction fort chic sur la scène sportive américaine. Vous souvenez-vous de toutes les vedettes du cinéma, telles que Tom Hanks, John Candy ou Sylvester Stallone, qui assistaient régulièrement aux matchs des Kings au Forum après l'arrivée de Gretzky?

De plus, moins de cinq ans plus tard, la LNH comptait deux nouvelles équipes en Californie, soit à San Jose et à Anaheim, et dans les trois années qui suivirent, Denver, Phoenix, Miami, Raleigh, Dallas et, plus tard, Atlanta, Minneapolis et Columbus avaient chacune leur franchise. L'arrivée de Gretzky en sol américain était grandement responsable de cette expansion ainsi que du nouveau contrat de télévision américaine de la LNH conclu avec ESPN, la chaîne très influente, de même que de sa présence en page frontispice du *Sports Illustrated* qui proclamait le hockey comme le nouveau sport tendance aux États-Unis.

On peut plaider que le départ de Gretzky du Canada a entraîné l'extinction de la LNH dans plusieurs villes au pays. L'argument est le suivant : l'arrivée de Gretzky aux États-Unis a haussé la popularité du hockey dans ce pays, a amené de nouveaux propriétaires plus riches et une augmentation des salaires dans la ligue, a provoqué le déménagement des équipes du Québec et de Winnipeg, qui ne pouvaient suivre le rythme des États-Unis. Son départ a presque conduit à la mort des Oilers eux-mêmes. Bien qu'ils aient remporté une dernière Coupe en 1990 sans lui, les partisans des Oilers

LA MAÎTRISE OFFENSIVE DE GRETZKY ET SON JEU D'ANTICIPATION SOUTENU ONT DÉMONTRÉ QUE LA TAILLE EST MOINS IMPORTANTE QUE LES HABILETÉS.

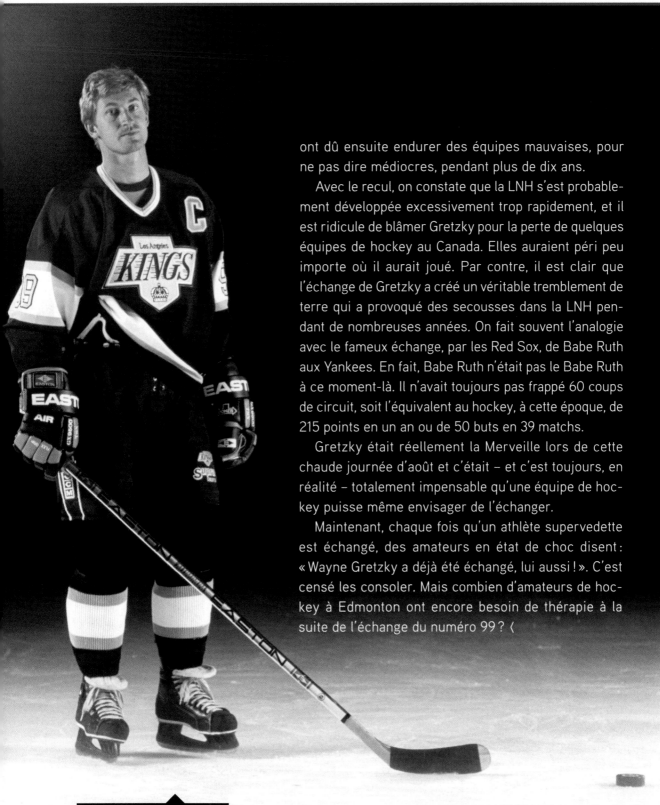

ont dû ensuite endurer des équipes mauvaises, pour ne pas dire médiocres, pendant plus de dix ans.

Avec le recul, on constate que la LNH s'est probablement développée excessivement trop rapidement, et il est ridicule de blâmer Gretzky pour la perte de quelques équipes de hockey au Canada. Elles auraient péri peu importe où il aurait joué. Par contre, il est clair que l'échange de Gretzky a créé un véritable tremblement de terre qui a provoqué des secousses dans la LNH pendant de nombreuses années. On fait souvent l'analogie avec le fameux échange, par les Red Sox, de Babe Ruth aux Yankees. En fait, Babe Ruth n'était pas le Babe Ruth à ce moment-là. Il n'avait toujours pas frappé 60 coups de circuit, soit l'équivalent au hockey, à cette époque, de 215 points en un an ou de 50 buts en 39 matchs.

Gretzky était réellement la Merveille lors de cette chaude journée d'août et c'était – et c'est toujours, en réalité – totalement impensable qu'une équipe de hockey puisse même envisager de l'échanger.

Maintenant, chaque fois qu'un athlète supervedette est échangé, des amateurs en état de choc disent: « Wayne Gretzky a déjà été échangé, lui aussi ! ». C'est censé les consoler. Mais combien d'amateurs de hockey à Edmonton ont encore besoin de thérapie à la suite de l'échange du numéro 99 ? ‹

En jouant à Los Angeles, Gretzky a permis au hockey de se tailler une plus grande part de marché aux USA.

Rétablir l'équilibre

Les changements apportés par la LNH aux règles du hockey en 1956-1957 n'ont pas empêché les Canadiens de remporter la Coupe à quelques reprises dans les années 60. Sur la photo : Jean Béliveau et John Ferguson.

> PAR TIM GRAHAM ET RYAN DIXON

MOMENT DÉCISIF

flash-info
Le 15 juin 1956

MONTRÉAL – Le prolifique jeu de puissance qui a permis aux Canadiens de remporter la Coupe Stanley ne produira sans doute pas autant de buts la saison prochaine.

En réponse aux buts en avantage numérique des Canadiens, qui représentent 26 % du total des buts de la Ligue, notamment parce que le Tricolore en marque souvent deux ou trois pendant la même punition mineure, la LNH a adopté pour la saison 1956-1957 un règlement qui mettra fin à la pénalité de deux minutes dès qu'un but aura été marqué. La LNH espère que ce nouveau règlement rendra les rencontres plus compétitives et fera en sorte qu'une équipe ne soit pas constamment pénalisée, tout en souhaitant que le jeu demeure dynamique sur le plan physique.

CE N'EST PAS ÉTONNANT QUE LA LNH AIT ÉPROUVÉ le besoin d'intervenir et de défendre les cinq autres équipes. Le révolutionnaire défenseur Doug Harvey dirigeait le jeu de puissance des Canadiens, tandis que Bernard « Boum Boum » Geoffrion décochait des tirs foudroyants de la pointe et que Maurice « Rocket » Richard, Jean Béliveau et Bert Olmstead se tenaient près du filet. Et puis, des gars comme Dickie Moore, Henri Richard et Tom Johnson étaient prêts à intervenir au besoin. Tous ces joueurs ont d'ailleurs par la suite été intronisés au Temple de la renommée.

On ne peut donc pas reprocher à la LNH d'avoir voulu équilibrer un peu les équipes à une époque où les jeux de puissance duraient deux minutes complètes, quel que soit le nombre de buts qui étaient comptés contre l'équipe punie. Dans de telles conditions, les Canadiens marquaient régulièrement deux ou trois buts avant que l'adversaire ne sorte du « cachot ».

On peut débattre sur l'effet qu'aurait pu avoir l'actuel règlement 26 c de la LNH à cette époque, mais l'influence à long terme était considérable pour assurer une certaine parité.

Les Canadiens ont par la suite remporté quatre autres Coupes Stanley consécutives, ce qui donne un total de cinq, exploit sans précédent. Durant la saison 1956-1957, lorsque le règlement est entré en vigueur, le nombre de buts en avantage numérique a augmenté dans la Ligue, passant de 251 à 265 ; toutefois, l'équipe montréalaise en a marqué dix de moins que durant la dernière saison précédant la mise en œuvre de cette restriction.

Les joueurs du Canadien ont bien évolué malgré cette nouvelle restriction tout simplement parce qu'ils étaient trop dangereux. Sans le règlement 26 c, les matchs auraient été beaucoup moins compétitifs et peut-être moins physiques, car les adversaires traumatisés n'auraient eu d'autre choix que de mettre l'accent sur la défensive pour contrer les « Flying Frenchmen » et, plus tard, les machines offensives

IMAGINONS LES BUTS SUPPLÉMENTAIRES QU'AURAIENT AMASSÉS WAYNE GRETZKY, BRETT HULL OU MARIO LEMIEUX SANS LE RÈGLEMENT 26 C.

comme les Oilers des années 1980, les Penguins du début des années 1990 et les Red Wings de la fin de ces mêmes années.

C'est après l'expansion que les effets du règlement se sont le plus fait sentir et qu'on a pu observer une certaine équité. Imaginons les buts supplémentaires qu'auraient amassés Wayne Gretzky, Brett Hull ou Mario Lemieux. Lorsque la LNH est passée de six équipes à 12, à 14, puis à 16, et ainsi de suite, la concentration de talents s'est

sur la glace, Mark Messier et Glenn Anderson étourdissaient les défenseurs. Sans oublier Paul Coffey, qui a marqué 48 buts durant la saison 1985-1986, un record pour un défenseur. « Ils avaient dans la même équipe quatre attaquants qui étaient meilleurs que 95 % des avants de la LNH, ainsi que le meilleur défenseur offensif », mentionne Jim Matheson, qui a commencé à couvrir les Oilers pour le compte du *Journal* d'Edmonton alors que l'équipe évoluait dans l'Association

LES OILERS SONT LES SEULS À AVOIR DÉPASSÉ LA BARRE DES 400 BUTS EN UNE SAISON, ET ILS L'ONT FAIT À CINQ REPRISES.

sans cesse diluée, et sans le règlement 26 c), les équipes d'expansion auraient eu encore moins de chances de l'emporter. Même si les Canadiens comptaient un grand nombre de membres au Temple de la renommée dans les années 1950, ils pouvaient au moins se mesurer à des adversaires de choix. Les Bruins de Phil Esposito contre les Flames d'Atlanta ? Aïe !

En 1985, les Oilers, avec leur formation de magiciens de l'offensive, étaient si puissants à quatre contre quatre que la Ligue, sans toutefois en admettre les raisons, a dû à nouveau modifier le règlement. À l'époque, l'entraîneur et directeur général de l'équipe d'Edmonton avait demandé qu'on passe au vote sur le « socialisme de la LNH ».

Les Oilers formaient toute une équipe. En fondant une dynastie qui lui a permis de remporter cinq Coupes Stanley en sept ans, Edmonton s'est imposée comme la plus grosse machine offensive de toute l'histoire de la LNH.

Lorsque Wayne Gretzky et Jarri Kurri n'étaient pas

mondiale de hockey, au début des années 1970. « De plus, avec Grant Fuhr, ils avaient le gardien qui manipulait le mieux la rondelle. »

Il faut l'admettre : si ces derniers ont joué à une époque où l'offensive faisait plus que jamais partie du sport, la place d'Edmonton au sommet de la liste des meilleurs attaquants de l'histoire de la Ligue n'est pas contestable.

Les cinq saisons qui ont vu marquer le plus grand nombre de buts dans l'histoire de la Ligue sont l'œuvre des Oilers, qui ont établi un record avec 446 buts lors de la saison 1983-1984. Les Oilers sont les seuls à avoir dépassé la barre des 400 buts, et ils l'ont fait à cinq reprises. Edmonton est aussi la seule équipe de l'histoire à avoir compté trois marqueurs de 50 buts au cours d'une même saison, exploit que la formation a réussi deux fois, et toujours grâce à Gretzky, Kurri et Anderson.

Durant les quatre saisons (1984, 1985, 1987 et 1988) où Edmonton a remporté la Coupe avec Wayne Gretzky, l'équipe a marqué en moyenne 395,5 buts par an. En

En 1986, pas moins de neuf joueurs des Oilers d'Edmonton ont été sélectionnés pour le Match des étoiles.

comparaison, lorsqu'ils ont gagné leurs quatre Coupes Stanley consécutives, à la fin des années 1970, les Canadiens en avaient compté en moyenne 355. C'est presque exactement 0,5 but de moins par match qu'Edmonton.

Durant les quatre saisons qui ont mené au changement du règlement sur les pénalités, les Oilers avaient marqué en moyenne 422 buts par an.

Il est très ironique qu'une ligue, qui cherche maintenant des manières de faire augmenter le nombre de buts, ait paradoxalement voulu le réduire durant les grandes années des Oilers. (D'ailleurs, ces derniers ont quand même récolté 426 buts à la saison qui a suivi le change-

ment du règlement.) Ce n'est pas avant 1993, alors que la dynastie des Oilers était devenue chose du passé et que l'époque de « la trappe » se profilait à l'horizon, que la Ligue est revenue en arrière et qu'elle a imposé les règlements originaux à quatre contre quatre.

Dès le départ, Wayne Gretzky savait ce qu'il fallait faire : « Ce que je ne comprends pas, c'est que même si tout le monde affirme vouloir le genre de hockey que nous jouons, on impose des règlements qui ralentissent le jeu. Je pense que la Ligue renonce à un aspect important du sport. » Il n'y a pas à dire, Gretzky a toujours eu une juste vision des choses. ⟨

La grand-messe du

samedi soir

MOMENT DÉCISIF

flash-info
9 octobre 1952

MONTRÉAL – Les Canadiens de Montréal ont gagné leur premier match de la saison ce soir au Forum, défaisant les Red Wings de Detroit, l'équipe championne de la Coupe Stanley, par le score de 2 à 1. Mais la grande nouvelle, c'est qu'il s'agissait du premier match de la LNH télédiffusé au Canada. L'émission en langue française a été produite par Gérald Renaud, 24 ans, qui s'est exercé en filmant avec des caméras multiples des matchs collégiaux de baseball et de ping-pong.

En avril, une équipe anglophone décrira les matchs des Maple Leafs de Toronto à la télé. Dès le mois prochain, les techniciens s'exerceront en diffusant en circuit fermé un match des séries éliminatoires de la Coupe Memorial au Maple Leaf Gardens et c'est Foster Hewitt qui commentera l'action en direct.

〉 PAR STU HACKEL

LE SAMEDI OÙ *LA SOIRÉE DU HOCKEY* ET *HOCKEY Night in Canada* prirent l'antenne – événement fort important, quand on y pense – est presque passé inaperçu. Le magazine *The Hockey News*, par exemple, n'a pas publié le moindre article sur ces nouvelles émissions de la Société Radio-Canada. C'est sans doute parce qu'il ne s'agissait pas des premières télédiffusions de matchs de la LNH. Les Blackhawks de Chicago et les Bruins de Boston télédiffusaient leurs parties localement depuis plusieurs années.

Curieusement, le premier impact de la télé sur le hockey n'a pas été positif. Cette nouvelle

René Lecavalier a animé *La soirée du Hockey* pendant plus de 30 ans

forme de divertissement rendait les gens casaniers, ce qui eut pour effet de diminuer l'assistance dans les amphithéâtres de Boston, de Chicago et de New York. Mais ici, au Canada, la passion des amateurs pour le hockey n'avait jamais souffert d'un manque d'enthousiasme et l'arrivée de la télé n'a fait que rehausser cette ferveur populaire. Dès qu'ils ont goûté aux matchs télédiffusés, les amateurs canadiens n'ont cessé d'en redemander.

Malgré leurs origines modestes, *La soirée du hockey* et *Hockey Night in Canada* sont devenues de véritables institutions, «une religion, un temple», a déjà déclaré Ralph Mellanby, producteur exécutif des deux émissions à compter de 1966. La télédiffusion d'un océan à l'autre des matchs en langue française a duré 50 ans, soit jusqu'en 2002, année où la SRC a perdu ses droits au profit du Réseau des sports (RDS). Mais sur les ondes de la CBC, l'émission *Hockey Night in Canada* est toujours à l'affiche. La vitalité de la LNH des deux côtés de la frontière est intimement liée aux réseaux de télévision. Aux États-Unis, la popularité régionale du sport a fait en sorte que les droits de télé nationaux n'ont jamais atteint les niveaux astronomiques que l'on trouve dans d'autres sports professionnels. Du coup, les droits de télédiffusion perçus au Canada pour les matchs de la LNH se révèlent essentiels pour la survie économique de la LNH et servent de baromètre quant à la popularité du sport.

Même si Conn Smythe, le directeur gérant des Leafs de Toronto, a vendu les droits de télédiffusion des matchs de son équipe en 1952-1953 pour un montant insignifiant estimé à 100 $ par partie (le coût des droits pour la télédiffusion régionale d'un match des Leafs atteint aujourd'hui 700 000 $), les sommes que versent les réseaux pour ces droits constituent la plus importante

CONN SMYTHE A VENDU LES DROITS DE TÉLÉDIFFUSION DES MAPLE LEAFS POUR 100 $, EN 1952-1953.

source de revenus de la LNH après ceux générés par la billetterie. La CBC verse approximativement 100 millions de dollars par saison à la LNH pour obtenir les droits nationaux de télédiffusion de la LNH en langue anglaise. Les droits de diffusion nationale sur le câble, qui appartiennent au réseau TSN, sont actuellement en renégociation et devraient représenter à eux seuls 45 millions de dollars annuellement.

Ces revenus, en hausse constante, sont partagés par l'ensemble des équipes de la LNH et ils déterminent combien les équipes peuvent payer leurs joueurs tout en respectant le plafond salarial. En plus d'avoir une incidence sur les affaires de la LNH, la télédiffusion des matchs de hockey est devenue un élément clé de la culture canadienne. Les parties sont regardées par des millions d'amateurs – les matchs de la finale de la Coupe Stanley mobilisant jusqu'à 3 millions de téléspectateurs –, plus que toute autre émission télévisée au pays.

Les animateurs et commentateurs de ces émissions sont devenus de véritables vedettes. On pense entre autres à René Lecavalier, Richard Garneau, Gilles Tremblay ou Lionel Duval. Au Canada anglais, on trouve d'autres personnages connus, mais aucun n'a attiré l'attention du public plus que Don Cherry, un entraîneur au chômage qui, en plus d'être un casse-pied francophobe, est assurément l'homme le moins bien vêtu au Canada.

Cherry est un ardent promoteur de la pratique du hockey « viril ». Ce n'est pas uniquement pour des raisons philosophiques, mais surtout parce qu'il profite financièrement des ventes commerciales de ses vidéos maison qui glorifient le jeu robuste. Ces vidéos sont commercialisées depuis les années 80 et font partie du contrat qui lie la CBC à la LNH.

Aujourd'hui, le thème musical popularisé par *La soirée du hockey* peut être téléchargé et servir de sonnerie sur votre cellulaire. Les publicités qualifient cette mélodie de « deuxième hymne national du Canada ». Aussi fantaisiste cette affirmation puisse-t-elle paraître, lorsqu'on tient compte de la place qu'occupe le hockey dans la vie du Canadien moyen, on doit admettre qu'elle n'est pas très éloignée de la vérité. 〈

Don Cherry et son « légendaire » goût vestimentaire.

Les Canadiens remplissent le Centre Bell, match après match.

LES LOGES CORPORATIVES

Pour brasser de grosses affaires

⟩ PAR BRIAN BIGGANE ET ALAIN MENIER

À L'ÉPOQUE DES SIX ÉQUIPES, LES ARÉNAS DE LA LNH étaient remplis de partisans qui se déplaçaient pour l'amour du sport.

Puis, les propriétaires d'arénas ont commencé à comprendre qu'ils pouvaient toucher des revenus considérables en modifiant leurs bâtiments en vue d'y aménager de petites salles qu'ils pourraient louer à un prix exorbitant, pour une durée allant d'un match à une saison.

Le milieu des affaires a d'abord profité des avantages que procuraient ces loges, comme la possibilité d'offrir aux clients une expérience privilégiée combinée à une atmosphère propice aux affaires. Puis l'idée a fait son chemin, et les loges sont devenues un élément important dans toutes les installations construites après 1990.

C'est le Madison Square Garden qui fut le premier aréna à offrir des loges. Le « nouveau » Garden (trois autres bâtiments ont porté ce nom auparavant à New York), ouvert en 1968, offrait 29 suites. Des loges sont

MOMENT DÉCISIF

flash-info
14 février 1968

NEW YORK – Le nouveau Madison Square Garden, construit au-dessus de Penn Station, au coin de la 34e Rue et de la 8e Avenue à Manhattan, ouvre ses portes cette semaine avec une nouveauté fascinante : on y trouve maintenant 29 loges offrant un éventail de services, dont un service de restauration de luxe et des téléviseurs couleur.

Les dirigeants d'entreprise ont manifesté un vif intérêt pour ces loges, les premières ainsi aménagées dans un aréna d'Amérique du Nord. Chaque loge pourra accueillir jusqu'à 10 invités. Elles seront louées à l'année et donneront accès à tous les événements présentés au MSG, y compris les matchs des Rangers et des Knicks de New York.

ensuite apparues dans d'autres amphithéâtres un peu partout, dans le cadre de travaux de reconstruction.

Au Nassau Coliseum, construit au début des années 1970, les loges ont fait leur apparition près de 10 ans après que les Islanders y eurent élu domicile. Même le Forum de Montréal a dû être agrandi pour pouvoir offrir quelques loges.

On a réellement noté un engouement lorsque le gouvernement américain a établi que, dans bien des cas, les sommes consacrées aux loges feraient l'objet de déductions fiscales pour les entreprises.

Cela n'a rien à voir avec le United Center, qui a ouvert ses portes en 1995. Bien qu'il soit nettement plus grand que son prédécesseur, ce bâtiment est généralement perçu comme un endroit aseptisé où les joueurs ressentent nettement moins la présence de la foule.

Les loges sont une des principales causes de ce manque d'ambiance. Étagées sur trois rangées autour de l'aréna, les « suites exécutives », comme on les ap-

QUAND LES PARTIES DES CANADIENS ONT ÉTÉ TRANSFÉRÉES DU FORUM AU CENTRE BELL, LA MANŒUVRE A ÉTÉ LOURDEMENT CRITIQUÉE PAR LES AMATEURS DE HOCKEY.

C'est Jack Kent Cooke, constructeur du L.A. Forum à Inglewood, domicile des Lakers et des Kings, qui a introduit les loges sur la côte Ouest. Cooke avait aménagé un bar privé au rez-de-chaussée avec des suites à l'étage, où les gros bonnets de la côte Ouest pouvaient se rencontrer sans être dérangés par les spectateurs ordinaires.

Le changement d'atmosphère et de dynamique créé par cette nouvelle culture orientée vers les suites n'a nulle part été plus évident qu'à Chicago.

Ceux qui ont déjà assisté à un match au Chicago Stadium s'en souviendront comme d'un endroit sombre et enfumé et où les sièges donnaient l'impression d'être tout juste au-dessus de la glace, sans oublier la foule qui hurlait sans cesse dès les premières notes de l'hymne national. Les partisans étaient collés à l'action, faisant clairement sentir leur présence aux adversaires des Bulls et des Hawks.

pelle, sont au nombre de 203, chacune pouvant contenir jusqu'à 14 fauteuils.

L'expérience des loges a pris de l'ampleur alors même que les équipes continuaient d'explorer d'autres façons de maximiser les revenus dans ce secteur. Aujourd'hui, les détenteurs de loges jouissent généralement de privilèges tels qu'un espace réservé dans le stationnement, souvent situé au sous-sol, au même endroit que les joueurs dans certains cas. Ils ont également accès à des ascenseurs privés et à des préposés qui les aident à atteindre leur destination rapidement. Sans oublier, bien sûr, un service de collations et de boissons offert dans la suite même, qui agrémente l'expérience.

Comme les entreprises tentent de contrecarrer l'escalade des coûts liés à la location des loges pour une saison complète, les services de marketing des équipes offrent maintenant les loges pour une demi-saison, un quart de saison, voire en « colocation », comme les ventes à temps partagé.

Le Madison Square Garden, construit en 1968.

S'il y a une ombre au tableau, affirme un directeur du marketing de la LNH, c'est que le prix des suites n'augmente généralement pas aussi vite que celui des billets. Ce dirigeant mentionne que même si son équipe offre des contrats de 10 ans avec une augmentation intégrée des coûts annuels, ces hausses se chiffrent généralement à 3 ou 4 %, comparativement à des augmentations de 5 à 7 % pour beaucoup d'équipes.

Pour les 24 des 30 franchises de la LNH qui ont déménagé dans de nouvelles installations depuis 1990, les loges font maintenant partie intégrante du paysage. Et si les partisans ordinaires se plaignent du peu d'intérêt que manifestent les riches locataires de ces loges pour l'action qui se déroule sur la glace, les revenus engendrés par cette pratique ont grandement contribué à faire plus que doubler les emplois à la LNH durant cette période.

Quand les parties des Canadiens ont été transférées du Forum au Centre Bell, la manœuvre a été lourdement critiquée par beaucoup d'amateurs de hockey. Comme à Chicago, l'organisation des 135 nouvelles loges corporatives et la surface plus imposante de l'im-

24 DES 30 FRANCHISES DE LA LNH ONT DÉMÉNAGÉ DANS DE NOUVELLES INSTALLATIONS DEPUIS 1990.

meuble nuisent beaucoup à l'atmosphère. Toutefois, les 3 314 places supplémentaires (21 273 pour le Centre Bell contre 17 959 pour le Forum) dans une enceinte pleine à capacité à chaque match représentent des revenus additionnels avoisinant les 15 millions de dollars annuellement, et cela, seulement pour le hockey. Dans le hockey d'avant le lock-out et d'avant le partage des revenus, le changement d'amphithéâtre pouvait représenter la différence entre une équipe compétitive et une équipe de dernier rang.

En 2007, le Centre Bell fut l'aréna le plus occupé du Canada et le cinquième le plus occupé du monde. ⟨

Même s'il n'en revendique pas la paternité, Jacques Lemaire est celui qui a perfectionné l'art de la trappe.

LA TRAPPE
L'invention diabolique de Jacques Lemaire

⟩ PAR JOHN GLENNON ET KEN CAMPBELL

LORSQU'IL S'AGIT DE REVENDIQUER LA PATERNITÉ des innovations fructueuses et des bonnes idées, nombreux sont ceux qui, dans le milieu du hockey, répondent à l'appel. Toutefois, tenter de savoir qui est à l'origine de la stratégie défensive connue sous le nom de « trappe » est aussi difficile que de percer le secret de la Caramilk. Pourquoi ? Parce que personne ne veut porter le chapeau. Étaient-ce les Suédois, les

Tchèques, les Canadiens de Montréal, Roger Nielsen ou Jacques Lemaire ? Motus et bouche cousue !

Qui peut blâmer les individus ayant accouché de cette stratégie consistant à « refiler la puck » de ne pas vouloir être montrés du doigt ? Après tout, au cours des quinze dernières années, la trappe a été responsable d'une véritable cascade d'horreurs dans le milieu de la LNH : moins de buts, moins de chances de mar-

À SA PREMIÈRE SAISON AVEC LES DEVILS, LEMAIRE A MIS EN PLACE UN SYSTÈME DÉFENSIF QUI A PERMIS DE FAIRE BAISSER DE 299 À 220 LE NOMBRE DE BUTS CONTRE.

MOMENT DÉCISIF

flash-info
25 juin 1995

EAST RUTHERFORD, N.J. – La Ligue nationale de hockey vient de succomber à la «trappe». Les Devils du New-Jersey ont appliqué cette stratégie, balayant les Red Wings de Detroit et remportant la Coupe Stanley 1995.

Ce fut le triomphe de la philosophie défensive des Devils qui, dirigés par Jacques Lemaire, emploient la tactique de la trappe. Les joueurs, déployés en zone neutre, réussissent à neutraliser complètement l'offensive des équipes adverses. Généralement, le système de la trappe n'a recours qu'à un seul joueur en échec-avant. Celui-ci oblige le porteur du disque à sortir de sa zone, non pas au centre de la glace mais le long des bandes, où il se bute à un mur de joueurs ayant pour mission de bloquer les corridors de passe en zone neutre. Cette stratégie empêche l'équipe adverse d'effectuer des transitions fluides à l'attaque et produit très souvent des revirements de jeu.

quer, une baisse de régime pour les joueurs de talent, l'augmentation des manœuvres d'accrochage et d'obstruction... au total, un sport soporifique qui a d'ailleurs eu toutes les difficultés du monde à séduire les téléspectateurs américains.

L'influence de la trappe sur le hockey se résume en deux mots : ennui mortel ! «Il ne fait pas de doute que cette stratégie a rendu le hockey ennuyeux, a déclaré Terry Crisp, ancien joueur et entraîneur qui a dirigé l'équipe du Lightning de Tampa Bay au cours des années 1990. Mais que le spectacle soit triste n'affecte nullement les entraîneurs. Quand votre job consiste à contrer les efforts des Red Wings de Detroit ou des Canadiens de Montréal et qu'il reste deux minutes à jouer dans un match que vous menez 2 à 1, la seule chose qui compte, c'est de protéger votre avance et de remporter la victoire. »

Ce n'est qu'au cours des quelques dernières années – en fait, depuis que les responsables de la Ligue ont décidé d'éliminer la ligne rouge et de sévir contre l'accrochage et l'obstruction – que la LNH a pu se libérer progressivement de la suffocante stratégie de la trappe. Mais à l'instar d'un virus, la trappe est toujours présente dans le hockey d'aujourd'hui, car il est plus facile de montrer à un joueur comment évoluer de façon défensive que de lui apprendre à compter des buts.

«Les équipes qui utilisent la trappe sont généralement les moins rapides et les moins dynamiques, ou celles dont les patineurs ne sont pas capables de suivre le rythme imposé par l'équipe adverse», explique Crisp. La trappe est une manière de niveler vers le bas et de permettre à des joueurs moins talentueux d'évoluer dans la LNH. Il est toutefois difficile de mesurer les effets réels de cette technique sur le hockey en se fiant uniquement aux chiffres. La plupart des observateurs estiment que la trappe – peu importe que ses origines se trouvent en Europe ou chez les Canadiens des années 1960 et 1970 – a connu son heure de gloire au milieu des années 1990, dans la foulée de l'expansion de la LNH. L'arrivée d'équipes moins talentueuses à Anaheim, Ottawa, San Jose et Tampa Bay a rendu la trappe populaire, car celle-ci permettait aux joueurs de ces équipes de tenir tête aux équipes de pointe. L'arrivée au New-Jersey, en 1993, de Jacques Lemaire – celui qui a ressuscité la vieille philosophie dépassée de l'équipe légendaire des Canadiens – est un autre facteur aggravant.

À sa première saison derrière le banc des Devils, Lemaire a mis en place un système défensif qui a permis de faire baisser de 299 à 220 le nombre de buts comptés contre l'équipe du New-Jersey. La saison suivante, en route vers leur conquête de la Coupe Stanley, les Devils ont surpris en réussissant à étouffer les talents offensifs de joueurs tels que Cam Neely, de Boston, Jaromir Jagr, de Pittsburg, Éric Lindros, de Philadelphie et Sergei Fedorov, de Detroit. « Cette approche a transformé le sport, et les meilleurs joueurs ont ressenti beaucoup de frustration devant le très peu d'espace qui leur était accordé sur la patinoire, a déclaré Lemaire au sujet de son système. Pour réussir comme entraîneur, il faut adapter la stratégie en fonction des joueurs que l'on a sous la main et des succès de l'équipe. C'est le b.a.-ba du métier. »

À la même époque, en

Floride, les Panthers connaissaient d'étonnants succès avec la trappe, système que Roger Neilson avait implanté et Doug MacLean poussé un cran plus loin. Ce dernier mena d'ailleurs les Panthers à la finale de la Coupe Stanley après à peine trois ans d'existence, justifiant le style de jeu de son équipe pendant les éliminatoires par ce commentaire laconique : « J'aime quand c'est ennuyant ».

La moyenne de buts comptés par partie dans la LNH, qui était de 7,2 à la fin de la saison 1992-1993, a chuté à 6,48 l'année où les Devils ont remporté la Coupe, en 1993-1994 , puis à 5,97 en 1994-1995, pour terminer sa glissade à 5,1 en 2003-2004. Les méthodes de Jacques Lemaire ont fait des adeptes, notamment à Dallas, où Ken Hitchcock utilisa une variante de la trappe pour mener ses Stars à une victoire de la Coupe Stanley en 1999.

Hitchcock, aujourd'hui entraîneur à Colombus, affirme que la trappe n'est qu'une conséquence directe de l'importance accordée, dans les années 1980, au repli défensif. « Ce qui s'est produit, c'est que le repli défensif des joueurs de l'avant s'effectuait de plus en plus

Malgré le retrait de la ligne rouge, peu d'entraîneurs favorisent la longue passe.

PLUTÔT QUE D'ALIGNER LEURS JOUEURS À LA LIGNE ROUGE, LES ÉQUIPES QUI PRATIQUENT LA TRAPPE ÉTABLISSENT MAINTENANT LEUR BLOCUS SUR LEUR PROPRE LIGNE BLEUE.

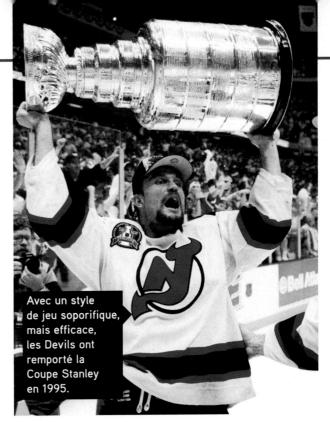

Avec un style de jeu soporifique, mais efficace, les Devils ont remporté la Coupe Stanley en 1995.

vers le centre de la patinoire, ce qui obligeait l'équipe attaquante à tenter des manœuvres sur la largeur de la surface glacée et ralentissait d'autant sa progression offensive. Cette stratégie a touché tous les aspects de la partie, car les joueurs n'avaient pas le temps d'effectuer un jeu dans un espace aussi restreint. Rappelez-vous les dynasties des Oilers et des Islanders ; le joueur de centre avait tout le temps voulu au centre de la patinoire pour effectuer un jeu. Avec la trappe, cet espace-temps a disparu. »

Lorsque la Ligue nationale de hockey a fermé boutique après le lock-out de 2004-2005, une des retombées positives en a été que les gouverneurs de la LNH, les entraîneurs et les joueurs ont eu le temps de trouver des moyens pour améliorer le sport. L'élimination de la ligne rouge et l'introduction de nouvelles règles visant à limiter l'accrochage et l'obstruction ont été particulièrement utiles pour contrer la trappe, du moins au début. Malheureusement, plutôt que de créer toutes sortes de possibilité offensives, les nouveaux règlements ont fini par donner davantage de temps et d'espace aux joueurs pour effectuer leur repli défensif et mettre la trappe en place. Plutôt que d'aligner leurs joueurs à la ligne rouge, les équipes qui pratiquent la trappe établissent maintenant leur blocus sur leur propre ligne bleue. « Dans la première année ayant suivi le lock-out, les changements ont eu l'effet désiré, explique le directeur général des Sabres de Buffalo, Darcy Regier. Mais dès la deuxième année, leur impact

a diminué à cause des ajustements apportés par les entraîneurs. Je trouve qu'on commence à ressembler au hockey européen, mais pas dans ce qu'il a de plus intéressant à offrir. »

Ceux en faveur du retrait de la ligne rouge n'ont pas consulté les amateurs qui furent témoins, en 2001, du match opposant les équipes de la Suède et de la République tchèque dans le cadre du Championnat mondial junior. Lors de ce match, les Tchèques, après avoir pris une avance de 1-0, se sont contentés de dégager leur territoire, alignant ensuite leurs cinq joueurs sur leur propre ligne bleue. Les quelques spectateurs sur place ont sûrement eu envie de détourner la tête plutôt que de regarder une minute de plus ce triste spectacle. Pour que le jeu de la bombe fonctionne, il faut un défenseur ou un gardien de but qui soit en mesure d'effectuer une passe précise sur au moins 60 pieds. Ensuite, il faut un attaquant qui ait assez de talent pour capter cette passe en pleine accélération et la garder sur la palette de son bâton. Enfin, pour que cela se produise et que la glace s'ouvre à cette passe, il faut absolument que votre adversaire ait été dupé. Or, à quelle fréquence assistons-nous à un jeu de longue passe au sein de la LNH d'aujourd'hui ? Malheureusement, presque jamais. ⟨

flash-info
4 mai 1955

MONTRÉAL – Le défenseur des Canadiens Doug Harvey, qui a terminé au deuxième rang de la LNH avec 43 assistances, a remporté le trophée Norris. Ce fut pour Harvey sa meilleure année sur le plan de l'offensive ; il a augmenté son total de points six fois en sept saisons. Le Montréalais de 30 ans est révolutionnaire en ce qu'il est à la fois capable de patiner et de passer la rondelle en dehors de sa zone avec efficacité. Il est aussi très à l'aise à préparer le jeu pour ses coéquipiers grâce à des passes d'une précision chirurgicale, telles qu'on n'en voyait jusqu'ici que chez les attaquants. La saison dernière, Harvey s'était classé au second rang derrière Red Kelly pour la première édition du trophée Norris, décerné au meilleur défenseur.

Doug Harvey, un des plus grands joueurs de hockey toutes positions confondues.

LE DÉFENSEUR OFFENSIF

Doug Harvey aux commandes

⟩ PAR TIM GRAHAM

DEMANDER QUI EST LE DÉFENSEUR AYANT CHANGÉ le plus la manière dont se joue le hockey entraîne presque immanquablement la réponse « Bobby Orr ». Pourtant, ce fut Doug Harvey qui transforma ce qui n'était au départ qu'une position de pure nécessité en lui conférant un potentiel offensif. Orr « a noblement poursuivi le travail entamé par Doug Harvey – en traversant la patinoire avec la rondelle et en se joignant à l'attaque à chaque moment opportun, ce qui a ajouté le

DOUG HARVEY A TRANSFORMÉ LE RÔLE DE DÉFENSEUR EN CELUI DE QUART-ARRIÈRE PENDANT LE JEU DE PUISSANCE.

terme de "défenseur offensif" au vocabulaire du hockey », écrivit Michael Farber dans *Sports Illustrated*.

Le palmarès de Harvey est presque sans égal. Il a remporté six Coupes Stanley avec les Canadiens. Il s'est vu décerner le trophée Norris sept fois en huit saisons –

la dernière avec les Rangers, qu'il entraînait alors également vers les séries. Il fut du Match des étoiles onze fois d'affilée. Harvey était si unique que la LNH résolut de modifier ses règlements afin de restreindre un tant soit peu les Canadiens. Bien qu'il ne fût pas un très grand marqueur (il accumula 88 buts et 540 points en 1 113 matchs), il a transformé le rôle de défenseur en celui de quart-arrière pendant le jeu de puissance, et était un si habile passeur que la LNH a été forcée de réagir. Son extraordinaire adresse provoqua souvent des poussées de deux ou trois buts au cours d'une même pénalité mineure – si souvent, en fait, que la Ligue permit au joueur pénalisé de quitter le banc des pénalités à la suite d'un but en avantage numérique.

Dans les années 1950, les défenseurs étaient des joueurs « de force » dont les responsabilités se résumaient à plaquer dans les coins, à bloquer les allées et à passer le plus rapidement possible la rondelle à un attaquant. Il était rare de voir un défenseur se lancer à l'offensive. Harvey, quant à lui, déclenchait la contre-attaque. D'une patience hors du commun, il amenait souvent lui-même la rondelle dans la zone adverse. Pour se faire une idée de l'avancée de la position, sa marque de 43 assistances en 1954-1955 aurait constitué 23 ans auparavant le record de LNH, tous joueurs confondus. « Il s'accrochait à la rondelle dans sa propre zone jusqu'à vous forcer à le mettre en échec, a dit

Milt Schmidt, la légende des Bruins. Ensuite, il vous terrassait avec ses passes. »

Les nombreuses qualités offensives du jeu de Doug Harvey ne nuisirent jamais à son jeu défensif ; c'était un joueur complet. Harvey assurait une défense d'élite et balayait l'infériorité numérique. Il passait quelquefois jusqu'à 50 minutes sur la glace au cours d'une partie. « Doug Harvey était le meilleur défenseur que j'aie jamais vu », a dit de lui Red Storey, arbitre figurant au Temple de la renommée. « Bobby Orr pouvait ouvrir le jeu à tout moment ; c'était un joueur extraordinaire. Harvey, par contre, était capable de prendre le jeu en main. Si Montréal avait un point d'avance et que Harvey avait décidé que l'adversaire ne marquerait plus aucun but, ce n'était même pas la peine d'essayer. Tout le monde à la douche ! La partie était finie. »

Doug Harvey se mit la direction à dos, particulièrement lorsque lui et Ted Lindsay tentèrent en vain de former la première association de joueurs de la LNH. Le capitaine des Canadiens fut échangé aux Rangers, où on le nomma joueur-entraîneur. En 1961-1962, la seule année où il endossa ces deux rôles, il gagna de nouveau le trophée

Le style éclatant de Bobby Orr a fait de lui un grand défenseur offensif. Il a poursuivi le travail commencé par Doug Harvery, 20 ans plus tôt.

LES NOMBREUSES QUALITÉS OFFENSIVES DU JEU DE DOUG HARVEY NE NUISIRENT JAMAIS À SON JEU DÉFENSIF ; C'ÉTAIT UN JOUEUR COMPLET.

Norris et mena les Rangers à leurs premières séries en quatre ans.

Rien de moins que des sommités comme Dick Irvin Sr. et Sam Pollock ont vu en Harvey le meilleur joueur de l'histoire de la LNH, toutes positions confondues. Toe Blake et Jean Béliveau, quant à eux, le plaçaient plus haut que Orr parmi les défenseurs. « Il est sans doute le joueur qui a eu le plus grand impact à cette position », peut-on lire sur sa plaque au Temple de la renommée. « Ses sorties spectaculaires et son incomparable jeu de défense lui ont permis de dominer le jeu. » ⟨

LE SYSTÈME À DEUX ARBITRES

Deux fois plus de punitions

> PAR ROB TYCHKOWSKI

DE QUELLE FAÇON LE SYSTÈME À DEUX arbitres a-t-il transformé le hockey ? Tout d'abord, il faut reconnaître que les joueurs qui n'ont pas la rondelle ou qui ne sont pas à la poursuite immédiate du porteur de celle-ci ne peuvent plus se comporter comme des imbéciles en profitant des angles morts du champ de vision de l'arbitre. Dans un système à un seul arbitre, les yeux de l'officiel sont forcément dirigés vers les joueurs qui luttent pour la rondelle. De nos jours, s'en prendre à un joueur adverse alors qu'il n'est pas engagé dans le jeu ou faire de l'obstruction dans la zone neutre, tel que cela se pratiquait jadis dans la LNH, est virtuellement impossible. Résultat : le jeu est devenu beaucoup plus ouvert et offensif. Les joueurs qui suivent le jeu ont le temps de prendre position ; les ailiers peuvent se dégager et bondir sur un retour de lancer ou recevoir une passe. En fait, les hockeyeurs qui ne savent pas patiner et qui cinglent, retiennent ou obstruent n'ont tout simplement plus leur place dans le sport d'aujourd'hui. Le hockey se pratique maintenant à grande vitesse, et les joueurs talentueux peuvent davantage exprimer leurs talents. Vue sous cet angle, l'arrivée de l'arbitrage à deux est une bénédiction.

Cependant, le système à deux arbitres, même s'il élimine les coups sournois portés en catimini, n'apporte pas que du positif. Doubler le nombre d'arbitres a eu pour effet de doubler le nombre de pénalités, à tel point que les unités spéciales en avantage numérique sont maintenant une composante essentielle de l'arsenal offensif de toutes les équipes. Les amateurs, qui se plaignaient que l'obstruction ralentissait le rythme, se plaignent maintenant que les pénalités ralentissent le rythme. Le don qui permettait de « contrôler » un match – l'une des principales qualités des arbitres au bon vieux temps – n'est plus sollicité aujourd'hui. La présence de deux arbitres qui exercent leur pouvoir décisionnel en interprétant les règlements chacun à sa façon donne souvent lieu à un arbitrage qui manque de cohérence.

Anciennement, les joueurs connaissaient bien les arbitres et adaptaient leur jeu en conséquence. Mais en présence de deux arbitres, il est très difficile de procéder à de tels ajustements. Car à l'instar de parents ayant chacun des méthodes différentes pour discipliner leurs enfants, deux arbitres peuvent envoyer des signaux qui suscitent confusion et frustration.

Lorsque personne n'était à même de sanctionner

MOMENT DÉCISIF

flash-info
juillet 2000

New York – La LNH a balayé du revers de la main 70 ans de tradition en annonçant que le système « expérimental » consistant à avoir deux arbitres allait devenir la norme. Les joueurs sont devenus plus massifs, plus forts et plus rapides, et les amateurs en avaient assez de l'obstruction. C'est pourquoi la Ligue a décidé que deux paires d'yeux étaient préférables à une seule. Dorénavant, tous les matchs seront régis par deux arbitres et deux juges de ligne. Le deuxième arbitre aura pleine autorité pour décerner des punitions lorsqu'une infraction sera commise sur la glace.

l'obstruction qui se déroulait à l'écart du jeu, les joueurs devaient absolument se battre s'ils voulaient se libérer de la mise en échec. Maintenant, le plongeon bidon est devenu l'arme de prédilection de trop nombreux joueurs, qui se laissent tomber sur la glace dès qu'ils rencontrent un peu de résistance. Autrefois, regarder des joueurs se mesurer physiquement les uns aux autres était un élément clé de la beauté du hockey. Malheureusement, cette combativité est en train de se noyer dans une mer de coups de sifflet.

La Ligue a décidé de doubler le nombre d'arbitres du jour au lendemain ; or, il n'y avait pas assez d'officiels compétents pour assurer une transition fluide. Le système à deux arbitres a radicalement transformé la pratique du hockey. De là à savoir si c'est pour le mieux, la question demeure entière... ⟨

MAINTENANT, LE PLONGEON BIDON EST DEVENU L'ARME DE PRÉDILECTION DE TROP NOMBREUX JOUEURS.

Les Jets de Winnipeg ont remporté trois fois la Coupe Avco.

L'ASSOCIATION MONDIALE DE HOCKEY
L'arrivée d'une nouvelle ligue

⟩ PAR ED WILLES

DURANT LES SEPT ANS DE SA TUMULTUEUSE existence, l'Association mondiale de hockey a produit plus d'excentricités que la famille royale britannique. Pourtant, bien que l'on se souvienne de l'AMH surtout pour sa troupe d'étranges personnages, pour ses franchises qui arrivent et repartent, et pour avoir à toute fin pratique versé une bouteille d'eau gazeuse dans les culottes d'un sport qui était devenu vieillot et défraîchi, il faut reconnaître qu'elle a apporté beaucoup au hockey.

La nouvelle association a brisé le monopole maintenu par la LNH et a fourni à toute une génération de joueurs leur première occasion d'accéder à un salaire décent. Elle a ouvert les portes aux joueurs européens, à un moment où ceux-ci étaient regardés de haut par la LNH. Elle a introduit le repêchage des joueurs de 18 ans, en engageant les meilleurs joueurs encore mineurs en Amérique du Nord, dont un centre de 17 ans venant de Bradford en Ontario, du nom de Wayne Gretzky. Elle a apporté le hockey aux états du sud des

États-Unis, en allant rejoindre des marchés comme Phoenix et Houston. L'AMH, sous la forme des Jets de Winnipeg vers les années 1975-78, a été la première à mettre de l'avant le style moderne de jeu alliant rapidité et adresse, y compris les meilleurs aspects des traditions européennes et nord-américaines. Additionnez tout cela, et du coup l'influence de l'AMH vous paraîtra un peu plus profonde que l'image projetée par le film *Slap Shot*.

L'AMH avait plus à voir avec le révolutionnaire contrat de Bobby Hull qu'avec tous ces chèques sans provision ; plus à voir avec Anders Hedberg et Ulf Nilsson qu'avec « Bad News » Bilodeau et Steve Durbano ; plus à voir avec Gretzky et Ken Linseman qu'avec Derek Sanderson. Il faut savoir que tout ça a aussi eu ses bons côtés. « Les joueurs d'aujourd'hui devraient se mettre à genoux et remercier l'AMH, a dit Harry Neale, qui a commencé sa carrière professionnelle d'entraîneur avec les Fighting Saints. Il n'y a qu'à voir où en était le jeu avant qu'elle n'arrive, et où il en était sept ans plus tard (quand quatre équipes de l'AMH furent absorbées par la LNH). »

L'impact immédiat de l'AMH fut immense. Elle fut

LA LIGUE REBELLE ALLAIT ENGAGER LES JUNIORS LES PLUS CÉLÉBRÉS DE CETTE ÉPOQUE, DONT MARK NAPIER, DENNIS SOBCHUK, PAT PRICE, JOHN TONELLI, KEN LINSEMAN ET WAYNE GRETZKY.

MOMENT DÉCISIF
flash-info
12 octobre 1972

OTTAWA – Les Oilers de l'Alberta ont défait les Nationals d'Ottawa 7-4 hier soir pour la toute première partie de l'Association mondiale de hockey. L'AMH est la première ligue majeure professionnelle à concurrencer la LNH en 55 ans. Elle a été formée au mois d'avril 1971 par Dennis Murphy et Gary Davidson. Les 12 franchises sont les Whalers de la Nouvelle-Angleterre, les Crusaders de Cleveland, les Blazers de Philadelphie, les Nationals d'Ottawa, les Nordiques de Québec, les Raiders de New York, les Jets de Winnipeg, les Aeros de Houston, les Sharks de Los Angeles, les Oilers de l'Alberta, les Fighting Saints du Minnesota et les Cougars de Chicago.

fondée par deux avocats de Californie, Dennis Murphy et Gary Davidson, qui n'auraient pas su différencier une rondelle d'un sandwich à la crème glacée, mais qui avaient tout de même lancé l'Association américaine de basketball. Cela voulait dire qu'ils avaient un plan de bataille pour aller concurrencer la LNH. Leur premier point à l'ordre du jour : engager un joueur étoile pour légitimer leur entreprise. Celui-ci devait être plus qu'un grand joueur : il devait être à même de se vendre, et de vendre la nouvelle ligue. En bout de ligne, en optant pour Bobby Hull, l'AMH aurait pu choisir un meilleur joueur, mais pas un meilleur vendeur.

Le contrat de Hull totalisait le montant stupéfiant de 2,75 millions de dollars sur 10 ans. Y contribuèrent à peu près également Benny Hatskin, propriétaire des Jets, et les 11 autres équipes de la ligue. Ce chiffre est dépassé aujourd'hui, mais il créa un précédent à l'époque et déclencha la première hausse significative des salaires des joueurs.

Avant que Hull ne signe, au cours de l'été 1972, les

joueurs de la LNH étaient réticents à s'engager dans la nouvelle ligue. Après, ce ne fut plus un problème. Ils furent plus de 60 de la LNH à faire le saut dans l'AMH au cours de sa première année, alors que le salaire moyen dans la LNH passait de 28 000 $ en 1971-72 à 44 000 $ en 1972-73 – première année d'existence de l'AMH – jusqu'à 96 000 $ à sa sixième saison.

La guerre d'enchères qui en résulta eut aussi pour effet de bouleverser l'équilibre des pouvoirs dans la LNH. Les Bruins de Boston auraient pu engager Sanderson, Gerry Cheevers et Johnny McKenzie pour une fraction de ce que l'AMH leur offrit, mais ils choisirent de les laisser partir, et avec eux s'envola la chance d'établir une dynastie. Un an après avoir forcé les Canadiens à disputer un septième match au cours d'une mémorable finale de Coupe Stanley, les Blackhawks perdaient Hull et mirent une décennie à se reconstruire. Les Maple Leafs virent partir le cœur de leur jeune défensive – Jim Dorey, Rick Ley, Brad Selwood – et des joueurs expérimentés comme Paul Henderson et Dave Keon. Par ailleurs, il n'y a pas que les joueurs

LE CONTRAT DE HULL TOTALISAIT LE MONTANT STUPÉFIANT DE 2,75 MILLIONS DE DOLLARS SUR 10 ANS.

de haut calibre qui tirèrent avantage de cette nouvelle ligue. Les joueurs des ligues mineures, qui gagnaient en moyenne de 10 000 à 12 000 $ par année, se voyaient soudainement offrir des sommes équivalant à trois ou quatre fois ce montant.

Bill Dineen mit sur pied une équipe compétitive à Houston grâce à des joueurs des ligues mineures, au cours de la première année de la ligue, et les Aeros se transformèrent bientôt en équipe championne quand ils embauchèrent l'année suivante Gordie Howe et ses deux fils.

Cela fut l'effet immédiat de la première année d'existence de l'AMH.

Un autre effet important est issu de la contestation judiciaire de la nouvelle ligue visant à faire lever la clause de réserve sur les contrats standards des joueurs de la LNH. Davidson et Murphy, de même que leur conseiller légal Don Regan, savaient que la clause

Gilles Gratton, des Toro de Toronto, réussit un arrêt contre les Cougars de Chicago.

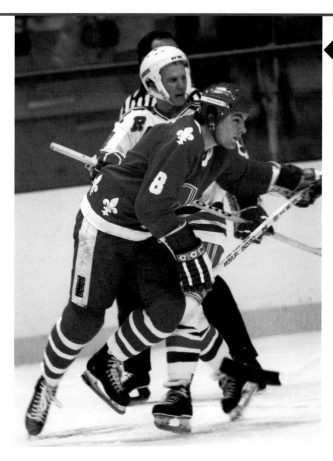

de réserve était inapplicable. En gros, elle liait à perpétuité les joueurs de la LNH à leur équipe, en imposant un renouvellement automatique de leur contrat, ce qui avait pour résultat d'empêcher les joueurs d'aller vendre leurs services au plus offrant.

Lorsque l'AMH se mit à lui enlever ses joueurs, la LNH entama des poursuites à Chicago, Boston et Long Island sur la base de cette clause. Pendant un certain temps, cette manœuvre légale empêcha Hull et d'autres joueurs de se présenter sur la glace au début de la première saison de la nouvelle ligue, mais à Philadelphie, le juge Leon Higginbotham entendit finalement la cause et se prononça en faveur de la proclamation d'émancipation des joueurs. Higginbotham fit remarquer que la clause était « le résultat d'un commun accord et d'une conspiration entre la LNH et sa ligue mineure affiliée, afin de maintenir un monopole visant à écarter toute possibilité de concurrence par l'arrivée d'une autre ligue majeure de hockey ». Il nota aussi : « Le dossier est dépourvu de tout élément pouvant laisser croire que la clause de réserve a été

instaurée à la suite de négociations collectives sérieuses et menées en toute bonne foi. »

Hull se joignit aux Jets en novembre et l'AMH survécut à sa première saison. Au cours de la deuxième année, elle marqua un autre point quand on persuada Gordie Howe de revenir au jeu, pour aller jouer à Houston avec ses deux fils, Mark et Marty. Mark Howe fut aussi du premier groupe de joueurs d'âge mineur engagés par l'AMH. La ligue rebelle allait aussi engager, avant la LNH, les juniors les plus célébrés de cette époque, dont Mark Napier, Dennis Sobchuk, Pat Price, John Tonelli, Ken Linseman et Wayne Gretzky. Ces ententes pavèrent la voie pour le repêchage des joueurs de 18 ans. Une rumeur veut aussi que la LNH ait accepté une fusion avec l'AMH afin de ravoir ces jeunes étoiles.

Au cours de la troisième année de la ligue, les Jets firent venir de Suède Anders Hedberg, Ulf Nilsson ainsi que Lars-Erik Sjoberg, et avec Hull, ils révolutionnèrent le sport. Les Maple Leafs avaient quant à eux embauché Borje Salming et Inge Hammarstrom à la saison précédente, ce qui avait suscité des commentaires mitigés. Mais les Jets, par ce coup, devinrent vraiment la première équipe en Amérique du Nord à s'engager aussi complètement envers le style de jeu européen.

En 1977-78, les Jets remportèrent la deuxième de leurs trois coupes Avco avec un alignement qui incluait les trois Suédois en plus de Hull, Kent Nilsson, Willy Lindstrom, Peter Sullivan et Dan Labraaten. Après la saison, ils se firent voler Hedberg et Nilsson par les Rangers, qui leur avaient offert des contrats faramineux. Glen Sather a toujours expliqué qu'il a construit sa dynastie avec les Oilers en se basant sur le modèle des Jets. « Les Européens ont beaucoup emprunté de notre style de jeu et nous avons certainement emprunté beaucoup du leur, a dit le vétéran du hockey et ancien défenseur des Jets, Ted Green. En bout de ligne, le sport s'en est trouvé amélioré. » ⟨

LE BÂTON RECOURBÉ

Une arme à double tranchant

❭ PAR STAN FISCHLER

Un arbitre évalue la « légalité » d'un bâton.

Bobby Hull et Stan Mikita ont déclenché l'utilisation du bâton recourbé dans la LNH.

LE BÂTON RECOURBÉ FIT SON APPARITION QUAND Bobby Hull et Stan Mikita découvrirent un bâton qui était resté coincé sous une porte de vestiaire. La pression exercée par la porte pendant plusieurs heures avait plié le bois, imprimant à la palette la forme d'une banane. Les deux étoiles des Blackhawks se mirent aussitôt en tête d'essayer leur trouvaille au cours d'une pratique – à la consternation du gardien, Glenn Hall – et découvrirent qu'ils pouvaient propulser la rondelle d'une manière encore jamais vue jusque-là.

Ce fruit du hasard résulta en l'un des plus profonds changements que connut le hockey professionnel en matière de style de jeu, et eut plusieurs répercussions d'envergure.

Il rendit le tir du revers désuet : les bâtons droits permettaient aux joueurs d'effectuer des tirs du revers avec la même facilité que pour des tirs du poignet. Par exemple, le Rocket compta autant de buts avec des tirs du revers que de la manière traditionnelle. Lorsque

LES JOUEURS MOINS DOUÉS FURENT D'ABORD INCAPABLES DE MANŒUVRER LA RONDELLE AVEC LA MÊME EFFICACITÉ.

l'utilisation du bâton courbé s'imposa définitivement, les joueurs ne purent pratiquement plus tirer du revers, car il leur était impossible de parvenir à loger la rondelle à l'extérieur de la courbure.

Il dénatura l'art de jouer : il fut un temps où le hockey professionnel était un art extrêmement raffiné. Les jeux de passes complexes, à l'image d'une partie d'échecs sur glace, faisaient le délice des spectateurs, et les choix de tirs constituaient une stratégie de haute volée. Aussitôt que le bâton à lame courbée fit son apparition, les joueurs s'en servirent comme d'une béquille. Le style périclita. Le bâton droit permettait de contrôler la rondelle ; le bâton courbé, au contraire, rendait la chose difficile.

Il intimidait les gardiens, ce qui accrut les mesures de sécurité : étant donné que la courbure de la palette compliquait le contrôle de la rondelle, les tirs décochés au moyen de bâtons courbés suivaient des tracés imprévisibles. Bien vite, les gardiens furent si inquiets devant ces tirs fulgurants qu'ils revêtirent des masques, et du coup, la familiarité avec les joueurs, qui avait toujours joué un si grand rôle dans le hockey, en souffrit. Le masque du gardien incita ensuite les défenseurs et les attaquants à porter des casques protecteurs, éloignant encore davantage les joueurs du public.

« Je veux que nos partisans voient chacun de nos joueurs comme une personnalité distincte, disait à l'époque un propriétaire de la LNH. Or, on n'a pas cette familiarité quand tout le monde porte un masque ou un casque. »

En dépit des restrictions qu'il imposait, le bâton courbé ne gêna en rien le jeu de Hull et Mikita, car ceux-ci avaient du talent à revendre. Par contre, les joueurs moins doués furent d'abord incapables de manœuvrer la rondelle avec la même efficacité. Mais comme le bâton à lame recourbée – qui garantissait des tirs plus rapides – promettait aussi plus de buts que la majorité des joueurs n'en comptaient avec les bâtons droits, de plus en plus de joueurs effectuèrent

ce changement, jusqu'à ce qu'il ne reste plus qu'une poignée d'irréductibles utilisant le bâton droit. En conséquence, les joueurs se mirent à patiner systématiquement le long de la ligne centrale, décochant des tirs de 70 à 75 pieds vers le filet, plutôt que d'effectuer d'adroits jeux de passes. Ed Linn, un auteur établi à Boston qui suivait le jeu depuis les années 1940, remarqua : « De tels gestes indiquaient que la LNH était décidée à en finir avec l'adresse. » Des limitations furent imposées sur l'amplitude de la courbure. En 1967-1968, la Ligue arrêta la courbure maximale à un pouce et demi, avant de la diminuer à 1 pouce en 1969-1970 et à un demi pouce en 1970-1971. Toutefois, comme Brett Hull l'a récemment admis, de nombreux joueurs trichent sur cette règle. Quoi qu'il en soit, depuis l'introduction du bâton courbé, le hockey contemporain est complètement à l'opposé du jeu avec lequel j'ai grandi entre les années 1940 et 1960. ❬

L'héritage de Bob Gainey

Joueur dominant, Bob Gainey a succédé à Serge Savard comme capitaine des Canadiens.

⟩ PAR JEAN-FRANÇOIS ST-PIERRE

LORSQUE, AU DÉBUT DES ANNÉES 1970, LES recruteurs de la LNH arpentaient les amphithéâtres de la ligue junior de l'Ontario, ils ne rataient jamais une occasion de s'arrêter à Peterborough pour voir le jeu d'un jeune espoir des Petes, celui de Bob Gainey.

Alors sous la tutelle de Roger Neilson, le rapide et robuste ailier gauche n'était pas le meilleur marqueur de son équipe. Toutefois, son instinct extraordinaire pour le jeu et son sens de la discipline lui ont permis d'être considéré par plusieurs spécialistes comme le joueur d'âge junior le plus « complet » du hockey canadien.

Sam Pollock avait compris toute l'importance qu'un joueur comme Gainey pourrait avoir au sein d'une équipe qui, comme les Canadiens, comptait alors quelques-uns des meilleurs compteurs du temps. À la suggestion du sympathique Claude « Piton » Ruel, il le sélectionna au 8e rang de la première ronde du repêchage universel de 1973.

MOMENT DÉCISIF

flash-info
12 septembre 1977

Toronto – Les gouverneurs de la LNH ont remis à la Ligue un trophée visant à récompenser l'attaquant ayant démontré les meilleures aptitudes défensives. Le trophée sera nommé en l'honneur de Frank J. Selke.

Travaillant de concert avec Conn Smythe dans les années 1930 pour construire le Maple Leaf Garden et mener l'équipe torontoise à trois conquêtes de la Coupe Stanley, Selke devait plus tard se joindre aux Canadiens, avec lesquels il a ajouté six championnats à son palmarès en tant que directeur-gérant. Il a été intronisé au Temple de la renommée en 1960 comme bâtisseur.

Le récipiendaire du trophée Selke sera sélectionné par un vote au sein de l'Association des journalistes de hockey professionnel.

Après quelques matchs dans la ligue américaine, Gainey fit rapidement le grand saut vers la ligue nationale. Malgré ses 19 ans, son entraîneur Scotty Bowman savait déjà qu'il n'était pas un joueur ordinaire. À sa première saison, il ne s'est pas contenté

« BOB GAINEY EST TRÈS PROBABLEMENT, SUR LE PLAN TECHNIQUE, LE MEILLEUR JOUEUR AU MONDE. » –VIKTOR TIKHONOV, 1975

d'être un solide joueur de soutien, il s'est plutôt imposé auprès de tous ses adversaires tant par ses habiletés en défensive que par sa capacité à appliquer de sévères mises en échec. Ceux qui devaient l'affronter pendant un match savaient que la soirée serait longue et que le prix à payer serait élevé...

Par son ardeur au jeu, Gainey devint rapidement une inspiration pour ses coéquipiers. Dans son ouvrage *The Game*, le gardien étoile Ken Dryden le décrit d'ailleurs comme un régisseur de jeu, un des rares à pouvoir reprendre le contrôle d'un match lorsque son équipe s'enlise.

Dès sa deuxième saison, Bowman décida de lui confier de nouveaux mandats. Gainey se retrouva alors au sein du deuxième trio en compagnie de Jacques Lemaire et d'Yvan Cournoyer. Cette année-là, il compta 17 buts.

C'est toutefois lorsque son ancien coéquipier chez les Petes, Doug Jarvis, se joignit à l'équipe au début de la campagne 1975-1976 que Gainey devint le meilleur attaquant défensif de tous les temps. Il attira ainsi l'attention sur ce rôle, un des plus méconnus du hockey.

À la suite de l'inoubliable match nul de 3-3 qui opposa l'équipe de l'Armée rouge à celle des Canadiens, le 31 décembre 1975, Viktor Tikhonov vanta les mérites du jeu inspirant de Gainey. « Il est fort probablement, sur le plan technique, le meilleur joueur au monde », disait le célèbre entraîneur d'origine russe. Deux autres pionniers du hockey soviétique, Anatoli Tarasov et Vladislav Tretiak, appréciaient aussi son intelligence, sa rapidité, sa détermination et son leadership.

À seulement 23 ans, la réputation de Gainey franchissait les frontières de l'Amérique. Son ascension allait coïncider avec le succès de son équipe, qui remporta entre 1976 et 1979 quatre Coupes Stanley consécu-

Pavel Datsyuk, dernier récipiendaire du trophée Selke.

IL ÉTUDIAIT LE COMPORTEMENT DE CHACUN DES JOUEURS QU'IL AFFRONTAIT AFIN D'EN CONNAÎTRE PARFAITEMENT LES FORCES ET LES FAIBLESSES.

tives. « J'avais des habiletés pour réussir. J'étais un très bon patineur, j'avais le gabarit, l'aplomb et la force. Je savais ce que je voulais et j'ai pu jouer comme je le voulais », affirma-t-il. Ce sont d'ailleurs ses exceptionnelles capacités physiques qui lui ont permis de mettre en pratique autant de nouvelles stratégies défensives.

Maître du jeu défensif, il affronta, lors de la finale de la Coupe Stanley en 1976, le trio le plus dominant des Flyers de Philadelphie, celui de Bobby Clark, de Bill Barber et de Reggie Leach, l'un des joueurs les plus talentueux de la LNH. Grâce à sa discipline et à sa vision du jeu, Gainey, avec ses partenaires de trio, aura suffisamment ralenti les adversaires pour les balayer en quatre parties. Son secret ? Il étudiait le comportement de chacun des joueurs qu'il affrontait afin d'en connaître parfaitement les forces et les faiblesses.

Au cours de sa longue carrière, Gainey s'est aussi distingué en marquant régulièrement des buts d'une importance capitale. Sa récolte de 16 points en autant de rencontres lui a valu le trophée Conn-Smythe

comme joueur le plus utile à son équipe en 1979. Pourtant, il joua pendant presque toutes les séries cette année-là en dépit de nombreuses blessures, dont une profonde lacération à la jambe droite qui ne guérissait pas et deux épaules luxées.

« Je ne vois personne, au sein de notre équipe, que ce soit Robinson, Lafleur ou Lapointe, qui soit plus important pour nous que Gainey », insistait Serge Savard, celui de qui le grand ailier gauche prit la relève à titre de capitaine du Canadien. Il conservera ce titre pendant huit saisons, le temps nécessaire pour aller gagner, en compagnie de son nouveau compagnon de jeu, Guy Carbonneau, une cinquième Coupe Stanley, en 1986.

Attaquant défensif exceptionnel, Bob Gainey a aussi contribué, au cours de sa carrière de joueur, à la conquête de sept championnats de l'Association Prince-de-Galles, et a été sélectionné à quatre occasions pour le Match des étoiles de la LNH. Voulant lui rendre honneur, la Ligue nationale a même créé un trophée pour récompenser les joueurs d'avant dont le mandat est de freiner les meilleurs attaquants adverses. Gainey a ainsi remporté le trophée Frank-Selke de 1978 à 1981, un record qui, encore aujourd'hui, demeure inégalé.

Soulignons que Guy Carbonneau des Canadiens de Montréal et Jere Lethinen des Stars de Dallas ont remporté le trophée Selke à trois occasions chacun. Pour sa part, Doug Jarvis a reçu les grands honneurs en 1984 alors qu'il portait les couleurs des Capitals de Washington.

Avec le style qu'il préconisait, Bob Gainey a non seulement marqué l'histoire du hockey, il a aussi tout simplement réinventé la façon de le pratiquer. ⟨

La victoire de l'équipe canadienne à Salt Lake City, en 2002, était entièrement due à la présence des joueurs de la LNH.

MOMENT DÉCISIF

flash-info
3 septembre 1976

OTTAWA – Hier, en soirée, lors de la première partie du tournoi inaugural de la Coupe Canada, l'équipe canadienne a écrasé la Finlande par un compte de 11-2.

La LNH, l'Association des joueurs de la LNH et la Fédération internationale de hockey sur glace soutiennent conjointement cet événement. C'est la toute première fois que le Canada est en mesure d'envoyer ses meilleurs joueurs sur la scène internationale.

Au cours de la Série du siècle de 1972, les meilleurs joueurs canadiens de la LNH ont affronté les Soviétiques sans que l'on puisse faire appel aux joueurs de l'AMH.

Cette fois-ci, tant l'équipe canadienne que celle des États-Unis se composent de joueurs des deux ligues.

LES RENCONTRES INTERNATIONALES

Des pros aux Jeux olympiques

〉 PAR RANDY SPORTAK ET ADAM SCHWARTZ

LA SÉRIE DU SIÈCLE DE 1972 A ENSEIGNÉ AUX amateurs de hockey que les meilleurs joueurs de l'Union soviétique étaient tout aussi valeureux que l'élite canadienne. Le tournoi de la Coupe Canada de 1976 a prouvé que le bassin de joueurs talentueux allait bien au-delà de ces deux pays.

La Coupe Canada de 1976 a démontré hors de tout doute que le hockey était une discipline sportive d'envergure beaucoup plus internationale que ne l'imaginaient les amateurs nord-américains. Naturellement, la victoire de la formation canadienne n'a surpris personne,

si l'on considère qu'elle disposait d'effectifs incroyablement talentueux.

Cette solide équipe pouvait compter, entre autres, sur la présence de Bobby Hull, boudé par Équipe Canada en 1972 à cause de son passage à la balbutiante Association mondiale de hockey, et sur Bobby Orr, qui avait raté la série de 1972 à cause d'une blessure au genou. Orr a d'ailleurs connu son ultime heure de gloire en étant nommé « joueur le plus utile du tournoi ».

L'événement a montré combien le sport s'était développé en Europe et dans quelle mesure les joueurs,

LA PARTICIPATION DE LA LNH AUX JEUX DE 2010 DE VANCOUVER NE POURRA QU'AIDER À POPULARISER CE SPORT.

toutes nationalités confondues, pouvaient apprendre les uns des autres.

Même si, pour diverses raisons, les médaillés d'or olympiques en titre, en provenance de l'Union soviétique, ne pouvaient compter sur la présence de leurs vedettes Valery Kharlamov, Boris Mikhailov, Vladimir Petrov et Alexandre Yakushev, ils se sont tout de même classés au troisième rang.

Les amateurs de hockey canadiens ont quand même eu droit à un jeu remarquable de la part de Viktor Zhluktov, champion compteur lors du tournoi, d'Helmut Balderis, d'Alexandre Maltsev, de Valery Vasiliev et du gardien des Soviétiques, Vladislav Tretiak.

La Tchécoslovaquie, ayant tout juste raflé la médaille d'or aux Championnats du monde, a fait connaître aux amateurs de la LNH un certain nombre de joueurs étoiles. Milan Novy, qui compta le but victorieux lors de la victoire surprise contre le Canada 1-0 au tour préliminaire, a démontré ce pourquoi on le considérait comme un héros dans son pays natal. Vladimir Martinec, Ivan Hlinka, Jiri Bubla et Jaroslav Pouzar ont prouvé qu'ils possédaient aussi toutes les capacités nécessaires pour évoluer sur les patinoires de la LNH. Enfin, qui pourrait oublier la performance époustouflante du gardien de but Vladimir Dzurilla, le réparateur de réfrigérateurs, qui avait réussi à blanchir l'équipe canadienne? Peter Stastny, futur membre du Temple de la renommée, est aussi apparu pour la première fois sur la scène mondiale lors de la Coupe Canada de 1976.

À ce moment, seule la Suède alignait des joueurs connus en Amérique du Nord. Borje Salming, Anders Hedberg, Ulf Nilsson, Lars-Erik Sjoberg, Willy Lindstrom, Inge Hammarstrom, Juha Widing et Thommie Bergman donnaient à l'équipe suédoise une certaine expérience issue de la LNH et de l'AMH.

Lors du tournoi, la Finlande a terminé au dernier rang; quelques joueurs de cette équipe avaient eux aussi évolué dans l'AMH. Parmi ces derniers, nommons Pekka Rautakallio, Heikki Riihiranta, Veli-Pekka Ketola et Juhani Tamminen. Bien que les Finnois aient généralement été surclassés, ce sont eux qui, la dernière journée, ont causé la plus grande surprise en comblant un déficit de 4 à 1 face à la Suède pour ensuite remporter le match.

À bien y songer, la série inaugurale de la Coupe Canada aurait été un tournoi davantage compétitif si les Soviétiques avaient pu y envoyer leurs meilleurs joueurs et si les Américains, qui n'ont gagné qu'une seule partie, avaient pu rassembler une équipe plus forte. Néanmoins, l'objectif consistant à hisser le hockey à un niveau inégalé avait été atteint. Les amateurs nord-américains ont alors compris que les joueurs européens pouvaient rivaliser avec les étoiles de la LNH.

Dans le même ordre d'idées, les Canadiens ont appris à apprécier les aspects du jeu privilégiés par d'autres pays, et ont désormais mis l'accent sur la vitesse et le travail d'équipe comme fondements de leur réussite.

La Série du siècle et Coupe Canada ont créé des occasions pour que les meilleurs joueurs au monde se mesurent les uns aux autres, mais le rayonnement ultime du hockey, sur le plan international, ne pouvait être assuré que par les Jeux olympiques.

Bien que la LNH soit sans contredit la meilleure ligue de hockey du monde, elle demeure essentiellement confinée à l'Amérique du Nord et à ses auditoires. En Europe, le rêve des jeunes joueurs est de remporter non

Bobby Orr : le grand héros de la première édition de Coupe Canada.

pas la coupe Stanley, mais plutôt une médaille d'or olympique. Les Jeux olympiques demeurent la scène sportive la plus ancienne et la plus importante du monde. La quasi-totalité des acteurs majeurs du domaine sportif observent le déroulement des Jeux d'hiver.

Alors que le nombre total de téléspectateurs de matchs de hockey diminue sans cesse en Amérique du Nord, la participation de la LNH aux Jeux de 2010 de Vancouver ne pourra qu'aider à populariser ce sport.

Naturellement, la plupart du temps, le Canada reste le pays favori, bien que les Canadiens soient rarement assurés de remporter quelque compétition que ce soit. Depuis que les joueurs de la LNH participent aux Jeux olympiques, soit en 1998, le Canada n'a gagné qu'une seule des trois médailles d'or (en 2002, à Salt Lake City).

Les États-Unis, la Russie, la République tchèque, la Finlande, la Suède et la Slovaquie sont tous des aspirants capables d'aligner certains des meilleurs joueurs de hockey des ligues majeures.

Avant 1998, le hockey olympique a aussi connu des épisodes tout à fait brillants. Pensons au but en fusillade de Peter Forsberg qui, en Suède, a constitué un tel événement que ce pays a décidé de l'immortaliser sur un timbre-poste.

N'oublions pas non plus, au cours de la demi-finale de 1980, l'incroyable victoire surprise des États-Unis sur la Russie, qui allait les mener vers un triomphe et une médaille d'or.

Certains éléments viennent toutefois nuire à la qualité du hockey qui se pratique pendant les J.O. Les joueurs qui patinent ensemble depuis des années en viennent à développer un sixième sens qui leur permet d'anticiper le comportement de leurs coéquipiers dans diverses circonstances. Or les patineurs qui composent les équipes nationales ne sont pas toujours habitués les uns aux autres, et il leur est difficile d'effectuer des passes sans se retourner.

De plus, il demeure difficile d'organiser la participation aux Jeux olympiques des joueurs de la LNH, en particulier parce que les Jeux d'hiver ont lieu au milieu de la saison de la LNH. Certains joueurs participent à plus de 100 matchs par saison – éliminatoires y compris. Ils peuvent donc se fatiguer quand on ajoute à ce calendrier chargé une participation olympique.

Dans le passé, des joueurs-vedettes ont déjà été blessés. Parlez-en aux Sénateurs d'Ottawa, qui ont vu l'un des leurs, Dominik Hasek, terrassé par une blessure à l'aine au cours des Jeux de 2006, ce qui l'a obligé à manquer le reste d'une saison prometteuse.

Le gardien Miikka Kiprusoff, des Flames de Calgary, a préféré profiter d'un « congé » olympique pour se remettre d'une blessure tenace. À la suite de cette pause, Kiprusoff n'a manqué aucun des matchs des Flames.

Nul doute que les Finnois se sont demandé s'ils auraient vaincu les Suédois et remporté la médaille d'or avec Kiprusoff devant le filet... ⟨

L'arbitre en chef consulte l'arbitre vidéo.

LA REPRISE VIDÉO

La décision qui vient d'en haut

⟩ PAR STU HACKEL

LE HOCKEY NE DÉLAISSE PAS SES TRADITIONS facilement. Les amateurs assidus sont attachés aux coutumes et au passé de leur sport.

Lorsque la LNH a annoncé, pour la toute première fois, que les décisions lors d'un match seraient prises hors de la glace, des ondes de choc se sont propagées partout. « La LNH fait appel à la technologie moderne ? Une décision des officiels sur la glace est annulée par quelqu'un qui ne s'y trouve pas ? Horreur ! » Même les juges de but, installés derrière le filet et qui, il y a un siècle, brandissaient une serviette afin de signaler un but, ne pouvaient passer outre la décision de l'arbitre, qui était toujours irréversible.

Le Conseil des gouverneurs de la LNH avait déjà discuté de la question. En 1984, le président des Nordiques de Québec, Marcel Aubut, réussit à convaincre le Conseil d'envisager un système de révision, mais qui ne fut pas retenu parce que jugé trop coûteux.

AUJOURD'HUI, CHAQUE BUT EST REVU, QU'IL SOIT CONTESTÉ OU NON.

Néanmoins, beaucoup de gens continuaient à penser qu'une décision ratée pouvait causer «une erreur à un million de dollars» et priver une équipe d'une place dans les séries.

Il fallut une avalanche de buts contestés en 1990-1991 pour que l'entraîneur et directeur général de Chicago, Mike Keenan, dont l'équipe avait été victime d'une décision douteuse à Boston, se mette à réclamer haut et fort auprès de la LNH la mise sur pied d'un système de reprise vidéo, au moment même où la Ligue nationale de football songeait à se défaire du sien. La cause de Keenan fut largement appuyée, puisque son patron était Bill Wirtz, président du Conseil des gouverneurs. Mais il n'était pas seul : tous les directeurs généraux demandèrent aux propriétaires de revoir la question à l'occasion du Congrès de la LNH en 1991.

Aucun communiqué de presse officiel n'accompagna l'annonce de l'instauration des reprises vidéo, faite par le président de la LNH, John Ziegler, au Congrès. Le Conseil a alors approuvé unanimement le financement et ordonné que le système soit utilisé uniquement dans les cas de buts contestés; mais il n'a autorisé aucune étude ni mise à jour ni directive sur la manière de le concevoir, de le mettre en œuvre et de l'exécuter.

Il laissa la Ligue s'occuper de cette tâche.

Ziegler a demandé au Service des opérations hockey (à Bryan Lewis, directeur des officiels) et au service de télédiffusion (à moi-même, Stu Hackel, alors directeur de la télédiffusion) de collaborer dans le cadre du projet. Cette manière de faire marqua le début d'une nouvelle ère. Le hockey et la télévision avaient toujours été distincts l'un de l'autre. Le rôle de la télévision dans la LNH était secondaire et se limitait à montrer les activités sur la glace ; son code strict, à cette époque, était de ne pas se mêler des matchs. Les parties n'étaient même pas retardées pour faire place aux publicités à la télévision.

Au tout début, ni Bryan ni moi-même ne savions vraiment comment composer avec tout cela, et nous faisions face à certains obstacles, dont un majeur : nous n'étions pas des experts en technologie. De plus, les intervenants du hockey soupçonnaient que les télédiffuseurs ne diffusent pas les reprises montrant un but marqué par les équipes adverses.

Parallèlement, les producteurs s'inquiétaient du fait que la LNH envoie quelqu'un dans leurs camions de télévision pour nuire à leur travail de reportage.

Cependant, nous avons eu de la chance. Tout

d'abord, Nick Hudak, un représentant Sony de Philadelphie qui avait travaillé avec le système de la NFL, nous a téléphoné. Nick avait bien hâte de nous communiquer son savoir-faire et de veiller à ce que la LNH achète l'équipement approprié et le plus perfectionné : l'équipement Sony, bien sûr! Nous avons alors échangé volontiers son expérience contre l'achat d'équipement Sony.

Puis, nous avons eu une autre chance : le producteur télé des Kings, Bob Borgen, voulant que l'affaire se révèle un succès, a demandé à son directeur, Larry Meyers, de nous prêter main-forte. Larry nous a présenté un plan qui prévoyait séparer le signal de la caméra et l'acheminer directement au réviseur officiel, éliminant ainsi le besoin de faire participer les producteurs et de nuire à leur reportage.

Nous croyions alors être dans la bonne voie, mais la méfiance persistait.

Lors d'une réunion à Toronto, en août, nous avons élaboré des procédures : il faudrait deux personnes pour faire fonctionner le système, à savoir un technicien embauché par l'équipe pour s'occuper du magnétoscope et un « juge de but sur vidéo », embauché par la Ligue.

Les deux personnes seraient perchées dans une cabine de reprise vidéo au-dessus de la glace et disposeraient d'un lien téléphonique avec le banc du marqueur des points, afin que l'arbitre puisse participer au processus. Nous exigions peu des producteurs, à part d'intégrer un chronomètre à l'écran pendant la dernière minute des périodes. Le système dirigerait les différents angles de la caméra, en plus de la télédiffusion du match dans les cabines, chacune dotée de plusieurs magnétoscopes et écrans Sony dernier cri.

Nous avons passé en revue plusieurs situations : si les reprises vidéo se révélaient peu concluantes, la décision reviendrait à l'arbitre. Si une rondelle croisait la

ligne sans que le jeu s'arrête et que le juge de but sur vidéo téléphone pour accorder le but lors de l'arrêt de jeu suivant, le temps de jeu serait remis au moment du but. Que se passerait-il si l'adversaire marquait un but entre-temps? Ce but serait annulé, et le premier but compterait. Ces innovations étaient vraiment importantes dans le cas d'un sport fort réticent aux changements.

Sony expédia le matériel. Puis, nous avons envoyé aux 22 équipes les directives d'installation du système et elles ont toutes admirablement coopéré, tout comme les détenteurs des droits de télévision et les dirigeants des arénas. Bryan a su convaincre les officiels et le service des opérations hockey en insistant sur le fait que la révision sur vidéo ne représentait pas une menace, mais plutôt un outil pour les aider à prendre la bonne décision. Nous avons formé les juges de but sur vidéo et expliqué aux techniciens les procédures, en expliquant que M. Ziegler ne voulait pas que le processus traîne en longueur et qu'une décision devait être prise dans un délai de deux minutes.

Est-ce que tout cela fonctionnerait? Nous n'avons fait qu'un essai, lors d'un match préparatoire au Madison Square Garden. Il n'y a eu aucun but contesté, mais les officiels en ont vérifié quelques-uns de toute façon. Les choses semblaient bien aller. Puis, la saison a débuté.

Nous avons encore eu de la chance. Le système fonctionnait à merveille. Par contre, nous avons eu au moins un critique, soit Red Fisher de *The Gazette*, selon qui le système détruisait l'ambiance spontanée dans l'aréna après les buts contestés, alors que les amateurs attendaient une décision d'en haut.

Nous avons aussi connu des moments de tension. Cinq semaines après le début de la saison, l'ailier des Rangers, Joey Kocur, a frappé une rondelle qui a traversé le filet de Tom Barrasso de Pittsburgh. Le juge du but a d'abord allumé la lumière rouge, puis l'a éteinte, et le match a continué. Ce ne fut qu'au coup de sifflet suivant que le juge de but sur vidéo téléphona pour accorder le but.

Sur le banc des Penguins, l'entraîneur Scotty Bowman rageait. Il a pris un bâton, a trébuché vers l'avant, puis s'est redressé et a frappé le bâton contre la bande en guise de protestation. Plus tard, il a vu la vidéo et s'est excusé. Nous avions alors gagné un important allié, et le système avait fait un pas de géant vers l'acceptation.

En décembre, les gouverneurs, de toute évidence satisfaits, ont voté pour ajouter un cas à la liste : qu'en est-il lorsqu'une rondelle est frappée par un bâton au-dessus des épaules et dirigée dans le filet ? À la fin de la saison, quelque 134 décisions avaient été acheminées à la passerelle du haut.

Lors des séries éliminatoires de 1992, la première « erreur d'un million de dollars » fut évitée au 6e match dans la demi-finale de division opposant Detroit à Minnesota lorsque, en prolongation, un lancer de Sergei Fedorov sembla avoir frappé la barre horizontale. Après un arrêt du jeu, l'arbitre Rob Schick téléphonait à la cabine. Dans les reprises, on voyait que la rondelle avait pénétré dans le filet, en frappant le coin droit intérieur, donnant ainsi la victoire 1 à 0 aux Red Wings. L'équipe est revenue à la maison pour y gagner le 7e match.

Dans le *Toronto Star*, Damien Cox a défini la reprise vidéo comme « un succès retentissant » en déclarant : « Lorsque la LNH améliore un aspect de son sport mieux que le font le football, le baseball et le basketball professionnels, personne n'en parle. »

Depuis ce temps, les caméras suspendues ont fait leur entrée, un plus grand nombre de situations ont été incluses (puis exclues). La règle de deux minutes a été abandonnée. Les magnétoscopes numériques ont remplacé les VHS. Le War Room au bureau de Toronto de la LNH a commencé à offrir des conseils à distance aux officiels de reprise.

Aujourd'hui, chaque but est revu, qu'il soit contesté ou non. Il y a eu quelques gaffes notoires, mais le système s'est révélé très fiable et a permis de prendre des centaines de bonnes situations chaque saison.

Malheureusement, le système a également anéanti une tradition chérie de tous. Les pauvres juges de but ont été évincés de leurs sièges convoités.

Certaines équipes de la LNH transforment présentement cette zone en sièges de première classe pour les amateurs passionnés.

Que cela ait pris 16 saisons pour reconnaître que les juges de but deviennent, malheureusement, désuets, témoigne de la force de la tradition du hockey. ⟨

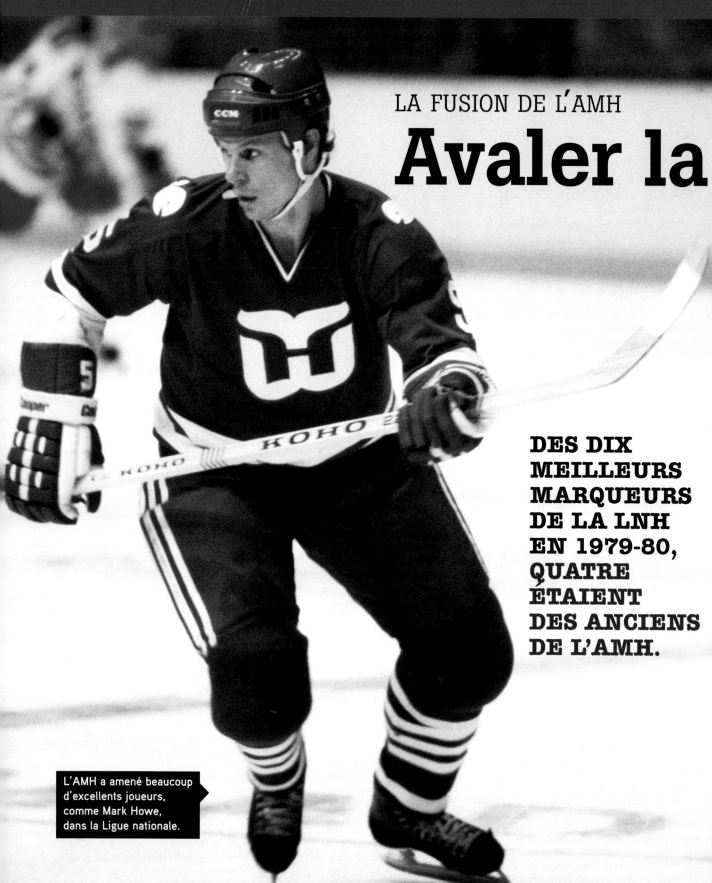

Avaler la

DES DIX MEILLEURS MARQUEURS DE LA LNH EN 1979-80, QUATRE ÉTAIENT DES ANCIENS DE L'AMH.

L'AMH a amené beaucoup d'excellents joueurs, comme Mark Howe, dans la Ligue nationale.

concurrence

> PAR ED WILLES

IL EST IRONIQUE QUE L'AMH N'AIT PAS FAIT PLUS de remous au moment de plier bagage, à l'été 1979. Après sept saisons tapageuses au cours desquelles elle avait renversé l'ordre établi dans le monde du hockey, sa fusion avec la LNH a ressemblé à une capitulation inconditionnelle. Près de 30 ans plus tard, les termes de l'entente – une simple « expansion » selon la LNH – paraissent encore punitifs. Les équipes de l'AMH intégrées au circuit majeur – Winnipeg, Edmonton, Québec et Hartford – ont dû débourser 6 millions de dollars chacune en droits de franchise. Pour ce montant, on leur a permis de retenir deux gardiens et deux attaquants. Les Jets de Winnipeg, qui avaient gagné la dernière Coupe Avco au printemps de 1979, perdirent donc Kent Nilsson, Terry Ruskowski, Rich Preston et Barry Long. Les équipes de l'AMH furent aussi reléguées à l'arrière-plan lors du repêchage amateur de 1979, qui se révéla le plus impressionnant de toute l'histoire de la LNH.

« Qu'y avait-il à redire (du point de vue de la LNH) ? », demandait l'ancien propriétaire des Whalers de Hartford, Howard Baldwin. « Imaginez que vous avez un ulcère qui vous rend fou, et que soudainement, cet ulcère vous offre de l'argent et des joueurs pour s'en aller ! C'était une vraie bonne affaire pour la LNH. » Pourtant, tous ne partageaient pas ce point de vue. « Il n'y a que huit ou neuf joueurs dans leur ligue qui pourraient faire le travail dans la nôtre », disait à l'époque le propriétaire des Maple Leafs, Harold Ballard. Ce dernier, dont l'équipe avait été durement frappée par

MOMENT DÉCISIF
flash-info
22 mars 1979

CHICAGO – L'Association mondiale de hockey a annoncé aujourd'hui qu'elle avait franchi ses derniers milles. Après avoir rencontré les officiels de la LNH, les dirigeants de l'AMH ont conclu une entente pour fusionner avec le circuit majeur. L'affaire risque peu de surprendre les familiers de la ligue, puisque ses problèmes financiers sont connus depuis un certain temps déjà. Deux franchises, les Bulls de Birmingham et les Stingers de Cincinnati, vont devoir fermer leurs portes. S'il y a quelque chose de bon à tirer de cette affaire pour les partisans de l'AMH, c'est sans doute de savoir que la LNH prévoit ajouter dans ses rangs les Oilers d'Edmonton, les Jets de Winnipeg, les Whalers de la Nouvelle-Angleterre et les Nordiques de Québec en tant qu'équipes d'expansion pour la prochaine saison.

l'AMH, était à la tête des anti-fusionnistes. « Chicago attire 9 000 partisans en jouant contre les Rangers de New York. Combien de personnes vont payer pour les voir jouer contre les Oilers d'Edmonton ? Peut-on seulement me dire qui sont les Oilers d'Edmonton ? » Cela, il allait bientôt le découvrir.

Si les raisons de la LNH d'accepter cette fusion

n'étaient pas particulièrement altruistes, la ligue n'en parvint pas moins à créer les conditions nécessaires pour faire entrer le sport dans une ère de croissance et de prospérité sans précédent. Cette période, qui avait débuté avec la fusion pour se terminer lors du lock-out de 1994, fut incontestablement l'âge d'or du hockey. La LNH post-fusion a produit Wayne Gretzky et la dynastie des Oilers; elle a vu l'ascension de Mario

sixième, et enfin de Michel Goulet, vingtième. L'AMH a aussi amené Mike Gartner, quatrième choix au repêchage, et Mark Messier, que les Oilers sélectionnèrent à la troisième ronde.

Les Oilers furent à même d'établir les bases d'une dynastie à la suite d'un repêchage exceptionnel cette année-là, orchestré par le DG-entraîneur Glen Sather et le dépisteur en chef Barry Fraser. Gretzky étant

« COMBIEN DE PERSONNES VONT PAYER POUR VOIR JOUER LES OILERS D'EDMONTON? PEUT-ON SEULEMENT ME DIRE QUI SONT LES OILERS D'EDMONTON ? » – HAROLD BALLARD

Lemieux et des Penguins de Pittsburgh; elle a accueilli les meilleurs joueurs européens, dont la première génération de Russes. Surtout, ce fut une époque où les 21 équipes de la ligue concoururent sur un pied d'égalité et, à quelques exceptions près, connurent la stabilité ainsi qu'un élargissement rapide de leur bassin de partisans. Durant ces années, le hockey constitua indiscutablement l'un des quatre sports professionnels les plus importants, et il a presque réussi à détrôner la NBA en tant que sport d'hiver le plus regardé en Amérique du Nord.

La nouvelle LNH n'a vraiment commencé qu'avec le repêchage de 1979, enrichi par les joueurs d'âge mineur de l'AMH. On comptait parmi eux quatre membres des Bulls de Birmingham qui, accompagnés de leurs coéquipiers Pat Riggin et Gaston Gingras, se firent connaître collectivement comme les Baby Bulls. Ce groupe était constitué du défenseur Rob Ramage, premier joueur sélectionné lors du repêchage de 1979; de Rick Vaive, cinquième; de Craig Hartsburgh,

protégé par les termes d'entente de la fusion, ils repêchèrent Kevin Lowe à la première ronde en tant que 21e choix, Messier en tant que 48e et Glenn Anderson au cours de la quatrième ronde en tant que 69e choix.

Les Oilers et les Whalers furent des séries dès leur première saison dans la LNH, alors que Québec et Winnipeg, sans grande surprise, eurent plus de mal. Pourtant, les prédictions de Ballard concernant le sort des joueurs de l'AMH tombèrent relativement à plat. Des dix meilleurs marqueurs de la LNH en 1979-80, quatre étaient des anciens de l'AMH – dont Gretzky, à peine âgé de 19 ans, qui finit à égalité avec Marcel Dionne comme meilleur compteur de la ligue avec 137 points. Blaine Stoughton, qui jouait pour Hartford, réussit à enfiler 56 buts, alors que son coéquipier Mike Rogers finissait la saison avec 105 points. Blair McDonald, acolyte de Gretzky, compta 46 buts, et Ramage, Vaive, Gartner, Hartsburg, Goulet, Nilsson et Ruskowski s'établirent tous en tant qu'étoiles montantes. Des vétérans

de l'AMH tels que Mark Howe, Anders Hedberg, Marc Tardif, Robbie Ftorek et Mike Liut eurent tous une influence sur leur équipe.

Avec le temps, les Jets et les Nordiques rattrapèrent leur retard sur les autres équipes de la ligue. Après deux saisons désastreuses, les Jets mirent la main sur Dale Hawerchuk comme premier choix du repêchage de 1981, et établirent un record dans la LNH en faisant passer leur fiche de 32 points qu'elle était en 1980-81, à 80 points en 1981-82. Les Nordiques, pour leur part, ajoutèrent les frères Stastny (Peter et Anton avant la campagne de 1980 et Marian l'année suivante) à leur alignement et se qualifièrent ensuite pour les séries pendant sept saisons d'affilée à partir de 1981.

Toute la décennie qui suivit, la fusion permit à la LNH de connaître une période de succès ininterrompue, tant sur la glace qu'à l'extérieur de celle-ci. Avec l'élimination de l'AMH, les salaires s'aplanirent et le coût des joueurs ne fut plus un souci pour 10 ans. Une docile association des joueurs, menée par Alan Eagleson, bénéficia de la paix de travail. Des équipes établies dans de petits marchés comme Edmonton, Québec et Winnipeg, purent prospérer. Celles établies dans de grands marchés comme Toronto, New York et Chicago engrangèrent de l'argent. Certaines connurent des problèmes, comme St. Louis et Pittsburgh, mais les deux franchises survécurent et purent prospérer à leur tour dans la dernière partie des années 80 et au début des années 90.

Le jeu, pendant ce temps, était spectaculaire. À partir du début des années 80, bien après que les Jets de l'AMH eurent tracé la voie avec Hedberg, Ulf Nilsson et Lars-Erik Sjoberg, la LNH accepta finalement les joueurs européens. Vers le milieu de la décennie, Nilsson, Jari Kurri, les Stastny et Mats Naslund étaient tous reconnus comme des joueurs étoiles. En 1989-90, la première génération de joueurs russes arriva. Le genre de hockey qui en résulta – un mélange hybride entre le style plus linéaire se jouant en Amérique du Nord et le tourbillonnant style européen – reste le meilleur de l'ère moderne. Le jeu était rapide et ingénieux. Il était aussi physique et rude. Et il n'y avait aucune raison de proposer d'agrandir les filets pour provoquer plus de buts.

Malheureusement, cet éden post-fusion devait avoir une fin. L'expansion du début des années 1990 et le lock-out de 1994 marquèrent un tournant important dans les affaires de la LNH – une réalité qui emporterait bientôt Winnipeg, Québec et Hartford, en plus de mettre en péril d'autres franchises. La conquête de la Coupe Stanley par les Devils du New Jersey en 1995 popularisa aussi un style de hockey qui allait faire décroître considérablement les pointages. En 1989-90, chacun des 10 meilleurs marqueurs de la LNH avait terminé avec au moins 100 points. Dix ans plus tard, il n'y en avait plus un seul. La LNH a depuis remanié son livre de règlements avec l'intention d'améliorer le spectacle. Ce spectacle, elle l'a déjà eu un jour. Que ne ferait-elle pas pour le ravoir... ⟨

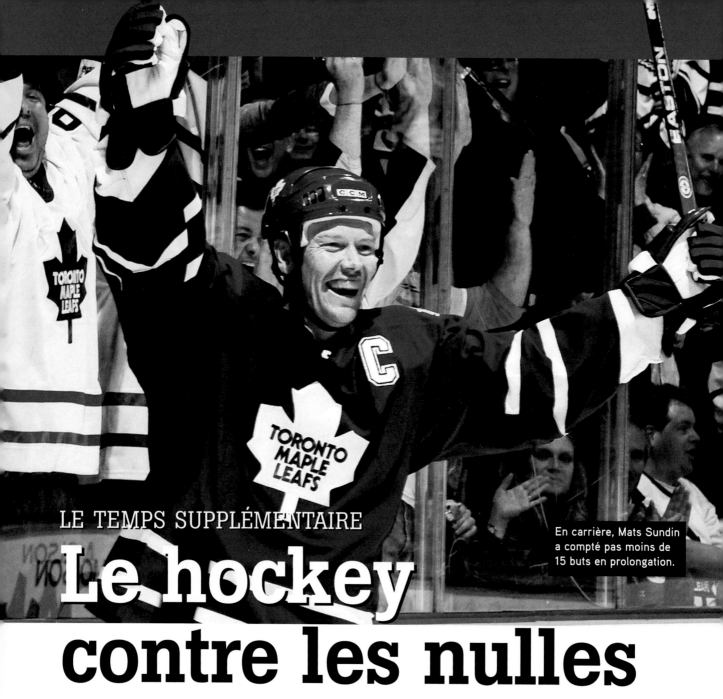

Le hockey contre les nulles

En carrière, Mats Sundin a compté pas moins de 15 buts en prolongation.

> PAR TERRY KOSHAN

IL Y A 24 ANS, LA LIGUE NATIONALE DE HOCKEY A apporté quelques changements importants à la pratique du hockey sur glace. S'inspirant de son passé, elle a choisi de rendre ce sport un peu plus stimulant pour les spectateurs, même si cela impliquait que les joueurs fassent un peu de temps supplémentaire à l'occasion. L'introduction de la période de prolongation de cinq minutes – qui permettait à certaines équipes de s'illustrer en jouant un hockey rapide et stimulant – a eu des re-

tombées importantes pour qui gagnait le match. Marquer un but signifiait obtenir deux points au classement. Par contre, l'équipe perdante, qui avait un point en banque quelques minutes auparavant alors que le score était nul, s'en retournait bredouille. La plupart des équipes se contentaient du match nul, mais les équipes engagées dans une course pour une place en séries étaient prêtes à faire l'impossible pour obtenir le point supplémentaire accordé au gagnant.

LA MISE EN ŒUVRE DE CE RÈGLEMENT A DÉCUPLÉ LE CÔTÉ SPECTACULAIRE DU HOCKEY.

Le grand intérêt de la période de temps supplémentaire, c'est qu'elle permet aux meilleurs joueurs d'exprimer leur talent dans un contexte où la tension est à son comble. Mats Sundin et Jaromir Jagr, ont excellé à ce chapitre, ayant marqué 15 fois chacun en période de temps supplémentaire. D'autres joueurs actifs, tels que Sergei Fedorov, Patrik Elias et Oli Jokinen, ont aussi fait bonne figure en prolongation, tout comme Steve Thomas, un ancien de la LNH. Et puis, il ne faudrait pas oublier ceux qui sont passés maîtres dans l'art de préparer le terrain. Mark Messier, Adam Oates, Nicklas Lidstrom, Wayne Gretzky et Doug Gilmour comptent parmi les meneurs en matière de passes en temps supplémentaire. Il n'y a pas de doute : sans le retour de la période de prolongation, en 1983, les spectateurs auraient été privés des prouesses des joueurs les plus talentueux de la Ligue.

La mise en œuvre de ce règlement a décuplé le côté spectaculaire du hockey ; rares sont ceux, en effet, qui quittent l'amphithéâtre au moment où l'arbitre s'apprête à procéder à la mise en jeu d'une période supplémentaire. Curieusement, ce ne sont pas uniquement les bons patineurs qui ont profité de cette vitrine. Les gardiens de but ont pu, eux aussi, se mettre en valeur et montrer qu'ils étaient capables de briller. Tout comme les beaux buts, les arrêts spectaculaires des gardiens en période de prolongation font bonne figure aux bulletins de nouvelles de fin de soirée.

Il y a huit ans, on a apporté d'autres modifications à la période de temps supplémentaire afin de la rendre encore plus exaltante. Les équipes s'affrontent maintenant à quatre contre quatre, et l'équipe qui perd en prolongation conserve le point qu'elle a acquis grâce à

MOMENT DÉCISIF

flash-info
Dernière heure !

TORONTO – le 24 juin 1983 – La LNH a décidé que les parties qui seraient nulles après 60 minutes de jeu se poursuivraient en temps supplémentaire. Après une absence de 41 ans, la Ligue réintroduit pour la saison 1983-1984 les cinq minutes de temps supplémentaire qui permettront de départager les équipes après un match nul à l'issue de la durée de jeu réglementaire.

Les équipes qui marqueront un but pendant cette période de prolongation se verront accorder deux points au classement ; celles qui perdront n'obtiendront rien. Dans l'éventualité ou le pointage serait toujours nul après 65 minutes de jeu, chaque équipe quittera la patinoire avec un point, comme cela aurait été le cas après 60 minutes.

son match nul. Finalement, tout de suite après le lockout de la saison 2004-2005, la notion même de match nul a été éliminée de la LNH, grâce à l'introduction des tirs de barrage destinés à trancher l'issue des matchs qui seraient encore nuls après les cinq minutes de temps supplémentaire.

Pourquoi le changement introduit en 1983-1984 était-il si important ? Parce qu'il donnait aux spectateurs quelques raisons supplémentaires de bondir sur leur siège ; les joueurs se voyaient offrir une nouvelle occasion d'exposer leurs talents, et le fait que les places en séries éliminatoires puissent être déterminées par les résultats des matchs qui iraient en prolongation a ajouté une bonne dose de piquant au hockey. Si les puristes contestent la mise en application définitive de la prolongation dans la LNH, ils ne pourront jamais nier que l'intensité qui prévaut à cette occasion contribue au spectacle. ⟨

Invasion de talents

> PAR DENIS GIBBONS

À PARTIR DE LA PREMIÈRE RENCONTRE ENTRE LE Canada et l'Union soviétique lors du Championnat du monde de 1954, les directeurs généraux de la LNH se sont montrés intéressés à mettre la main sur les meilleurs joueurs de l'URSS. Mais à l'époque du règne communiste, les officiels soviétiques n'étaient pas très enclins à laisser leurs étoiles aller chercher fortune outre-mer. Leur seul devoir était de remporter le Championnat du monde et de rapporter des médailles olympiques pour leur pays. Ainsi, des talents remarquables comme Vsevelod Bobrov, Anatoly Firsov et Valery Kharlamov, qui auraient pu briller dans n'importe laquelle des six équipes originales de la LNH, n'eurent pas la chance de jouer pour de gros sous. Repêché par les Canadiens en 1983 à la fin d'une illustre carrière, Vladislav Tretiak ne fut jamais libéré par le gouvernement soviétique et ne prit part à aucun match dans la LNH.

Le monde changea, toutefois, et avec l'approche de la Glasnost de Gorbatchev au milieu des années 1980, les Soviétiques revirent leurs positions. Une onde de choc frappa le monde du hockey lorsque Sergei Priakhin fut annoncé comme le premier joueur de l'équipe nationale soviétique libéré. Depuis des mois, les spéculations allaient bon train quant à savoir qui serait le premier joueur à traverser. Parmi les noms avancés se trouvaient aussi Vladimir Zubkov, un imposant défenseur jouant pour le Club sportif central de l'armée, Vladimir Kovin, un centre défensif venant de Gorky, et Viktor Shalimov, un tireur d'élite jouant pour le HC Spartak de Moscou.

Priakhin, un centre de 25 ans, avait joué brièvement pour l'équipe nationale, mais il n'avait pu faire davantage que se retrouver en quatrième ligne lors de la Coupe Canada 1987. Il joignit les Flames de Calgary pour les deux dernières parties de la saison 1988-89, après avoir parcouru l'Ontario avec l'équipe nationale soviétique B. Les Soviétiques, disait-on, voulaient s'assurer que leur premier libéré soit un modèle de discipline, et ne s'inquiétaient guère de le voir ou non atteindre la célébrité de l'autre côté de l'océan.

MOGILNY A QUITTÉ L'EUROPE AVEC SES VÊTEMENTS POUR SEUL BAGAGE, RÉALISANT AINSI CE QUE D'AUTRES JOUEURS SOVIÉTIQUES AVAIENT SOUVENT VOULU FAIRE.

MOMENT DÉCISIF

flash-info
26 juin 1989

MEADOWLANDS, N.J. – Après des années de dispute avec la LNH, la Fédération soviétique de hockey a enfin consenti à libérer quelques-uns des joueurs étoiles qui ont fait de son équipe nationale la première au monde, et permis au Club sportif central de l'armée de dominer la ligue élite soviétique.

Les Devils du New Jersey ont signé un contrat avec le capitaine soviétique Slava Fetisov ainsi que Sergei Starikov, alors que les Canucks de Vancouver ont conclu des accords avec Igor Larionov et Vladimir Krutov. Sergei Makarov, neuf fois champion marqueur de la ligue soviétique, jouera quant à lui pour les Flames de Calgary, et le gardien de l'équipe nationale, Sergei Mylnikov, fera ses débuts en Amérique du Nord avec les Nordiques de Québec.

Premier joueur russe à faire défection, Alexander Mogilny connut une brillante carrière avec les Sabres.

Priakhin prit part à l'action au cours de 46 parties dans la LNH étalées sur trois saisons (trois buts, 11 points), avant de retourner chez lui jouer pour l'Union soviétique. Il avait initialement signé un contrat de 500 000 $ sur deux ans, mais la Fédération soviétique de hockey ne lui permit de garder que 1 200 $ par mois de ce montant. Il ne fut pas un joueur étoile de premier ordre dans la LNH, mais le simple fait de le voir parvenir à jouer en Amérique du Nord se révéla significatif pour les années à venir. Les Flames étaient impatients de signer un contrat avec la superstar Sergei Makarov, et aller chercher Priakhin leur semblait probablement un tremplin pour parvenir à cette fin. Les joueurs soviétiques étaient désormais accessibles.

La déception de part et d'autre de l'océan concernant l'incapacité de Priakhin à se montrer à la hauteur fut de courte durée. Après le Championnat du monde de 1989, la plus éclatante des jeunes étoiles soviétiques, Alexander Mogilny, que la fédération s'était montrée réticente à libérer, rencontra secrètement le recruteur en chef des Sabres de Buffalo et le DG Gerry Meehan, et ceux-ci embarquèrent Mogilny pour les États-Unis à l'insu de l'entraîneur soviétique Viktor Tikhonov.

Premier joueur soviétique à passer à la LNH, Mogilny fut le 89e joueur sélectionné au total, lors du repêchage de 1988. Il quitta l'Europe avec ses vêtements pour seul bagage, réalisant ainsi ce que d'autres joueurs soviétiques avaient souvent voulu faire, sans toutefois trouver le courage d'aller de l'avant. À la saison 1988-89, les Sabres avaient terminé avec une fiche de 38-35-7. Après l'arrivée de Mogilny l'année suivante, ils améliorèrent leur fiche à 45-27-8. Durant la saison 1992-93, il mena la LNH avec 76 buts en 77 parties. Mogilny poursuivit sur cette lancée en comptant 473 buts en 990 matchs dans la LNH, au cours d'une carrière qui dura 16 saisons.

Au cours de l'été 1989, craignant peut-être de voir da-

vantage de joueurs faire défection, la fédération accorda son OK à six autres joueurs pour signer des contrats avec la LNH. Slava Fetisov et Sergei Starikov signèrent avec les Devils du New Jersey, alors que Makarov partait pour Calgary. Igor Larionov et Vladimir Krutov s'entendirent avec les Canucks de Vancouver, et le gardien Sergei Mylnikov, avec les Nordiques de Québec.

Il est dommage que ces joueurs n'aient pas eu la permission de joindre la LNH dans leur prime jeunesse. Fetisov, par exemple, avait déjà 31 ans lorsqu'il arriva au New Jersey, et n'était plus aussi rapide qu'il avait pu l'être par le passé. Au cours des pratiques, il apprenait à ses coéquipiers plus jeunes les détails du métier, et les Devils l'employèrent donc comme une sorte d'entraîneur adjoint.

L'arrivée des Soviétiques souleva d'abord un peu d'animosité, principalement chez les joueurs des ligues mineures et chez les joueurs moins talentueux de la LNH qui voyaient leur échapper ou leur emploi, ou des perspectives d'emploi.

Peter Stastny, joueur étoile des Nordiques qui avait lui-même abandonné la Tchécoslovaquie communiste au cours de l'été 1980, voyait quant à lui les choses d'une autre manière, et ce bien qu'il eût toutes les raisons du monde de se montrer hostile envers les joueurs soviétiques. Quand on lui demanda ce qu'il pensait de la venue de Mylnikov au Québec, sa réponse fut : « Vous ne pouvez pas haïr la personne. Vous n'aimez pas la politique de son pays, mais si c'est une personne aimable et modeste, elle aidera son équipe. » Bien que Mylnikov n'ait pris part qu'à 10 parties dans la LNH, l'opinion émise par un joueur de la trempe de Stastny donna de quoi réfléchir aux autres joueurs de la Ligue.

Après l'arrivée des vétérans soviétiques, l'attention des recruteurs se porta de plus en plus vers l'URSS. Lors du repêchage de 1990, deux soviétiques – Slava Kozlov et Sergei Zubov – figurèrent parmi les 100 premiers

Joueur clé, Igor Larionov a aidé les Red Wings à remporter trois Coupes Stanley.

joueurs sélectionnés, et 15 au total furent choisis. Enfin, en 1991, alors qu'un nombre record de 24 joueurs soviétiques étaient repêchés, une équipe de la LNH faisait d'un hockeyeur russe son premier choix, quand les Rangers de New York mirent la main sur Alexei Kovalev, du Dynamo de Moscou, en tant que 15e choix au total. En 1992, Alexei Yashin fut le premier choix des Sénateurs d'Ottawa et le deuxième choix au total dans la Ligue. Cinq autres Russes – Darius Kasparaitis, Andrei Nazarov, Sergei Gonchar, Dmitri Kvartalnov et Sergei Bautin – furent sélectionnés lors de la première ronde, et un nouveau record fut établi avec 46 joueurs russes repêchés.

Si Fetisov, Makarov et Krutov connurent de leur côté des carrières plus prestigieuses en URSS, plusieurs s'entendent pour dire que le gros lot fut décroché avec Larionov, qui allait quant à lui jouer dans la Ligue jusqu'à ses 42 ans et aider les Red Wings de Detroit à remporter la Coupe Stanley en 1997, 1998 et 2002. Avec l'annonce de la venue de Larionov et Krutov pour la saison 1989-90, les Canucks avaient déjà vendu plus de 10 000 billets de saison bien avant que celle-ci ne débute.

Quand Sergei Fedorov quitta l'équipe soviétique lors des Goodwill Games de 1990 à Seattle, une nouvelle ère débuta pour les Red Wings, qui avaient terminé en dernière place dans la division Norris à la saison 1989-90 avec une fiche de 28-38-14, et n'avaient pas remporté la Coupe Stanley depuis 1954-55. Avec Fedorov en poste, les Wings affichèrent plus de 40 victoires au cours de 10 des 13 saisons où il joua pour eux, et gagnèrent trois Coupes Stanley.

La ligue élite soviétique se trouva tout d'abord affaiblie par le départ de ses joueurs étoiles. Toutefois, le Club sportif central de l'armée, qui avait perdu six joueurs au total, dont Mogilny, avait une telle profondeur qu'il remporta un autre championnat en 1990, quand des jeunes comme Valeri Kamensky, Pavel Bure et Fedorov s'amenèrent pour combler le vide.

Conséquence de la nouvelle politique, la ligue soviétique devint plus équilibrée, et la fédération eut dans ses coffres quelques dollars d'extra provenant des frais de transfert. Avec le temps, pourtant, les clubs en vinrent à éprouver des problèmes sur le plan des assistances, à mesure que les partisans découvraient d'autres domaines de divertissement où dépenser leur argent. L'exode marqua aussi le moment où la puissance de l'équipe nationale soviétique se mit à lentement décliner, alors que cette dernière avait dominé le hockey international dans les années 80, remportant cinq Championnats du monde sur une possibilité de sept, et deux des trois Jeux olympiques. Les Soviétiques gagnèrent bien la médaille d'or à Berne en 1990, mais terminèrent au second rang en 1991, et n'ont depuis remporté qu'un seul titre mondial. La LNH a drainé le bassin de talents. ⟨

LA SURFACE DE JEU

La glace passe du noir au blanc

AVANT

La patinoire, avant et après sa transformation radicale.

> PAR TOM TIMMERMANN

flash-info
juin 1949

MONTRÉAL – Jugeant que la couleur naturelle de la glace n'est pas assez attrayante, la LNH a décidé de peindre la surface de jeu d'un blanc vif afin de permettre aux amateurs de mieux suivre la partie.

On s'attend à ce que ce changement radical, qui sera en vigueur au début de la prochaine saison, crée un contraste davantage frappant entre le noir de la rondelle et le blanc de la glace.

Un dirigeant de la Ligue a affirmé que cette transition permettrait de mieux suivre le hockey s'il venait à être télévisé, bien qu'il soit peu probable que cela engendre des profits considérables pour la Ligue.

ICI, NOUS SAVONS BIEN QUE L'EAU GELÉE EST LOIN de resplendir d'une éblouissante couleur blanche comme les patinoires de la Ligue. Mais l'arrivée de la LNH dans des régions chaudes, où l'on n'a jamais vu de la glace sur les étangs l'hiver, crée peut-être une fausse perception chez les amateurs de hockey.

Cela étonnera probablement les gens de Nashville, d'Anaheim et de Phoenix, mais voici un secret : lorsqu'on verse des milliers de gallons d'eau sur une surface de béton et qu'on la laisse geler, on obtient une glace d'un gris terne, qui, pour les téléspectateurs, se révèle vraiment moche. Sur un écran en noir et blanc, le hockey était loin d'être agréable à regarder : tout ce qu'on voyait, c'était une mer de gris sur laquelle se déplaçaient rapidement des silhouettes embrouillées.

Lorsque la Ligue décida de peindre la glace en blanc durant la saison 1949-1950, elle fit un énorme compromis, mais cela rendit le jeu plus facile à suivre pour les amateurs. Malgré les railleries de certains puristes, qui croyaient ce changement inutile, la Ligue alla de l'avant et offrit à ses joueurs une véritable toile de fond sur laquelle ils pouvaient s'exprimer.

Cette innovation fut d'autant plus impressionnante que la LNH, tout au long de son histoire, n'a à peu près

LES DIRIGEANTS DE LA LNH ONT CONCLU QUE LE FAIT D'ÉCLAIRCIR LA SURFACE RENDRAIT LE HOCKEY PLUS ATTRAYANT.

jamais pensé à gâter ses partisans. Au cours des années, elle a réservé son produit à des réseaux américains peu fréquentés, elle a laissé le prix des billets monter en flèche et a appliqué (ou non) les règles de façon à miner l'efficacité de ses meilleurs joueurs. De plus, vous vous souvenez probablement que la Ligue a même déjà cessé ses activités pendant toute une année. Il a fallu qu'une fillette perde la vie lors d'un match pour que la Ligue comprenne l'utilité d'installer des filets protecteurs afin d'éviter que les rondelles blessent des spectateurs. La plupart du temps, la LNH a d'autres chats à fouetter.

Mais pas cette fois. Les dirigeants de la LNH auraient pu dire : « Tant pis si vous ne voyez pas la rondelle ! ». Au contraire, ils ont étudié la question et conclu que le fait d'embellir et d'éclaircir la surface rendrait le hockey plus facile à suivre et plus attrayant.

Procéder à de tels changements durant ces années-clés du hockey se révéla aussi un choix judicieux pour les dirigeants. Avant, lorsqu'il n'y avait que les six équipes originales, la Ligue avait beaucoup de difficulté à attirer l'attention du public dans d'autres régions. L'utilisation de quelques pots de peinture fut un excellent investissement : l'innovation donna des assises à la Ligue. De plus, le blanc rendait les publicités plus visibles. On faisait d'une pierre d'un coup en s'attirant les faveurs à la fois du public et des annonceurs.

Bon, désormais, tout va très bien sous la glace, donc. Mais qu'en est-il de la glace elle-même ?

Avez-vous déjà songé à ce qui serait arrivé si le créateur de la parfaite machine à resurfacer la glace avait

AUCUN AUTRE SPORT NE POSSÈDE L'ÉQUIVALENT DE LA ZAMBONI.

porté le nom de, disons, Ralph Cooper ? Carl Needham ? Ou même Robert Simard ? Heureusement, l'inventeur s'appelait Frank Zamboni, un nom auquel une équipe de génies du marketing n'aurait même pas pensé.

La Zamboni est un engin bizarre qui se déplace avec élégance sur la patinoire afin d'enlever les débris et de recréer la couche de glace neuve tant convoitée par les joueurs. Son nom, à la fois élégant et exotique, fait penser à un homme portant une cape, peut-être même une épée. Ou encore plus fort : à un homme-canon. Le nom Cadorette conviendrait-il à cette machine ? Jamais de la vie !

Les équipes présentent toutes sortes d'activités pendant les entractes – concours de tirs au but, chaise musicale, et j'en passe –, mais rien n'est aussi fascinant que de regarder la Zamboni rouler sur la glace et contourner les coins en défilant à quelque 15 km/h. On a déjà écrit des chansons évoquant cette machine que les enfants admirent tout autant qu'un camion de pompiers. Leurs parents aussi adorent la regarder danser. Certaines équipes organisent même des concours donnant droit à une promenade en Zamboni. Au fond,

La plupart des Zambonis ressemblent encore essentiellement à ce modèle qui date de 1954.

La surface blanche rend le spectacle plus attrayant pour les partisans... et pour les publicitaires.

tout le monde aimerait bien conduire le véhicule, ne serait-ce qu'une seule fois.

Aucun autre sport ne possède l'équivalent de la Zamboni. Au baseball, les amateurs n'attendent pas que la bâche recouvre le terrain ; au basketball, on ne s'excite pas à l'idée de voir les vadrouilleurs essuyer la sueur après qu'un joueur a chuté. Mais au hockey, la Zamboni s'empare de la glace et offre sa magie. Un troisième entracte ? Si nous pouvons revoir la Zamboni, certainement !

Mais il n'est pas question ici de manquer de respect envers cette machine et le rôle qu'elle joue. Après une période de 20 minutes, la surface de jeu devient cahoteuse et abîmée. En fin de période, la trajectoire des passes n'est plus droite. Même les patineurs ne se déplacent plus en ligne droite ! La neige s'accumule sur la glace, créant du même coup des monticules que la rondelle doit éviter.

Quinze minutes plus tard, toutefois, la Zamboni a fait son boulot, et la glace est de nouveau lisse et lui-sante, en parfait état pour patiner et faire des passes précises. En début de période, les jeux de puissance sont beaucoup plus dangereux qu'ils le sont vers la fin. Cette couche de glace fraîche constitue une autre arme dans l'arsenal d'une équipe qui excelle en supériorité numérique.

La Zamboni a vu le jour après la Deuxième Guerre mondiale, dans le sud de la Californie, figurez-vous, lorsque M. Zamboni, qui cherchait à rafraîchir rapidement la surface de sa patinoire, finit, après plusieurs essais, par construire cette machine efficace. Cependant, celle-ci demeura inconnue du public jusque dans les années 1950, lorsque Sonja Henie en acheta une pour présenter sa revue de patinage artistique partout aux États-Unis. Partout, la Zamboni attirait les regards émerveillés des foules.

Elle est devenue aussi importante pour le hockey que les rondelles et les bâtons. Elle figure au panthéon des plus grands noms de l'histoire : Gretzky. Lemieux. Plante. Zamboni. ⟨

Todd Bertuzzi, après son geste brutal à l'endroit de Steve Moore.

LA RÈGLE DE L'INSTIGATEUR

La fin des combats ?

⟩ PAR GUY CURTRIGHT

PEU IMPORTE L'OPINION QUE L'ON A SUR LES bagarres dans le hockey, il ne fait aucun doute que la « règle de l'instigateur » a changé la LNH. Beaucoup de joueurs diront d'ailleurs que la ligue a changé pour le pire plutôt que pour le meilleur. Le nombre de combats est à la baisse, et il en va de même pour la responsabilité. Les joueurs peuvent maintenant cingler leurs ad-

versaires ou se ruer sur eux sans risquer de recevoir un coup de poing à la mâchoire en retour, parce que la punition est trop sévère.

Depuis la saison 1996-1997, une punition de deux minutes a été ajoutée au règlement, et une mauvaise conduite de 10 minutes remplace la mauvaise conduite de partie. Les fiers-à-bras ne font plus la loi sur la glace, car ils ne peuvent plus se permettre de passer 17 minutes au banc de punition. « Ce qu'il faut, c'est de la responsabilité, et ça, il y en a bien peu », a déjà affirmé le vétéran Keith Tkachuk. « Débarrassez-vous du règlement sur l'instigateur et ce sport sera beaucoup plus propre, je vous le garantis. »

Les empoignades et les accrochages sont peut-être en baisse, mais les coups de bâton illégaux demeurent un problème, tout comme les coups assénés par derrière. Même si ces gestes, perçus comme lâches dans le milieu du hockey, sont parfois réglés rapidement par l'adversaire, les gens qui appliquent des lois sont réticents à permettre la poursuite de ces pratiques. Malgré la baisse du nombre de bagarres, on voit encore des scènes peu honorables à la LNH.

L'attaque de Todd Bertuzzi, qui a mis fin à la carrière de Steve Moore en 2004, aurait-elle pu être évitée ? Beaucoup pensent que oui. Au moment de ce geste déplorable, l'animosité régnait depuis les derniers affrontements entre les Canucks et l'Avalanche. À une autre époque, le problème aurait été réglé beaucoup, beaucoup plus tôt et sans ces horreurs pour les belligérants et la LNH.

Pour le meilleur ou pour le pire, le vieil adage voulant qu'un combat éclate dès le début d'un match de hockey ne s'applique plus. Mais il se peut qu'en essayant de

MOMENT DÉCISIF
flash-info
juin 1992

NEW YORK – Dans une tentative de mettre fin au chaos – qui a marqué l'ère des Broad Street Bullies durant les années 1970 – et aux coups de poing – fréquents dans les années 1980 –, la LNH a approuvé une modification au règlement en vue de limiter les bagarres.

Le nouveau règlement, qui entrera en vigueur à la saison 1992-1993, prévoit que l'instigateur d'un combat recevra une mauvaise conduite de partie en plus d'une punition majeure de cinq minutes.

Le but de cette opération est d'assainir le hockey, surtout pour l'auditoire des États-Unis, au moment où la LNH procède à une expansion et tente d'attirer un public plus large.

faire le ménage, la LNH ait perdu une partie de son âme. Le hockey de gorilles n'a certes pas sa place dans la LNH, mais le principe de l'auto-surveillance n'était pas une mauvaise chose non plus. « Les joueurs doivent se respecter mutuellement et respecter leur sport, a mentionné récemment le joueur à la retraite Scott Mellanby. Malheureusement, ce respect a quelque peu disparu. » ⟨

LE HOCKEY DE GORILLES N'A PAS SA PLACE DANS LA LNH, MAIS LE PRINCIPE DE L'AUTO-SURVEILLANCE N'ÉTAIT PAS UNE MAUVAISE CHOSE NON PLUS.

L'ÉQUIPEMENT HI-TECH
Un sport à l'ère spatiale

Le nouvel équipement protège mieux les joueurs, mais les rend aussi plus dangereux !

⟩ PAR ROB TYCHKOWSKI

ÇA NE PREND PAS LA TÊTE À PAPINEAU pour comprendre que les hockeyeurs ne pratiquent pas le même sport aujourd'hui que lorsqu'ils avaient des bâtons de bois à palette droite, des protège-coudes en feutre et des jambières de gardien brunes en cuir. Les progrès technologiques ont changé la façon de tirer et d'arrêter la rondelle, de même que les mises en échec et les blessures qu'elles causent.

De nos jours, avec les nouveaux matériaux qui composent les bâtons et qui génèrent une puissance déconcertante, tous les joueurs peuvent tirer comme Bobby Hull. Et ceux qui sont déjà capables de lancer aussi bien que lui peuvent maintenant tirer comme s'ils avaient des bazookas. Tout cela, quand les bâtons ne brisent pas... comme s'ils étaient faits de barbe à papa.

Les nouveaux bâtons sont loin d'être aussi précis que ceux en bois, et on ne sait pas toujours où le lancer ira, mais on comprend qu'il sera décoché à un million de kilomètres à l'heure. Le devant du filet a toujours été une zone dangereuse, mais jamais comme actuellement.

Les gardiens ont suivi rapidement la vague techno-

DES JOUEURS DE 220 LIVRES, HABILLÉS COMME S'ILS ALLAIENT ASSASSINER UN DRAGON MÉDIÉVAL, FILENT À TOUTE ALLURE SUR LA GLACE...

MOMENT DÉCISIF
flash-info
10 juin 1997

ALEXANDRIA (Virginie) – Le Bureau des brevets des États-Unis attribue officiellement le numéro 5636836 aux manches de bâton de hockey en composite. Même si la fibre de carbone, la fibre de verre, le kevlar et les autres matériaux composites ont été utilisés pour la fabrication d'équipement de hockey au cours des 10 dernières années, le moment n'est pas loin où tous les bâtons utilisés dans la LNH seront entièrement faits de composite.

En plus d'être plus légers, les bâtons de composite sont dotés de propriétés de flexibilité plus homogènes que ceux en bois.

logique. Des matériaux plus légers ont permis aux fabricants de grossir l'équipement de protection de la poitrine, des bras et des jambes. Les encombrantes jambières de gardiens de but en cuir, qui devaient être petites parce qu'elles pesaient une tonne – et deux lorsqu'elles étaient trempées – ont été remplacées par des coussins résistants à l'eau et légers comme des plumes.

Les tireurs et les gardiens peuvent être plus gros et plus rapides qu'ils ne l'étaient avant. Ces nouveaux bâtons sophistiqués qui permettent d'effectuer de puissants tirs doivent se frayer un chemin dans une minuscule ouverture pour envoyer la rondelle au fond du filet.

Quand la ligue a tenté de réduire la dimension de l'équipement des gardiens à une taille respectable, ces derniers ont protesté qu'il en allait de leur sécurité. Mais comme Brendan Shanahan le soulignait, comment se fait-il qu'un policier puisse porter sous sa chemise une veste qui le protège des balles et qui ne paraît presque pas, alors qu'un gardien doit être gonflé comme le Bonhomme Michelin pour arrêter une rondelle de caoutchouc ?

Les gardiens, qui sont environ deux fois plus gros que ne l'étaient leurs semblables durant les années 1980, ont fermé la porte à l'offensive. La partie consiste maintenant à nuire au gardien et à s'entasser devant le filet, avec l'espoir que la rondelle dévie ou rebondisse ou que le gardien ait la vue obstruée.

Et ça ne s'arrête pas là. Les protège-coudes et les épaulières ont été transformés en armes de commotion massives grâce aux énormes capuchons de Kevlar et de plastique moulé qui les recouvrent maintenant. On se retrouve donc avec des joueurs de 220 livres habillés comme s'ils allaient assassiner un dragon médiéval, et qui filent à toute allure, sachant qu'ils peuvent foncer dans n'importe quoi sans inquiétude. Et le gars qui reçoit le coup ? On ne sait trop. Les placages de routine causent des blessures, et les coups très durs mettent fin à des saisons et même à des carrières. L'offensive est à la baisse, les blessures sont à la hausse, et des enfants de 10 ans demandent maintenant à leurs parents de cracher des centaines de dollars pour pouvoir ressembler à leur joueur favori.

Ils ne sont pas les seuls à être aveuglés par la science. Le changement est inévitable, mais ce n'est pas toujours pour le mieux. ⟨

Le miracle de Lake Placid

› PAR BRIAN MURPHY

L'impossible s'est produit en demi-finale quand Team USA a vaincu la machine soviétique.

LES AMÉRICAINS ONT INDÉNIABLEMENT UN besoin maladif d'idoles. Ils aiment que le meilleur et le pire de leurs réalisations demeurent gravés dans le bronze ou marqués par des fêtes légales ! Cependant, certains événements transcendent les guerres, les élections... et les 24 heures séparant deux bulletins de nouvelles, et deviennent des références émotionnelles. Parmi ceux-ci, le triomphe de l'équipe olympique de hockey, qui remporta la médaille d'or en 1980, n'eut pas pour seul effet de constituer le plus grand revirement sportif du 20e siècle et de mettre le hockey sur la carte pour les Américains. Il revigora une nation meurtrie, durant une période où les Américains doutaient d'eux-mêmes et de l'envergure de leur pays. À l'origine de ce sursaut d'énergie se trouvait un entraîneur bourru de l'Université du Minnesota, Herb Brooks, qui rallia une troupe anonyme d'étudiants hirsutes pratiquant un sport encore mal connu d'une bonne partie de la population.

Lors d'une mémorable fin de semaine de février, ces joueurs conquirent le cœur de leurs compatriotes d'un bout à l'autre du pays en défaisant, en territoire américain, la très largement favorite équipe de l'Union soviétique, puis celle de la Finlande, décrochant finalement la médaille d'or. L'espace d'un instant, l'inflation galopante, l'invasion de l'Afghanistan par l'URSS, l'angoisse des Américains devant la crise des otages en Iran et l'impuissance de leur gouvernement devant toutes ces crises se dissipèrent, alors qu'ils entamaient leur rituel ralliement autour du drapeau, dans un élan d'euphorie bien familier. Pour les joueurs, la plupart à

MOMENT DÉCISIF

flash-info
23 février 1980

LAKE PLACID, N.Y. – Deux jours après avoir triomphé de l'Union soviétique au cours de l'un des plus grands revirements sportifs de l'histoire, les membres de l'équipe américaine ont terminé hier soir avec succès leur étonnant parcours, passant de joueurs anonymes et mésestimés à champions olympiques en l'emportant à 4-2 contre la Finlande. Cette médaille d'or est la première remportée par les États-Unis au hockey depuis 1960, et cette finale aux allures de conte de fées était loin d'être certaine. Il fallut un ultime défi lancé par l'entraîneur Herb Brooks à ses joueurs pour que ceux-ci accomplissent le miracle.

L'équipe tirant de l'arrière à 2-1 après deux périodes, Brooks leur déclara que s'ils laissaient filer cette victoire, ils seraient hantés par la défaite jusqu'à leur mort. L'équipe américaine revint alors en force au cours des 20 dernières minutes, et enleva la médaille d'or à la suite de trois buts demeurés sans réplique.

peine sortis de l'adolescence, il semblait que la fête n'aurait jamais de fin.

Quelques heures après avoir vaincu la Finlande, le capitaine Mike Eruzione demandait à ses coéquipiers de le rejoindre sur le podium, où ils se présentèrent fièrement dans leur uniforme aux couleurs du drapeau. Une parade à travers la ville de Washington D.C., un

CETTE VICTOIRE A FAIT PLUS QUE D'INSPIRER DES FILMS AU DÉNOUEMENT LARMOYANT. ELLE A SOULEVÉ AUX ÉTATS-UNIS UN ENTHOUSIASME POUR LE HOCKEY.

dîner à la Maison-Blanche avec un Jimmy Carter plein de gratitude... Tout s'enchaîna en un éclair.

Bien vite, les vieux amis se dispersèrent et retournèrent au Minnesota, au Massachusetts ou au Michigan. Quelques-uns connurent une longue carrière à la LNH. D'autres ne firent que passer chez les pros, avant de poursuivre leur vie d'homme d'affaires, de mari et

« JE SUIS FIER D'AVOIR PARTICIPÉ À CES ÉVÉNEMENTS. PERSONNE NE SE RENDAIT COMPTE QU'ON EN PARLERAIT AUSSI LONGTEMPS. » – MIKE RAMSEY

de père. Eruzione, qui marqua le but gagnant contre les Russes, quitta le hockey de compétition et devint le porte-parole non officiel de l'équipe. Il racontait souvent en plaisantant que s'il avait effectué son fameux tir trois pouces plus à gauche, il serait encore en train de peindre des maisons.

Au cours des deux dernières décennies, la politique internationale de même que le monde de la compétition olympique se sont radicalement transformés. Les otages d'Iran sont rentrés chez eux. Le rideau de fer s'est écroulé. Une série de marchés haussiers a eu raison de l'inflation. Les vedettes de la LNH ont remplacé les joueurs amateurs devenus des héros grâce à Herb Brooks. Pourtant, malgré cela, plusieurs facteurs ont contribué à entretenir la flamme allumée par les médaillés de 1980, tout au long des trois décennies écoulées depuis leur triomphe à Lake Placid.

Depuis, sept Jeux olympiques d'hiver plus tard, l'équipe américaine n'a ramené qu'une seule médaille, remportant l'argent en 2002 quand Herb Brooks mena une troupe de professionnels à la deuxième place, derrière le Canada, à Salt Lake City. Le vieux coach allait trouver la mort dans un accident de voiture en août 2003. Pour l'occasion, l'équipe de 1980 fut réunie à nouveau et partagea publiquement son chagrin, au cours d'un chaud après-midi, à Saint Paul, dans le Minnesota. Ce fut l'occasion pour les anciens joueurs de se remémorer leurs neuf mois de tournées ainsi que les exaspérantes tactiques de motivation de Brooks, qui avaient permis le coup d'éclat de 1980.

En outre, le succès du film *Miracle*, lancé en 2004, fit connaître les joueurs et leur histoire à une nouvelle génération d'admirateurs. Les gens prennent encore plaisir à évoquer 1980 et Mike Ramsey, jeune défenseur de la LNH, qui n'en avait que 19 lorsqu'il atteignit le sommet de sa carrière sportive. Cette histoire ne vieillit pas. « Croyez-moi, ça ne me gêne pas d'en parler, assure Mike Ramsey, aujourd'hui assistant-entraîneur pour le Wild du Minnesota. Je suis fier d'avoir participé à ces événements. Au moment où ils se sont déroulés, je crois que personne ne se rendait compte qu'on en parlerait aussi longtemps. La fascination est toujours là. »

Cette victoire a fait plus que d'inspirer des films au dénouement larmoyant. Elle a soulevé aux États-Unis un enthousiasme pour le hockey qui est demeuré inégalé jusqu'à l'arrivée de Wayne Gretzky à Los Angeles, huit ans plus tard. Sans grandes ressources – chez les amateurs comme chez les professionnels – pour rivaliser avec les nations dominantes, le Canada, l'URSS et la Tchécoslovaquie, les États-Unis semblaient devoir rester une puissance mineure dans le monde du hockey international.

Il fallut attendre des années avant que des joueurs

nés aux États-Unis ne fassent leur marque au niveau professionnel. Phil Housley, qui fut de sept équipes américaines et de 22 saisons dans la LNH avant de se retirer du jeu en 2004, dit que les Américains « [avaient] la passion, mais pas de profondeur comme pouvaient en avoir le Canada, la Russie ou quelques autres équipes européennes. Notre but, à l'époque, se résumait à être compétitifs. » Les jeunes purent voir des joueurs comme Phil Housley, Bobby Carpenter et Tom Barrasso prendre d'assaut la LNH et devenir des vedettes au début des années 1980, alimentant les rêves d'une nouvelle génération. « Je me souviens de ce que m'a raconté un jour Mike Modano, rapporte Housley. En me regardant jouer au cours d'une pratique à Buffalo, où il participait à un tournoi pee-wee, il s'est mis à croire que nous pouvions y arriver. Il s'agissait de briser les barrières. »

Le bassin de talents continue de s'agrandir, alimenté par le développement effréné du hockey partout aux États-Unis, où le nombre d'équipes LNH est passé de 13 à 24 depuis 1991. Cette année-là, le hockey américain comptait 195 000 inscriptions, des débutants aux ligues de garage. En trois ans, alors que la LNH s'élargissait pour inclure le Nord et le Sud de la Californie ainsi que la Floride, le nombre d'inscrits a augmenté à 271 000.

Aujourd'hui, avec des équipes à Phoenix, Dallas, Nashville et Raleigh (Caroline du Nord), on compte 442 000 joueurs inscrits, ce qui représente une augmentation de 127 % au cours des 15 dernières années. Cette croissance a poussé le monde du hockey américain à mettre sur pied à Ann Arbor, au Michigan, un programme national de développement pour les 16-17 ans, qui est devenu de fait la ligue d'entraînement du pays. Et tout cela a commencé avec la médaille d'or de Lake Placid...

Le hockey ne deviendra jamais le sport par excellence des Américains. Pourtant, nul autre accomplissement n'aura contribué à populariser à ce point la pratique d'un sport sur le territoire américain ni à résorber un malaise collectif, comme le firent Herb Brooks et sa troupe de jeunes prodiges au cœur d'un hiver de grogne. Reconnaître cet accomplissement, ce n'est sûrement pas de l'idolâtrie. ‹

L'équipe américaine sur la plus haute marche du podium, en 1980, a pris le monde du sport par surprise.

LA RETRAITE PRÉCIPITÉE DE MARIO LEMIEUX

Le coup d'éclat du Magnifique

⟩ PAR BRUCE GARRIOCH

MOMENT DÉCISIF

flash-info
27 avril 1997

PITTSBURGH – Mario « le Magnifique » a tenu sa promesse hier soir, en patinant sur la glace de la LNH pour la dernière fois.

Accablé par des maux de dos, frustré par la rudesse du jeu et par son incapacité à mettre ses habiletés à profit, le capitaine des Penguins de Pittsburgh, Mario Lemieux, a joué sa dernière partie dans le circuit de la LNH, à la suite de l'élimination de son équipe par Philadelphie.

Après s'être exprimé au sujet du style défensif adopté par les joueurs moins talentueux, Lemieux a décidé de prendre sa retraite.

Si Lemieux n'est pas le premier à se plaindre – l'ailier des Blues de St. Louis, Brett Hull, a lui aussi fait de nombreux commentaires à ce sujet –, il est le premier joueur étoile à se retirer en partie en raison des conditions de jeu qui prévalent à la LNH.

QUAND MARIO LEMIEUX A COMMENCÉ À PARLER DE prendre sa retraite pendant la saison 1996-97, personne ne le prenait au sérieux. « Bien sûr », répondait-on, quand il disait en avoir assez de l'obstruction sur la glace, pratique courante dans la Ligue avant le lock-out.

Lemieux était devenu tellement frustré devant les conditions de jeu qu'il déclara que la LNH ne valait pas mieux qu'une « ligue de garage ».

Les sceptiques étaient nombreux, le 6 avril, lorsque Lemieux annonça qu'il jouerait bientôt son dernier match. C'était un marqueur prolifique et l'un des meilleurs joueurs de la Ligue. À 31 ans, il lui restait sûrement beaucoup à accomplir avant d'accrocher ses patins.

Lemieux a été intronisé au Temple de la renommée plus rapidement que le règlement ne le prévoit !

LEMIEUX N'AVAIT PLUS ENVIE DE PARTICIPER À UN SPORT OÙ L'OBSTRUCTION ET LES MISES EN ÉCHEC EN ZONE NEUTRE ÉTAIENT DEVENUES LA NORME.

Mais Lemieux était sérieux. Si le commissaire de la LNH, Gary Bettman, et les propriétaires avaient l'intention de laisser la qualité du jeu continuer à se détériorer à la suite de l'expansion de la Ligue, Lemieux n'avait plus envie de participer à un sport où l'obstruction et les mises en échec en zone neutre étaient devenues la norme.

Mario Lemieux ayant déclaré qu'il n'avait aucunement l'intention de revenir au jeu, on retira son numéro, le 66. Le Temple de la renommée l'intronisa sans attendre la période réglementaire de trois ans, car il ne faisait aucun doute que ce joueur, l'un des meilleurs marqueurs de l'histoire, comptait parmi les plus grands. Et désormais, tout le monde savait qu'il partait pour de bon.

Les maux de dos chroniques de Lemieux et son combat contre la maladie de Hodgkin ont certainement contribué à sa décision. Mais il estimait aussi le moment venu de secouer la Ligue. Brett Hull disait à qui voulait l'entendre que le hockey n'était plus intéressant pour les bons joueurs. Mais c'est la décision de Lemieux qui en a fait réfléchir plusieurs, y compris Gary Bettman. Au moment où Eric Lindros parvenait difficilement à s'imposer comme vedette de la LNH et où le coéquipier de Lemieux, Jaromir Jagr, refusait d'assumer ce rôle, la perte d'un joueur étoile a amené les gens à se demander si la Ligue ne devait pas réagir.

C'est à ce moment que l'on commença à discuter sérieusement de la possibilité d'agrandir la surface de jeu, d'améliorer l'application des règlements pour favoriser le jeu offensif, et de faire en sorte que les joueurs étoiles comme Wayne Gretzky, Paul Kariya, Mike Modano et Jagr puissent déployer tous leurs talents.

Avec 85 buts et 199 points en 1988-1989, Super Mario est le seul joueur de l'histoire de la LNH qui puisse être comparé à Wayne Gretzky.

Mario Lemieux, quittant la glace après son dernier match, en 1997.

Le geste de Lemieux a fait prendre conscience au monde du hockey que quelque chose ne tournait pas rond. Les Devils du New Jersey ont surpris tous les experts en remportant la Coupe Stanley en 1995 contre les Red Wings de Detroit, grâce au style défensif mis au point par leur entraîneur, Jacques Lemaire. Un style que de nombreux entraîneurs ne tarderaient pas à imiter, avec succès, et qui amènerait de nombreux défenseurs à passer une bonne partie du match à retenir les attaquants en zone offensive.

Les joueurs étoiles étaient maintenant suivis à la trace par les défenseurs, subissant de nombreuses obstructions et mises en échec sans intervention des arbitres. Le nombre de buts marqués était en baisse, et beaucoup se demandaient si un joueur réussirait à franchir à nouveau le cap des 70 buts en une saison.

Certes, Lemieux s'était retiré en partie parce qu'il avait perdu le désir de jouer. On aurait dit qu'il avait besoin de s'ennuyer un peu du jeu. Mais la frustration à l'origine de sa décision a eu pour effet de faire réfléchir Gary Bettman et les propriétaires de la Ligue.

On ne peut certainement pas reprocher aux entraîneurs de vouloir faire gagner leur équipe. Mais comme le disait le légendaire Herb Brooks, ancien entraîneur de Pittsburgh : «Pas étonnant qu'un joueur comme [Lemieux] soit frustré ; [le hockey] est un vrai rodéo sur la glace. "Accroche-toi bien et tiens aussi longtemps que tu peux !" Les arbitres ne font rien.»

Le débat sur l'obstruction venait d'atteindre un tournant décisif. ⟨

Comprendre la science du hockey

Sous Scotty Bowman, Claude Ruel fut un des premiers véritables assistants-entraîneurs.

> PAR MIKE BROPHY ET LUKE DECOCK

LE HOCKEY ÉTAIT AUTREFOIS UN JEU TRÈS SIMPLE : on lançait une rondelle sur la glace et on laissait dix patineurs et deux gardiens s'affronter afin de voir qui l'emporterait. On avait un entraîneur derrière le banc qui aboyait des instructions complexes telles que « Patine ! Patine ! » ou « Repli ! », mais l'issue du match, en définitive, demeurait entre les mains des joueurs.

Puis apparut l'assistant-entraîneur. Certains ont avancé que l'arrivée de ce personnage dans le hockey avait sonné le glas des hauts pointages. À l'origine, l'assistant-entraîneur n'était en fait guère plus qu'un ami – voire un compagnon de voyage – de l'entraîneur principal. Il dut éventuellement justifier sa présence, et l'arrivée de la vidéo dans le sport lui donna une nouvelle mission : analyser les parties jeu par jeu.

Quand Scotty Bowman fit ses premières armes dans la LNH avec les Blues, en 1967-1968, il œuvra en solo, menant les Blues en finale de la Coupe Stanley à chacune des trois premières années de l'équipe. Par contre, quand il se joignit à Montréal en 1971, il reçut de l'aide. « J'aimais l'idée, a dit Bowman. J'avais en tant qu'assistant, Claude Ruel, qui avait conduit l'équipe à la Coupe Stanley en 1969. Il aimait patiner, et durant les pratiques, il était le premier sur la glace et le dernier à en partir. Il travaillait avec les jeunes joueurs aussi

MOMENT DÉCISIF

flash-info
30 octobre 1977

TORONTO – Les Maple Leafs ont poursuivi sur leur lancée victorieuse hier soir en l'emportant 7-4 contre Detroit. Darryl Sittler a obtenu un but et trois assistances alors que Lanny McDonald a, quant à lui, effectué un tour du chapeau. Apparemment, les succès des Leafs en ce début de saison seraient dus à une supervision vidéo des parties. L'entraîneur Roger Neilson, qui en est à sa première saison dans la LNH, dit qu'il regarde des matchs enregistrés afin de cerner les manques de son équipe, pour y travailler ensuite lors des pratiques. Une idée toute bête ; il n'empêche que ses Leafs mènent la division Adams avec une fiche de 4-1-2.

longtemps que ceux-ci le désiraient. » Ruel allait regarder les parties depuis la tribune de presse, et revenait rencontrer Bowman entre les périodes.

Le travail d'un assistant-entraîneur est variable et dépend de plusieurs éléments. Est-ce un jour de match ? Est-ce une pratique de routine ? L'équipe a-t-elle joué la veille ? La saison vient-elle de commencer, ou s'achève-t-elle ? Habituellement, les jours où il n'y a pas de match, les assistants-entraîneurs travaillent beaucoup avec la vidéo. Les jours où l'équipe ne joue pas sont d'excellentes occasions pour les aides-entraîneurs de se mêler aux joueurs, et ainsi de

AUJOURD'HUI, LES ÉQUIPES SONT SI BIEN ENTRAÎNÉES QU'IL Y A PEU D'ERREURS POSSIBLES, ET PEU D'AVANTAGES À DÉCELER.

se faire une idée du moral de l'équipe ou de certains individus en particulier. Sur le plan technique, ces moments leur permettent également de travailler avec la vidéo afin d'étudier le jeu de l'adversaire à forces égales ainsi que celui de leurs unités spéciales.

La vidéo, omniprésente aujourd'hui, a été amenée dans le hockey par Roger Neilson, à l'époque où il était entraîneur pour les Petes de Peterborough, au milieu tant, et la vidéo avait également pour rôle d'aider les joueurs à apprendre plus rapidement.

Le matériel vidéo qu'utilisait Neilson avec les Maple Leafs en 1977 (sa première saison avec l'équipe) était primitif, et de qualité médiocre. Malgré cela, Neilson pouvait utiliser la vidéo pour évaluer les performances de son équipe à l'attaque, en défense ainsi que lors des avantages numériques – et montrer ensuite les

ON DONNA À ROGER NEILSON LE SURNOM DE « CAPITAINE VIDÉO ». AUSSI EFFICACES QU'ELLES PUISSENT ÊTRE, SES MÉTHODES ÉTAIENT SOUVENT RIDICULISÉES.

des années 1970. Certes, Neilson ne pouvait pas voir grand-chose sur les premières vidéos expérimentales des matchs de son équipe, qu'il enregistrait avec une encombrante (et coûteuse) caméra portative. Toutefois, il avait un don d'observation hors du commun lorsqu'il s'agissait de hockey, et la vidéo était déjà pour lui un outil précieux quand il entra dans la LNH, en 1977. Ceux qui se moquaient alors de lui à l'époque ne pouvaient pas imaginer qu'à l'heure de sa mort, en 2003, la vidéo serait devenue un outil indispensable dans l'arsenal des entraîneurs de hockey – allant des systèmes de montage numérique de qualité professionnelle aux vidéos haute définition, en passant par les entraîneurs vidéo à temps plein.

Tout a commencé de façon très artisanale. Neilson n'était assurément pas un pro de technologie (la légende veut qu'il ait confondu un jour un four à micro-ondes avec une petite télé), mais il connaissait le hockey à fond et savait reconnaître des occasions d'aider son équipe à gagner là où d'autres n'en voyaient pas. Il avait été parmi les premiers entraîneurs à recruter un assis- enregistrements à ses joueurs pour appuyer son point de vue. Soudainement, lors des pratiques, tout avait un sens.

Neilson pouvait passer des heures à assembler une vidéo de 10 minutes, en déconstruisant une partie pour ensuite la monter avec le plus grand soin. « Il a commencé à faire ses vidéos avec de vieilles caméras à double bobine », confie Ron Smith, qui fut longtemps l'assistant de Neilson après l'avoir rejoint à Toronto en 1977. « Je me souviens de ses contorsions quand il essayait de coller les bandes. On les utilisait sans arrêt, même si les joueurs étaient très sceptiques au départ. » Dans un jeu qui déteste le changement, l'acceptation se fait lentement. C'est ainsi qu'on donna à Neilson le surnom de « Capitaine vidéo », qui le hérissait. Aussi efficaces qu'elles puissent être, ses méthodes étaient souvent ridiculisées.

Neilson ne fit pas que braver l'opinion. À une époque où l'on n'échangeait pas encore d'enregistrements, alors que les Bruins ne voulaient pas coopérer, Smith se rendit un jour dans le camion de la

Roger Neilson a développé l'utilisation de la vidéo pour améliorer les performances des Maple Leafs.

télévision et soudoya l'équipe de Boston afin d'obtenir, pour 25 dollars, un enregistrement de la partie. Au moment où Neilson se mit à utiliser la vidéo, bien peu avaient la perspicacité sur le plan technologique ou l'esprit d'innovation nécessaires pour le suivre. Par contre, vers la fin des années 1980 et au début des années 1990, alors que la technologie s'améliorait, de plus en plus d'entraîneurs se mirent à utiliser ce média lors de leurs séances d'enseignement. Ils s'en servaient pour analyser leurs futurs adversaires ou évaluer leurs performances antérieures. Les appareils de montage devenant de plus en plus sophistiqués, ils purent décortiquer les déplacements de certains joueurs en particulier.

Plus tard, les entraîneurs vidéo apparurent pour accomplir ces tâches. Ils devinrent les gourous du système, des ermites du hockey, enfermés dans leur réduit, entourés de récepteurs satellites et de matériel de montage dignes de Hollywood. Aujourd'hui, en quelques secondes, ils peuvent envoyer une analyse vidéo – jusqu'aux moindres déplacements de chacun des joueurs de l'équipe – sur le portable de l'entraîneur, pour que celui-ci les examine durant son vol de retour. À l'heure de la mort de Neilson, en 2003, seules trois équipes de la LNH n'avaient pas d'entraîneur ou de coordonnateur vidéo à temps plein.

Certains critiques accusent l'utilisation généralisée de la vidéo d'être la cause de la répétitivité du jeu que l'on voit aujourd'hui à la LNH. Les équipes sont si bien entraînées qu'il y a peu d'erreurs possibles, et peu d'avantages à déceler. «Orthodoxie» est le mot d'ordre, et la vidéo est là pour la faire respecter. Pour cela, la méthode de Neilson constitue sa plus grande contribution au jeu, celle qui, ironiquement, lui a d'abord valu d'être ridiculisé. Une fois encore, Neilson aura eu le dernier mot. ⟨

L'ÂGE D'ADMISSIBILITÉ

Le premier combat de Ken Linseman

> PAR MIKE WYMAN

« IL FUT UN TEMPS OÙ, À L'ÂGE DE 18 ANS, VOUS pouviez voter, acheter une maison, vous marier et aller à la guerre, se souvient Ken Linseman, mais vous n'aviez pas le droit de jouer au hockey professionnellement pour gagner votre vie. » Ce sont les règles de régie interne des ligues de hockey professionnel qui faisaient en sorte que les joueurs de moins de 20 ans n'étaient pas admissibles au repêchage amateur. La LNH et l'AMH s'interdisaient de recruter des joueurs qui n'avaient pas complété leurs années d'admissibilité au niveau junior.

Mais cette politique n'a pas toujours été rigoureusement appliquée dans les rangs professionnels. Pendant les années précédant le premier repêchage amateur de la LNH, en 1963, le renouvellement des membres d'une équipe se faisait en débusquant le talent là où il se trouvait et en mettant les joueurs sous contrat avant les dépisteurs des équipes rivales. Aussitôt qu'un jeune semblait prometteur, toutes les techniques étaient utilisées : tordage de bras, offres mirobolantes, bonus en espèces sonnantes et trébuchantes, etc.

À l'époque où la majorité s'atteignait à l'âge de 21 ans, il n'était pas inhabituel de voir des jeunes évoluer dans la LNH. Bep Guidolin, par exemple, allait avoir 17 ans lorsque, en 1942-43, il s'est joint aux Bruins, dont les effectifs avaient été fortement décimés par la Deuxième Guerre mondiale. Entre 1949 et 1951, Danny Lewicki a joué pour les équipes qui ont remporté, tour à tour, les coupes Memorial, Allan et Stanley, et ce avant même d'avoir 20 ans. Les droits sur Bobby Orr ont été cédés bien avant que celui-ci ne soit en âge de conduire une voiture ou d'avoir une poussée d'acné. Garry Monahan, le tout premier joueur sélectionné au repêchage amateur de la LNH, n'avait que 16 ans lorsqu'il a été

MOMENT DÉCISIF
flash-info
octobre 1977

HARTFORD – La victoire de Ken Linseman aux dépens de l'Association mondiale de hockey devant les tribunaux vient d'ouvrir la voie des rangs professionnels à ce jeune hockeyeur de 19 ans, sélectionné en dixième ronde du repêchage amateur de 1977 par les Bulls de Birmingham.

S'appuyant sur le cas de Spencer Haywood qui, en 1971, s'est vu accorder le droit de gagner sa vie en tant que joueur de basketball professionnel malgré le fait qu'il était toujours admissible à jouer dans les rangs collégiaux, le tribunal a décrété que les règlements de l'AMH concernant l'admissibilité des joueurs représentaient une « tentative illégale de restreindre le commerce ».

LA RÉUSSITE DE KEN LINSEMAN, TANT DEVANT LES TRIBUNAUX QUE SUR LA GLACE, A EU UN IMPACT MAJEUR SUR L'AMH.

choisi en 1963. Dans les années qui ont suivi la mise en place du repêchage amateur, l'âge d'admissibilité des joueurs a augmenté au fur et à mesure que l'âge d'accession à la majorité diminuait. Ainsi, dès 1977, certains joueurs majeurs ont commencé à être exclus du hockey professionnel.

C'est le cas de Ken Linseman, qui venait de compléter trois années au sein de l'équipe des Canadians de Kingston, terminant parmi les meilleurs pointeurs de la Ligue les deux années précédentes. Le repêchage ama-

STEVE YZERMAN, BRENDAN SHANAHAN, PATRICE BERGERON, ILYA KOVALCHUK, SIDNEY CROSBY ET JORDAN STAAL ONT TOUS FAIT LEUR ENTRÉE DANS LA LNH À 18 ANS.

teur de l'AMH de 1977 comptait une liste de 90 noms. Les Bulls de Birmingham, une équipe qui appartenait au magnat de la presse torontois John Bassett, ont choisi Ken Linseman au 84e rang lorsqu'ils ont effectué leur dixième et dernier choix. Mais le geste des Bulls était contraire aux politiques de la Ligue. Représenté par l'avocat John Hughes – une ex-vedette de l'Université Cornell qui avait joué avec Ken Dryden dans sa jeunesse –, Linseman s'est battu pour pouvoir jouer avec les Bulls. Se basant sur la jurisprudence du cas Spencer Haywood qui, quelques années auparavant, s'était vu accorder le droit de jouer au basketball professionnel malgré le fait qu'il était toujours admissible à jouer dans les rangs collégiaux, Hughes obtint une injonction temporaire qui permit à Linseman de se joindre aux Bulls. Le tribunal a déclaré que, puisque le demandeur était une personne adulte au sens de la loi, le règlement de l'AMH concernant l'admissibilité des joueurs l'empêchait d'exercer la profession de son choix, ce qui était contraire à la Constitution américaine

Linseman a joué 71 matchs en 1977-78 et il a fait fureur. À 19 ans, il a été le meilleur pointeur de son équipe avec 38 buts et 76 points au total, devançant des joueurs établis tels que Frank Mahovlich et Paul Henderson. « Je partageais une chambre avec Frank Mahovlich, un joueur qui avait joué avec mon père pendant les années 50. Ce fut pour moi toute une expérience », se souvient Linseman.

En 1975, le cas John Tonelli avait aussi créé un précédent, mais l'affaire n'avait pas suscité autant d'inté-

rêt. Vers la fin de la saison 1974-75, alors qu'il jouait pour les Marlies de Toronto, Tonelli a eu 18 ans et son agent, Gus Badali, lui a recommandé d'arrêter de jouer. Embauché par les Aeros de Houston de l'AMH pour la saison 1975-76, il a été poursuivi par la Ontario Hockey Association pour bris de contrat, mais la Cour a tranché le litige en déclarant que Tonelli était un adulte et qu'il était libre de choisir là où il voulait évoluer. Il a joué trois saisons en compagnie de Gordie Howe au sein de l'équipe des Aeros avant de se joindre aux Islanders dans la LNH.

La réussite de Ken Linseman, tant devant les tribunaux que sur la glace, a eu un impact majeur sur l'AMH dès la saison suivante. Bassett s'est monté une équipe qui comptait tellement de jeunes joueurs qu'on la surnomma les Baby Bulls. Les sept jeunes en question ont tous connu des carrières florissantes dans la LNH lorsque les deux ligues ont fusionné pour n'en former qu'une seule. Dans d'autres villes affiliées à l'AMH, des joueurs comme Mike Gartner, Mark Messier et Wayne Gretzky sont également venus augmenter le nombre de jeunots dans cette ligue.

Ce n'est qu'en 1979 que la LNH modifia les

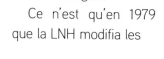

règles de son repêchage en abaissant l'âge d'admissibilité. Dès la première ronde, sept joueurs de 19 ans furent repêchés. Boston a choisi Raymond Bourque au huitième rang, lui donnant ainsi, à 18 ans, l'occasion d'entreprendre une brillante carrière qui allait le mener tout droit au Temple de la renommée du hockey. Deux ans auparavant, il n'aurait pas été admissible au repêchage. Depuis, c'est devenu la norme : on repêche des joueurs de 18 ans, même s'ils ont encore des croûtes à manger; les bons joueurs sont précoces et tiennent généralement promesse. Steve Yzerman, Brendan Shanahan, Patrice Bergeron, Ilya Kovalchuk, Sidney Crosby et Jordan Staal ont tous fait leur entrée dans la LNH à 18 ans et ils ont excellé.

Cette nouvelle réalité a toutefois rendu l'exercice du repêchage plus périlleux. Miser sur des joueurs de 18 ans n'est pas une science exacte et, un jour ou l'autre, toutes les équipes se trompent. Un dépisteur a déjà décrit l'exercice du repêchage comme « le fait d'entrer dans une classe d'école secondaire et de choisir au hasard les étudiants qui vont devenir des avocats et des médecins ».

Peu importe leur talent ou leurs habitudes de travail, plusieurs joueurs – trop nombreux pour être nommés – doivent leur carrière dans la LNH à Ken Linseman, un jeune blanc-bec qui a démontré qu'on pouvait se comporter comme un adulte peu importe ce que le milieu du hockey professionnel pouvait en penser. ⟨

C'est un peu grâce à Ken Linseman que Sidney Crosby a pu commencer sa carrière dans la LNH à 18 ans.

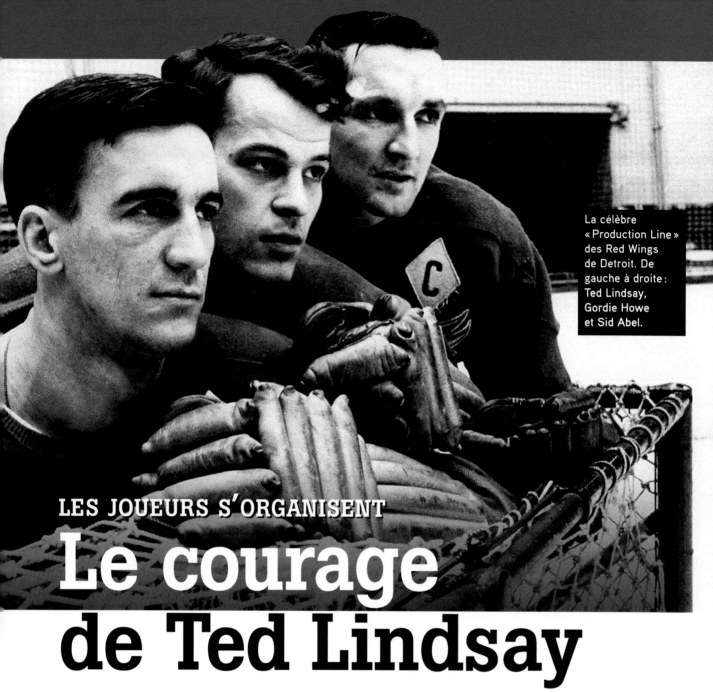

La célèbre « Production Line » des Red Wings de Detroit. De gauche à droite : Ted Lindsay, Gordie Howe et Sid Abel.

LES JOUEURS S'ORGANISENT

Le courage de Ted Lindsay

〉 PAR MIKE WYMAN

UNE CÉLÈBRE SÉRIE DE DESSINS ANIMÉS DE Looney Tunes met en vedette Sam et Ralph, respective-ment chien de berger et loup. Ils font du covoiturage pour se rendre au travail chaque jour, échangent des blagues... Mais dès qu'ils ont sorti leur carte de pointage, ils se cha-maillent continuellement, jusqu'à la fin de leur quart de travail. Ils retournent ensuite à la maison ensemble, re-devenus les deux meilleurs amis du monde.

Même si, de nos jours, les joueurs de la LNH ne font

plus de covoiturage, la plupart d'entre eux ont de bons amis et des partenaires d'affaires dans les équipes ad-verses. Ils partagent le même agent, échangent des ren-seignements, planifient et négocient collectivement avec leurs employeurs, s'assoient pour bavarder lorsqu'ils se croisent durant la saison, et participent à des tournois de golf entre joueurs de hockey. Toutefois, les relations n'ont pas toujours été aussi agréables. Si les joueurs peuvent maintenant établir des liens avec ceux des

TED LINDSAY ET DOUG HARVEY SE SONT ASSIS ET ONT DISCUTÉ. DE LEUR MÉCONTENTEMENT EST NÉE LA DÉCISION D'AGIR COLLECTIVEMENT.

MOMENT DÉCISIF

flash-info
23 juillet 1957

DETROIT – Les Red Wings de Detroit ont échangé l'ailier Ted Lindsay et le gardien Glenn Hall aux Blackhawks de Chicago contre les joueurs Johnny Wilson, Forbes Kennedy, Hank Bassen et Bill Preston. Le directeur général de Detroit, Jack Adams, a indiqué que l'équipe entreprenait un virage jeunesse et que Lindsay, âgé de 32 ans, n'était plus utile au sein de l'équipe.

Ancien capitaine et gagnant de quatre Coupes Stanley, le combatif Lindsay a établi un record pour les ailiers gauche la saison dernière en amassant 85 points. Il est également à la tête d'un mouvement ayant pour objectif de syndiquer les joueurs de la LNH.

autres équipes et se présenter avec eux en public sans craindre de faire les manchettes ou d'être rappelés à l'ordre, c'est en grande partie grâce à Ted Lindsay et aux tentatives de ce dernier pour syndiquer les joueurs de la LNH, il y a 50 ans.

À cette époque, du moins sur la ligne de front, le hockey était une affaire de clans. En se joignant à une équipe, un joueur acceptait de se conformer au principe interdisant tout contact avec des joueurs des équipes adverses. Les équipes s'évitaient partout, sauf sur la glace. Les joueurs traversaient la rue pour ne pas croiser un adversaire, et quittaient le restaurant lorsqu'un rival y entrait. Si plus d'une formation de la LNH voyageait dans le même train, on essayait de placer les joueurs d'une équipe de façon qu'ils ne croisent pas ceux de l'autre équipe lors de leurs déplacements d'un wagon à l'autre. Dans les rares occasions où cela se produisait, l'atmosphère s'alourdissait, les joueurs se hérissaient et murmuraient des menaces. « On nous avait toujours dit que ces gars étaient des ennemis. Nous n'avions rien à voir avec eux, rappelle Dick Duff, membre du Temple de la renommée. Et tant pis si ton frère était dans l'autre équipe. Tu lui disais que tu le reverrais à la maison, après la retraite. C'était l'attitude de l'époque. »

Lindsay, qui fut la bougie d'allumage des Red Wings de Detroit pendant une douzaine d'années, avait la vic-

toire dans le sang et était prêt à tout pour y arriver. Ses habiletés ont fait de lui un des meilleurs marqueurs de la LNH. Son tempérament le plaçait souvent parmi les meneurs de la ligue pour les minutes de punition, et si on avait effectué un sondage, il aurait sûrement été élu comme le moins enclin à prendre des risques au nom des joueurs qui n'arboraient pas la roue ailée sur leur torse.

En 1952, Lindsay et Doug Harvey ont été nommés au conseil d'administration de la Société de la caisse de retraite de la LNH, expérience qui s'est révélée frustrante pour les deux hommes. Peu versés dans les questions financières, ils se sont renseignés et ont soulevé des questions au sujet des investissements qui étaient sous leur surveillance, sans jamais obtenir de réponse. Or, non seulement les problèmes attirent-ils les problèmes, mais ils donnent également soif. Après une réunion annuelle bien arrosée, Lindsay et Harvey ont transgressé une des lois les plus strictes et les plus anciennes du contrat social du hockey. Les deux hommes se sont assis et ont discuté. De leur mécontentement est née la décision d'agir collectivement. Conçue à la suite de frustrations à l'issue de réunions concernant les caisses de retraite, la première tentative concertée des joueurs de la LNH de se syndiquer a eu lieu lors du Match des étoiles de 1956, qui était disputé à Detroit avant la saison officielle.

Au cours d'une réunion à huis clos, des représentants des six équipes se rencontrent et franchissent un pas important en élisant un conseil de direction formé de représentants des six équipes. Au début de la nouvelle année, tous les joueurs de la Ligue, sauf un, avaient été recrutés et avaient versé une cotisation de 100 dollars chacun. Même si chaque vestiaire de la LNH abritait au moins un employé qui se faisait un plaisir de gagner la faveur des joueurs en révélant des secrets, il n'y a jamais eu de fuite sur ce sujet.

« Je ne suis pas Einstein, mais je ne suis pas idiot non plus, affirme Lindsay. Lorsqu'on fait quelque chose, il vaut mieux bien le faire pour que le public voie qu'on a pensé à tout et que les choses sont un tant soit peu organisées. Les propriétaires nous ont toujours traités comme si nous étions stupides. »

Le 12 février 1957, on annonce la création de l'Association des joueurs de la LNH. Aucun grief n'a été déposé ni aucune demande effectuée. Les joueurs ont simplement exprimé leur désir de travailler avec la Ligue pour faire évoluer le sport. Toutefois, le seul fait que leurs employés organisent autre chose qu'une partie de cartes était perçu par les propriétaires comme un danger quant au contrôle qu'ils exerçaient sur tous les aspects de la partie ; ceux-ci devaient donc réagir à ce danger rapidement et sérieusement. Après tout, s'ils ignoraient ce que les joueurs demanderaient ensuite, ils savaient que cela concernerait probablement les coffres des équipes. Les joueurs de Detroit

et de Toronto ont fait l'objet des réactions les plus vives et de la pression la plus intense une fois que les choses ont dégénéré, parce qu'ils avaient été choisis pour faire une demande d'accréditation auprès des autorités du travail des États-Unis et de l'Ontario.

Intimidés au vestiaire, cloués au pilori dans la presse par ceux qui signaient leur chèque de paie, les joueurs subissaient une pression incessante visant à les faire « revenir à la raison ». Conn Smythe traitait ses joueurs de « bolcheviques » et de « communistes », tandis que Jack Adams allait voir les joueurs un à un pour salir la réputation de Lindsay, avant de transférer ce dernier à

CONN SMYTHE TRAITAIT SES JOUEURS DE « BOLCHEVIQUES » ET DE « COMMUNISTES ».

l'équipe de Chicago, qui stagnait au bas du classement de la LNH. Jimmy Thompson, tête du mouvement dans le camp des Maple Leafs de Toronto, s'est d'ailleurs également retrouvé dans la « ville des vents ».

Lorsqu'il s'agissait de se tenir debout et de voter, une seule équipe le faisait. Dans un vote unanime, les joueurs des Maple Leafs de Toronto ont adressé une requête à la Commission des relations de travail de l'Ontario pour que celle-ci reconnaisse l'Association des joueurs de la LNH comme agent négociateur désigné. Dix-huit joueurs ont assisté aux audiences pour appuyer publiquement leur résolution.

Une semaine plus tard, les Red Wings revenaient sur leur position et quittaient l'Association des joueurs, cédant devant la campagne de calomnies et d'attaques personnelles. La résolution a graduellement perdu des appuis au sein de la Ligue jusqu'en février 1958, moment

où Lindsay a finalement jeté l'éponge. Cinquante ans plus tard, le sujet est toujours délicat.

« Tous ceux qui jouaient pour Toronto durant la saison 1956-1957 étaient de vrais hommes, déclare-t-il. Beaucoup étaient pères de famille. Les propriétaires pouvaient renvoyer les joueurs à la maison du jour au lendemain sans rien leur devoir. Pour ces athlètes, le hockey était leur vie, leur profession. Lorsque les joueurs des Maple Leafs ont voté, ils ont prouvé qu'ils étaient des hommes. Les joueurs de Detroit, eux, ont montré qu'ils ne comptaient pas d'hommes véritables dans leur équipe. »

Dick Duff, qui a vu le jour à Kirkland (une incroyable pépinière de talent, pour la LNH) en Ontario et pour qui Lindsay a tenu lieu de modèle et de mentor, tient un discours plus modéré.

« Lindsay n'avait rien à gagner avec ça, sauf le bien-être des futurs joueurs. Mais je comprends aussi les gars qui ne voulaient pas voir les choses de cette façon, dit-il. Parfois, certains joueurs de Detroit reçoivent des critiques ; selon moi, elles sont injustifiées, car personne n'est à blâmer. »

Ces événements constituent un tournant de l'histoire du sport, même s'ils apparaissent dans les livres comme une défaite. On se souviendra de la position héroïque mais finalement vouée à l'échec de Ted Lindsay, comme du moment où les joueurs de la LNH se sont levés pour la première fois et où ils ont demandé à être considérés sérieusement, et non comme des marchandises, par leurs employeurs.

Même si Lindsay serait l'un des premiers à admettre que le balancier est peut-être allé trop loin du côté des joueurs au cours des dernières années, il n'en demeure pas moins que c'est lui qui a donné la première poussée dans cette direction.

Les répercussions du combat de Lindsay se sont fait sentir sur la destinée de la moitié de la LNH. Les Red Wings sont devenus l'équipe battue d'avance au cours des années suivantes, ce qui a laissé la voie libre aux Canadiens de Montréal, en route vers cinq titres consécutifs.

Lindsay demeure également un symbole d'unité entre joueurs et de force intérieure, du moins pour les joueurs de la LNH qui savent ce qu'il a tenté de faire il y a 50 ans. À 82 ans, il participe toujours aux activités du commerce d'automobiles qu'il a fondé il y a plus d'un demi-siècle.

« J'essaie simplement de continuer à gagner ma vie, mentionne-t-il. Je ne me bats plus contre les propriétaires de la LNH, mais plutôt contre les Chinois, les Japonais et les Coréens. » ⟨

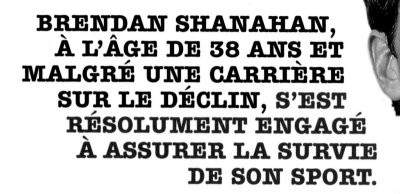

BRENDAN SHANAHAN, À L'ÂGE DE 38 ANS ET MALGRÉ UNE CARRIÈRE SUR LE DÉCLIN, S'EST RÉSOLUMENT ENGAGÉ À ASSURER LA SURVIE DE SON SPORT.

LE SOMMET SHANAHAN

Du hockey plus spectaculaire

Les recommandations du Sommet Shanahan ont presque toutes été mises en vigueur dès le retour du lock-out.

> PAR DAVID SHOALTS

POUR LES AMATEURS DE HOCKEY, LA LISTE DES bénéfices associés au lock-out, qui a sonné le glas de la saison 2004-05 de la LNH, est assez courte. En fait, il n'y en a eu qu'un, mais il a son importance. Après des années de hockey, disons-le, soporifique, ralenti par les stratégies outrageusement défensives des équipes qui se sont multipliées par suite des visées expansionnistes du commissaire Gary Bettman, la Ligue a décidé de se prendre en main, de modifier sa philosophie et de changer certaines règles du jeu. Résultat : un sport drôlement plus divertissant.

C'est peut-être une vision simpliste de la chose, mais il y a essentiellement, selon moi, un seul homme à remercier pour cette évolution. En effet, sans la vision et la persistance de Brendan Shanahan, cette nouvelle ère du hockey sur glace n'aurait jamais vu le jour.

En décembre 2004, Shanahan a réussi à réunir dans un hôtel de Toronto 21 personnes associées de très près au milieu du hockey –joueurs, directeurs généraux, entraîneurs, propriétaires, agents et représentants des grands réseaux de télé – pour une rencontre de deux jours en vue de déterminer les mesures à mettre en place pour revitaliser le hockey sur glace. À une époque où la LNH avait du plomb dans l'aile, le Sommet Shanahan, comme on l'a appelé, s'est révélé un immense succès.

Lorsque la rencontre a débuté, il demeurait impossible de prédire quand le lock-out allait se terminer. Les communications étaient à toutes fins utiles rompues entre les

MOMENT DÉCISIF

flash-info
7 décembre 2004

TORONTO – Pendant deux jours, un groupe de joueurs, d'entraîneurs, de directeurs généraux, d'arbitres et de télédiffuseurs – menés par Brendan Shanahan des Red Wings de Detroit – s'est réuni dans le but d'améliorer le sport du hockey sur glace. Leurs travaux ont donné lieu à 10 recommandations qui devraient rehausser le niveau de jeu dans la LNH. Parmi les suggestions les plus importantes, mentionnons l'adoption des tirs de barrage pour départager les équipes après les cinq minutes de temps supplémentaire et des règles plus sévères pour contrer l'obstruction sur la glace. « Nous ne cherchions pas à réécrire le livre des règlements, a déclaré Shanahan. Le hockey de la LNH est un excellent produit, mais nous avions des suggestions à formuler pour l'orienter dans une nouvelle direction. »

gestionnaires de la LNH et les représentants de l'Association des joueurs. Pourtant, Shanahan avait réussi à obtenir la bénédiction de Bettman et du directeur exécutif de l'Association de l'époque, Bob Goodenow, pour tenir son sommet. Surtout, il avait réussi à convaincre tout le monde de mettre de côté les différends pour se concentrer sur l'avenir du sport comme tel.

Résultat : presque toutes les recommandations issues du Sommet Shanahan ont été adoptées par la LNH lorsqu'elle a repris ses activités à l'automne 2005. La Ligue a décidé d'éradiquer l'obstruction sous toutes ses formes ; de permettre, pour la première fois depuis la Deuxième Guerre mondiale, les passes entre deux zones; d'interdire les changements de joueurs après un dégagement refusé ; de réduire les dimensions de l'équipement des gardiens de but et d'introduire les tirs de barrage comme moyen de trancher les matchs nuls en saison régulière. Le Sommet a également convaincu les bonzes de la Ligue de créer un comité de compétition formé de joueurs, d'officiels, de directeurs généraux, d'entraîneurs et de propriétaires, auquel on donnerait les pouvoirs nécessaires pour apporter, au besoin, des changements à la pratique du sport dans la LNH.

Les amateurs de hockey ont maintenant droit à un spectacle plus fluide où les joueurs talentueux peuvent s'exprimer et où les maîtres de l'obstruction n'ont plus leur place. Cela ne veut pas dire que tout est parfait dans la LNH, mais c'est un pas dans la bonne direction.

En dépit de la qualité du spectacle offert aux amateurs, l'intérêt envers le hockey est au plus bas sur le

Des joueurs comme Alex Ovechkin ont aujourd'hui plus d'espace pour exprimer leur talent.

marché américain. Plusieurs facteurs expliquent ce phénomène, notamment le fait que le lock-out a provoqué la fermeture de nombreux amphithéâtres pendant une année complète et qu'il y a trop d'équipes médiocres dans les marchés les plus prometteurs de la ligue. La LNH sait toutefois qu'elle doit persister avec cette nouvelle mouture de hockey si elle espère conquérir de nouveau le public américain.

À la saison 2005-2006 – la première année de la nouvelle formule –, nombre d'amateurs estimaient que la Ligue nationale de hockey avait transformé le jeu de façon trop radicale. Trop de pénalités douteuses étaient décernées – il suffisait qu'un joueur «pense» à faire de l'obstruction pour que les arbitres sortent leur sifflet. Shanahan lui-même a dénoncé cet état de fait. Lors

ment engagé à assurer la survie de son sport. Il n'avait pas de motivation particulière pour s'attaquer aux problèmes de la ligue et il a lui-même admis que les changements proposés allaient peut-être avoir un impact négatif sur la longévité de sa propre carrière, puisqu'il ne comptait pas parmi les meilleurs patineurs. Inspiré par le point de vue de ses coéquipiers, Brendan Shanahan a cru, à juste titre, qu'il pouvait contribuer à améliorer un sport qu'il aimait passionnément.

Shanahan ne s'est jamais considéré comme un visionnaire ; tous les changements proposés étaient dans l'air bien avant la tenue de son Sommet. Il n'en demeure pas moins que son initiative s'est présentée au bon moment, alors que les personnes les plus influentes du milieu, cherchant à dissiper l'obscurité dans laquelle le

LES AMATEURS DE HOCKEY ONT MAINTENANT DROIT À UN SPECTACLE PLUS FLUIDE OÙ LES MAÎTRES DE L'OBSTRUCTION N'ONT PLUS LEUR PLACE.

des séries éliminatoires, la situation fut inversée et les amateurs se mirent à critiquer les arbitres, estimant qu'ils fermaient les yeux sur de trop nombreuses infractions. Finalement, même si le gardien de but Martin Brodeur s'est retiré du comité sous prétexte que personne n'écoutait ses propositions, le sport du hockey est sorti grandi de cette réforme. La perfection est impossible et il y aura toujours des débats sur le jugement des arbitres. Une chose est certaine, toutefois : la LNH a l'intention de maintenir le cap, du moins pour l'instant, et nous n'avons aucune raison de penser qu'elle ne tiendra pas parole.

Pour l'ensemble de ces changements, nous pouvons remercier Brendan Shanahan, qui, à l'âge de 38 ans et malgré une carrière sur le déclin, s'est résolu-

hockey professionnel était plongé, étaient disposées à faire l'impossible pour corriger le tir. Surtout, Shanahan a eu la persévérance de téléphoner sans relâche aux décideurs qu'il voulait rassembler. «J'étais gêné d'appeler tout ce beau monde, a-t-il confié à la revue *Sports Illustrated*. Je me sentais comme un vendeur itinérant.»

Depuis, Shanahan a connu de bonnes saisons en tant que joueur et il s'est bien acclimaté après son arrivée chez les Rangers. Ses statistiques en carrière – 650 buts, 1340 points et 1490 matchs joués – sont d'excellents arguments qui militent en faveur de son entrée éventuelle au Temple de la renommée du hockey. Et si jamais sa performance sur la glace n'était pas suffisante, la candidature de Shanahan en tant que bâtisseur serait certainement considérée. 〈

LES DÉPLACEMENTS AÉRIENS
Les joueurs s'envoient en l'air

Les avions font aujourd'hui partie du quotidien des joueurs de hockey

> PAR SCOTT MORRISON

À NOTRE CONNAISSANCE, ORVILLE ET WILBUR Wright n'ont jamais joué ni regardé une seule partie de la LNH. Mais ils ont certainement eu une influence énorme sur le hockey.

On compte actuellement 30 équipes dans la LNH. Il y a en avait six dans les années 1960, alors que l'aviation commerciale prenait son envol. En 1967, six nouvelles équipes y sont entrées. En 1970, deux autres se sont ajoutées, puis quelques autres plus tard, et ainsi de suite. Ce n'est pas tout : il est possible que deux autres équipes fassent leur apparition dans quelques années.

Même si on jouait au hockey d'un bout à l'autre du pays à l'époque, et même si les équipes de l'Est et de l'Ouest se disputaient le championnat, les séries duraient une éternité. Plus longtemps que dans la LNH actuelle, croyez-le ou non.

Bien sûr, le train était le principal moyen de transport des équipes de 1920 à la fin des années 50. Selon les archives, les Red Wings de Detroit ont été la première équipe à se déplacer en avion, à la fin des années 30, pour un voyage ou deux. Aussi amusant que cela puisse paraître, ce sont aussi eux qui ont été les premiers à posséder leur propre avion, le Red Wing 1.

À l'époque où elles étaient six, les équipes devaient se trouver relativement près géographiquement pour parer aux voyages de nuit et aux parties consécutives, surtout la fin de semaine. Même si les trains étaient confortables avec leurs couchettes et leurs voitures-restaurants, le voyage était long et fatigant, surtout lorsque le calendrier comptait de 60 à 70 parties.

Les voyages en avion, particulièrement par vol nolisé, permettent aux joueurs de dormir dans leur lit

MOMENT DÉCISIF

flash-info
Le 23 mars 1959

MONTRÉAL ET BOSTON – Les Blackhawks de Chicago et les Maple Leafs de Toronto ont respectivement atterri à Montréal et à Boston aujourd'hui, une journée avant le début de leur série contre les Canadiens et les Bruins. Ce n'est pas la première fois qu'une équipe se déplace en avion pour un match à l'étranger. Les principales lignes aériennes utilisant un nombre croissant d'appareils, les ligues de sports professionnels, dont la LNH, auront certainement recours à ce moyen de transport plus souvent. Les Red Wings de Detroit ont été la première équipe à voyager par avion, en 1936.

après les matchs et de traverser le pays en un minimum de temps et en tout confort. Malgré tout, la plupart se plaignent encore des voyages. Pourtant, on peut aujourd'hui se déplacer de Toronto à Anaheim en cinq heures, alors que le même voyage en train prendrait plusieurs jours.

Vous pensez que le calendrier est mal conçu de nos jours ? S'il n'y avait pas d'avions, combien de fois pensez-vous qu'une équipe de l'Est en affronterait une de l'Ouest? Et même si tous ne sont pas d'avis que l'expansion soit une bonne chose, soyons honnêtes : nous avons découvert que le monde était vaste, qu'il y avait du talent partout sur la planète, et que le bassin de joueurs était suffisamment grand pour former 30 équipes, et peut-être plus. Cela a permis au hockey de réaliser de meilleures affaires et de mettre de l'argent dans les poches des joueurs (sans oublier celles des propriétaires).

Le plus important, cependant, est que les avions ont permis au hockey de vraiment devenir un sport mondial et de compétition internationale. ⟨

AUPARAVANT, LES SÉRIES DURAIENT UNE ÉTERNITÉ. PLUS LONGTEMPS QU'AUJOURD'HUI, CROYEZ-LE OU NON.

Les arbitres en avaient toujours plein les bras quand les Flyers étaient de la partie.

DES JOUEURS PLUS COSTAUDS
La légende des méchants Flyers

⟩ PAR JAY GREENBERG

FORMÉE LORS DE L'EXPANSION DE 1967, L'ÉQUIPE des Flyers de Philadelphie ne volait pas haut à ses débuts; elle fut éliminée en quatre parties consécutives par les Blues de St. Louis en première ronde des éliminatoires de 1969.

« Après cette dégelée, je me suis dit qu'il nous fal-

lait des joueurs plus gros et plus robustes », a déclaré le propriétaire d'alors, Ed Snider. Dans une ligue où seulement 55 % des joueurs mesuraient 6 pieds ou plus et où 18 % pesaient plus de 200 livres, les Flyers ont utilisé le repêchage de 1969 pour sélectionner non seulement Bobby Clarke au deuxième tour, mais aussi

« ON NE VA PAS EN PRISON, ON TABASSE LEURS POULES MOUILLÉES, ON COMPTE 10 BUTS ET ON GAGNE LA PARTIE. » – MOOSE DUPONT

MOMENT DÉCISIF

flash-info
20 mai 1974

PHILADELPHIE – De loin l'équipe la plus pénalisée de la Ligue, les Flyers forment une des meilleures formations de la LNH depuis que le virtuose Bernard Parent a permis à sa formation de remporter une victoire par blanchissage dans le sixième match de la série l'opposant aux Bruins de Boston, pourtant favoris pour remporter la Coupe Stanley cette année. « Appelez ça du momentum, de la rage ou autre chose, a déclaré Bobby Orr; les joueurs des Flyers en avaient plus que nous autres. » Ils avaient aussi plus de muscle que l'équipe des Big Bad Bruins, qui a remporté les grands honneurs en 1970 et 1972.

Première équipe de l'expansion à remporter une Coupe Stanley, les redoutables Broad Street Bullies ont porté l'intimidation à un niveau sans précédent. « J'aimerais vous dire que nous gagnons nos matchs en jouant de finesse, d'affirmer l'entraîneur de l'équipe, Fred Shero, mais je constate qu'il est préférable de ramollir l'adversaire au préalable. Dix-huit enfants de chœur n'ont jamais remporté la Coupe Stanley et ne la remporteront jamais. »

Dave Schultz au quatrième tour et Don Saleski au cinquième. Un seul des joueurs sélectionnés par les Flyers cette année-là mesurait moins de six pieds.

Lors de la saison 1972-1973, Bobby Clarke (déjà une supervedette) et Dave Schultz (accumulant les minutes de punition) s'apprêtaient à transformer radicalement le style des Flyers. « À 5 pieds 10 pouces, je suis le plus petit gars dans cette équipe », avait déclaré le défenseur Joe Watson en marge du camp d'entraînement pré-saison. Bien qu'il ait été avec l'équipe depuis ses débuts, Joe est devenu un joueur de second plan lorsque Bill Barber, premier choix au repêchage des Flyers, et Rick MacLeish, un joueur acquis dans le cadre d'un échange avec les Bruins de Boston, ont fait leur entrée dans le vestiaire et transformé l'équipe.

À l'époque, il ne jouait que sporadiquement, mais Schultz a surpris bien des observateurs en s'attaquant à Keith Magnuson, l'homme fort des Blackhawks. Les choses ont changé quand l'entraîneur, Fred Shero, lors d'un match que l'équipe perdait 4 à 1, a décidé de faire jouer son robuste ailier gauche sur une base régulière. « Ils le laissaient circuler librement autour du filet, se souvient l'entraîneur, alors j'ai décidé de l'utiliser au début de nos matchs pour intimider l'adversaire et ça a marché. »

André Moose Dupont, que Shero a dirigé quand il était avec les Rangers, s'est amené en décembre par suite d'une transaction avec les Blues de St. Louis. Quelques semaines plus tard à Vancouver, alors que Bob Kelly se mesurait à Jim Hargreaves des Canucks, Saleski s'en est pris à Barry Wilcox en le saisissant à la gorge. « Son visage commençait à devenir bleu et je pensais que ses yeux allaient sortir de leurs orbites », se rappelle Saleski.

Lorsqu'un spectateur s'est penché par-dessus la baie vitrée pour saisir Saleski par les cheveux, le gardien substitut, Bobby Taylor, s'est rué sur lui en compagnie du défenseur Barry Ashbee, qui lui a asséné quelques coups de poing. Dupont et Bill Flett se sont alors précipités dans les gradins, brandissant dangereusement leurs bâtons. Un policier a été frappé et une petite fille blessée légèrement. Après ce match mémorable, les amateurs de hockey se sont regroupés à proximité du vestiaire des Flyers pour injurier les joueurs, qu'ils traitèrent d'animaux. Mais les Flyers étaient devenus imperméables aux insultes.

une déclaration de Bobby Schmautz, des Canucks, qui a affirmé que son épouse frappait plus fort que Dave Schultz. Dès le début du match, Schmautz a été blessé par un coup de bâton de Dupont – blessure qui a nécessité 11 points de suture – et il a été corrigé aux poings par Schultz lui-même. Saleski, quant à lui, a été expulsé pour s'en être pris une troisième fois à Richard Lemieux. « Nous avons eu beaucoup de plaisir, a déclaré Moose Dupont après ce match, remporté 11 à 5 par les Flyers. On ne va pas en prison, on

EN 2007, C'EST L'ÉQUIPE LA PLUS PÉNALISÉE DE LA LIGUE, LES DUCKS D'ANAHEIM, QUI A REMPORTÉ LA COUPE STANLEY.

La semaine suivante, à Atlanta, Barber a balancé Larry Romanchych par-dessus la bande dès sa première apparition sur la glace, Saleski a menacé Jacques Richard et Dupont s'est vu décerner trois pénalités pour rudesse dans un match qui a été marqué par 43 minutes de pénalités. Au son de la sirène annonçant la fin de la partie, Gary Dornhoefer s'est même permis la mimique d'un geste coupe-gorge à l'endroit de l'arbitre Wally Harris.

« La réputation de violence des Flyers se répand à travers la LNH, a écrit le chroniqueur Jack Chevalier dans le *Philadelphia Bulletin*. Peu importe qu'on les appelle Mean Machine ou Broad Street Bullies, ils sont venus au centre Omni ce soir pour aligner les Flames le long du mur avant de les abattre. » Les « brutes de Broad Street » faisaient ainsi une entrée fracassante dans les pages des médias.

De retour à Vancouver pour un match et pour répondre de leurs actions du mois de décembre devant un tribunal, les joueurs des Flyers ont été fouettés par

tabasse leurs poules mouillées, on compte 10 buts et on gagne la partie. Et quand c'est fini, on prend une gorgée de bière ! »

Après que les Flyers eurent gagné leur première série en 1972-73 – avant de s'incliner en deuxième ronde face aux Canadiens –, un échange avec Toronto a permis le retour de Bernard Parent devant le filet de l'équipe. « Je reste debout devant mon filet, je regarde nos joueurs prendre des punitions et compter des buts en désavantage numérique », a-t-il dit à l'époque. Cette année-là, Schultz a fracassé son record de la LNH pour les minutes passées au banc des pénalités et les Flyers ont remporté leur première Coupe Stanley. En février de l'année suivante, ce record avait encore une fois été éclipsé en route vers une deuxième conquête du trophée tant convoité.

Passés maîtres dans la pratique du hockey viril préconisé par Shero et menés par des vedettes telles que Clarke, Barber, Parent et MacLeish, les Flyers savaient aussi jouer de finesse. Les victoires en séries élimina-

Dave «The Hammer» Schultz détient le record pour le nombre de minutes de punition en une saison: 472 en 1974-1975.

Bobby Clarke, joueur très talentueux, était aussi connu pour son jeu extrêmement robuste.

toires contre les Rangers et les Bruins en 1974 ont donné lieu à quelques batailles, mais les joueurs de Philadelphie n'ont reçu aucune pénalité majeure dans leur victoire contre Buffalo dans la finale de 1975.

Il n'en demeure pas moins que de nombreux joueurs ont pris des « sabbatiques » les soirs où ils devaient disputer des matchs au Spectrum, et la « grippe de Philadelphie » a fait bien des ravages à une certaine époque dans la Ligue nationale de hockey... Souvent, le match était gagné avant même que les Flyers ne sautent sur la glace.

En 1975-76, lors d'un match hors-concours, la légendaire équipe de l'Armée russe a quitté la glace en guise de protestation après une première période ponctuée par plusieurs mises en échec vicieuses. Les Flyers n'ont perdu que deux matchs à domicile cette année-là. Ils furent toutefois détrônés en mai, en quatre matchs, par une équipe des Canadiens plus robuste et rapide qu'eux. Le ton de la série avait été donné quand Larry Robinson avait littéralement défoncé la bande en mettant Dornhoefer en échec.

Les Islanders, qui ont succédé aux Canadiens en gagnant quatre Coupes Stanley consécutives, avaient dans leurs rangs quelques durs à cuire, dont Clark Gillies et Gary Howatt. La robustesse était désormais un ingrédient nécessaire pour faire une équipe championne.

La pénalité décernée aux instigateurs des combats a diminué la fréquence des altercations et l'efficacité des techniques d'intimidation. Il n'en demeure pas moins qu'en 2006-2007, 76 % des joueurs dans la LNH mesuraient plus de 6 pieds et 62 % d'entre eux pesaient plus de 200 livres. Les combats font donc toujours partie du hockey, tout comme le débat sur ce qu'ils apportent au spectacle.

On remarquera qu'en 2007, c'est l'équipe la plus pénalisée de la ligue, les Ducks d'Anaheim, qui a remporté la Coupe Stanley.

« Il nous faut deux ou trois joueurs costauds pour l'emporter », de dire Bryan Murray, entraîneur et directeur général des Sénateurs d'Ottawa. Plus les choses ont changé depuis le règne des Broad Street Bullies, plus elles semblent pareilles. ⟨

LE LOCK–OUT DE 2004
Le début d'une nouvelle ère

> PAR LUKE DECOCK ET ELLIOTT PAP

EN SORTANT D'UNE RENCONTRE DU BUREAU DES gouverneurs de la LNH en juillet 2005, Bill Daly a lâché un soupir de soulagement dont il se souvient encore aujourd'hui. En tant que commissaire adjoint et principal négociateur de la LNH, il venait de passer huit longues journées avec les représentants de l'Association des joueurs de la LNH à peaufiner les derniers détails d'une toute nouvelle convention collective. « J'avais l'impression d'arriver à quai après un long et tumultueux voyage », affirme Daly avec le recul.

Pour la LNH, cette convention marque le début d'une nouvelle ère. Sur le fond, elle comporte peu de changements, mais certaines de ses règles ont par contre subi d'importantes modifications. Grâce au plafond salarial et au partage des revenus, deux mesures clés de cette entente, un équilibre s'est installé entre les équipes de la LNH, autrefois dominée par une poignée de franchises toutes puissantes. (Deux ans après l'adoption du nouveau contrat de travail, l'une de ces puissances, les Flyers de Philadelphie, s'est retrouvée à la fin du classement et a raté les séries.)

Les deux premières formations championnes de cette « nouvelle LNH » s'étaient déjà rendues en série finale avant le lock-out, mais n'avaient pu se maintenir parmi les équipes d'élite, faute de financement. Il s'agit de la Caroline en 2006 (finaliste en 2002) et d'Anaheim en 2007 (finaliste en 2003). Si l'on se fie aux premières années de la convention collective de 2005, il semble que les équipes de haut niveau aient une fenêtre d'environ deux ou trois ans au cours de laquelle elles peuvent

MOMENT DÉCISIF

flash-info
10 avril 2005

RALEIGH, CAROLINE DU NORD – Deux partisans des Hurricanes de la Caroline se sont donné rendez-vous dans un terrain de stationnement du RBC Center de Raleigh pour tenir leur fête traditionnelle de fin de saison. C'était un triste moment plus qu'une célébration, puisque la saison de hockey de cette année s'est terminée en queue de poisson. Lorsque la LNH et l'Association des joueurs – malgré les offres, les contre-offres et une intervention de dernière minute de la part de Wayne Gretzky et Mario Lemieux – n'ont pas réussi à parapher une nouvelle convention collective avant la date butoir de février 2005, la saison a été annulée et la LNH est devenue la première ligue professionnelle à perdre une saison complète à cause d'un conflit syndical.

lutter pour la Coupe. Après cette période, elles subissent les contrecoups du plafond et des hausses importantes de salaire qu'exigent les joueurs qui acquièrent le statut d'agent libre.

Au départ, la nouvelle convention collective était considérée comme peu favorable pour les joueurs – qui avaient entrepris les négociations en acceptant une baisse de salaire de 24 % pour éviter l'imposition d'un plafond salarial... et qui se sont retrouvés avec les deux. Toutefois, l'augmentation des revenus dans la LNH et la diminution de l'âge où un joueur accède au statut d'agent libre auront permis à plusieurs hockeyeurs en milieu de carrière de signer de très lucratifs contrats.

Plusieurs joueurs ont passé la saison 2004-2005 en Europe.

Les experts s'entendent pour dire que c'est le plafond salarial qui a eu le plus de retombées sur le sport. Adieu l'époque où les équipes évoluant dans les grands marchés pouvaient se permettre une masse salariale de 70 ou 80 millions de dollars, alors que les plus petites devaient se battre avec quatre fois moins de budget. Aujourd'hui, l'écart entre les équipes les mieux et les moins bien nanties a été réduit à 16 millions et les 10 formations ayant la plus faible masse salariale ont droit au partage des revenus.

Du point de vue des propriétaires, la nouvelle convention a apporté un filet de sécurité financier. Le total des salaires des joueurs ne peut excéder 55 % des revenus provenant des activités de hockey et un mécanisme de

compensation a été mis en place. Certaines sommes sont retenues pendant la saison sous forme de paiements en fiducie et elles ne sont versées aux joueurs que lorsque les chiffres concordent. Les joueurs, en retour, reçoivent des sommes plus importantes si leurs salaires chutent sous un pourcentage préétabli.

D'autres facteurs ont aussi contribué à la transformation profonde du hockey professionnel. Par exemple, les équipes qui mettent sous contrat un joueur qui ne tient pas promesse ne peuvent plus racheter son contrat et le renvoyer chez lui. Chaque dollar dépensé pour racheter un contrat est comptabilisé dans le plafond salarial de l'équipe, même si cette somme peut être répartie sur plus d'une saison.

Lorsque les Hurricanes de la Caroline ont remporté

la première Coupe Stanley de l'ère « plafond salarial »
en 2006, l'équipe a immédiatement perdu des joueurs
qui, misant sur la victoire de leur formation, ont choisi

GRÂCE AU PLAFOND SALARIAL ET AU PARTAGE DES REVENUS, UN ÉQUILIBRE S'EST INSTALLÉ ENTRE LES ÉQUIPES DE LA LNH.

de tester le marché des joueurs autonomes. Les op-
posants des Hurricanes lors de la série finale, les Oilers d'Edmonton, se sont tout simplement désintégrés
en 2006-2007 après la perte sur le marché des
agents libres de Jaroslav Spacek et Michael Peca. Les
Ducks d'Anaheim, de leur côté, ont remporté la Coupe
Stanley en 2007 avec une équipe formée de jeunes
joueurs peu coûteux, tels que Ryan Getzlaf et Corey
Perry, et de quelques trouvailles – Chris Kunitz et Dus-
tin Penner – glanées sur le marché des agents libres.
Quant aux gagnants de 2008, les Red Wings, ils ont
pu conserver le cœur de leur équipe championne
et ont même trouvé le tour d'y ajouter Marian
Hossa, mais leur marge de manœuvre est
aujourd'hui minime. En fin de compte, cette
volatilité fait en sorte que le dépistage, le
repêchage et le développement des
joueurs sont plus que jamais des com-
posantes essentielles de la nouvelle ère
du hockey.

En 2006-2007, la deuxième année
suivant le lock-out, la LNH a déclaré
des revenus records de 2,2 milliards,
soit 300 millions de plus qu'en
2002-2003. Comme elle a plus
d'argent dans ses coffres,

Avec le nouveau plafond
salarial, les Flyers ont dû
manœuvrer pour garder
Daniel Brière.

Depuis le lock-out, la fièvre du hockey a repris comme jamais à Montréal.

la Ligue ne cesse de hausser le plafond salarial, qui semble croître au même rythme que la richesse des propriétaires. Ceci se révèle particulièrement vrai au moment de la vente d'une franchise. L'équipe des Prédateurs de Nashville a été vendue récemment pour 193 millions et le Lightning de Tampa Bay pour 206 millions. En comparaison, avant le lock-out, trois franchises de la LNH ont changé de main pour moins de 100 millions chacune. Bref, cette croissance des revenus ne pouvait survenir à un meilleur moment pour la LNH.

La force du huard pendant la dernière année a revitalisé les équipes canadiennes, qui comptaient jadis parmi les moins bien nanties de la LNH. Aucune n'a eu besoin de recourir au partage des revenus, une mesure qu'elles avaient pourtant réclamée avec acharnement. Pendant la même période, les franchises américaines les moins productives ont été mises à mal par l'escalade du plafond salarial et elles ont été forcées de dépenser plus d'argent qu'elles ne le souhaitaient. Aujourd'hui, le minimum de masse salariale est fixé à 34,3 millions, à peine 5 millions de moins que le maximum permis à l'an 1 de la nouvelle convention collective.

La plupart des équipes se sont stabilisées depuis l'entrée en vigueur de la nouvelle convention collective, mais on ne peut pas en dire autant de l'Association des joueurs de la LNH. Bob Goodenow, le directeur exé-

EN 2006-2007, LA DEUXIÈME ANNÉE SUIVANT LE LOCK-OUT, LA LNH A DÉCLARÉ DES REVENUS RECORDS DE 2,2 MILLIARDS.

cutif de l'Association, a démissionné peu de temps après la signature de l'entente et son successeur, Ted Saskin, a été démis de ses fonctions par les joueurs. À l'été 2007, l'Association a entrepris de modifier sa mission et ses structures pour donner plus de prise aux joueurs sur son avenir, mais il s'agit d'un processus complexe dont les résultats tardent à se faire sentir.

Le contrat sur les droits de télévision, qui ont été cédés au réseau Versus dans le cadre de la nouvelle convention, est l'un des éléments les plus importants de cette nouvelle ère du hockey. Bien que lucratif pour la Ligue, ce contrat avec un nouveau fournisseur de services – c'était le réseau ESPN qui détenait les droits auparavant – a diminué la visibilité du sport sur le marché américain.

S'il y a un endroit cependant où la nouvelle convention a produit des résultats exceptionnels, c'est bien sur la glace. La LNH a profité de l'interruption de ses activités pour développer, implanter et renforcer un ensemble de modifications réglementaires destinées à ouvrir le jeu, ainsi qu'à éliminer l'accrochage et l'obstruction. Ces modifications ont haussé l'intensité offensive des matchs et multiplié les jeux de puissance. Bien que cela ne fasse pas l'affaire de certains puristes, réfractaires au changement, il n'y a aucun doute que la qualité du spectacle a considérablement augmenté.

Les aspects positifs du lock-out sont quantifiables, alors que les aspects négatifs le sont difficilement. Par exemple, un nombre important de journaux aux États-Unis ne couvrent plus le hockey de la LNH, ce qui a une influence certaine sur la visibilité de la Ligue. Il est tout de même admis que la saison perdue aura été bonne pour le sport.

Bien entendu, cette lecture ne tient pas compte de la déception ressentie par les amateurs pendant ce long hiver de tiraillements, ni du fait que les revenus de la Ligue risquent de fluctuer considérablement selon la valeur des devises. Il n'en demeure pas moins que Gary Bettman avait promis 30 franchises en santé dans 30 marchés stables et, jusqu'à présent, il a tenu parole, même s'il est intervenu pour empêcher la vente des Predators à Jim Balsillie, un acheteur canadien qui souhaitait déménager la franchise à Hamilton. Si tout reste au beau fixe pendant encore 10 ans, le lock-out sera sans doute oublié par la plupart des amateurs, sauf peut-être ceux qui ont passé le plus clair de l'hiver 2004-2005 dans leur salon à pester contre le conflit de travail qui les privait de leur sport préféré. ⟨

Les Red Wings ont su garder une équipe compétitive même avec l'arrivée du plafond salarial.

Ducks

d'Anaheim

Teemu Selanne

MEILLEUR JOUEUR DANS L'UNIFORME

Les deux séjours de Selanne avec les Ducks lui ont permis de se hisser dans le haut de la colonne des marqueurs de la franchise. En 2007, son leadership a propulsé les Ducks à une victoire de la Coupe Stanley.

⟩ FORMATION DE LA FRANCHISE

Les Ducks, plus que toute autre équipe de la LNH, ont connu des débuts hollywoodiens. Leur nom vient directement de la série de films des Mighty Ducks. Anaheim a fait son entrée dans la ligue en 1993-1994, alors que l'équipe appartenait à la Corporation Walt Disney.

⟩ BÂTISSEUR ÉMÉRITE

Le DG Brian Burke a assemblé l'un des meilleurs duos de défenseurs dans l'histoire de la ligue, soit Chris Pronger et Scott Niedermayer. Grâce à de bons choix au repêchage, Burke n'a pas mis de temps à transformer une équipe démunie en une formation gagnante.

⟩ MEILLEUR JOUEUR REPÊCHÉ

Paul Kariya (4ᵉ au total en 1993)

Le tout premier choix au repêchage de la franchise est devenu une star incontestée à l'attaque. Dès son arrivée avec l'équipe, Kariya a incarné l'image et la vision des Mighty Ducks.

MOMENTS CLÉS

⟩ COUPE STANLEY

Victoire convaincante en cinq matchs contre les Sénateurs en 2007.

⟩ NOUVEAU DG

En 2005, l'équipe embauche un DG agressif en la personne de Brian Burke. Sous sa gouverne, les Ducks sont devenus une puissance de la LNH.

⟩ ÉCHANGE CLÉ

L'acquisition de Chris Pronger des Oilers en 2006 a rendu l'équipe des Ducks favorite pour gagner la Coupe.

⟩ SUPER AGENT

En 2005, les Ducks deviennent de sérieux prétendants lorsqu'ils engagent l'agent libre Scott Niedermayer.

⟩ REPÊCHAGE DE 93

Les Ducks choisissent Paul Kariya comme pierre d'assise de la concession.

Ilya Kovalchuk

Thrashers
d'Atlanta

MEILLEUR JOUEUR DANS L'UNIFORME

Codétenteur du trophée Maurice-Richard en 2003-2004, Kovalchuk est un joueur d'exception qui possède un lancer foudroyant et est à même de dominer les défenseurs grâce à une force d'accélération stupéfiante.

〉 FORMATION DE LA FRANCHISE

Le 25 juin 1997, le hockey est revenu à Atlanta pour la première fois après le départ des Flames pour Calgary en 1980. La LNH a accordé une concession aux Thrashers pour le début de la saison 1999-2000.

〉 BÂTISSEUR ÉMÉRITE

Depuis 1998, Don Waddell, le premier DG des Thrashers, est avec l'équipe. C'est lui qui a recruté Kovalchuk et acquis Marian Hossa, ainsi qu'un gardien de but prometteur du nom de Kari Lehtonen.

〉 MEILLEUR JOUEUR REPÊCHÉ

Dany Heatley (2ᵉ au total en 2000)
La sélection de Kovalchuk est passée à l'histoire, mais Heatley est un bien meilleur joueur. Depuis qu'il a quitté Atlanta, il a inscrit, coup sur coup, deux saisons de 50 buts et 50 passes.

MOMENTS CLÉS

〉 DÉCÈS TRAGIQUE

En 2003, l'accident de voiture de Dany Heatley a coûté la vie à son coéquipier Dan Snyder et sérieusement ébranlé la franchise.

〉 SPECTACULAIRE TRANSACTION

On échange Heatley aux Sénateurs contre Marian Hossa et Greg de Vries en août 2005.

〉 REPÊCHAGE 2001

Kovalchuk devient le premier joueur russe sélectionné au premier rang du repêchage.

〉 RECRUES DE QUALITÉ

En 2002, Heatley est nommé Meilleure recrue de l'année et se retrouve en compagnie de Kovalchuk dans l'équipe d'étoiles des recrues.

〉 ÉLIMINATOIRES

En avril 2007, les Thrashers remportent le titre de leur division et une première participation aux séries de fin de saison.

Bobby Orr

Bruins
de Boston

MEILLEUR JOUEUR DANS L'UNIFORME

Ce défenseur a transformé le jeu pour toujours et mené les Bruins à deux conquêtes de la Coupe Stanley avant que des problèmes de genoux ne l'obligent à prendre sa retraite à l'âge de 30 ans. Bobby Orr a été le premier et le seul défenseur de la LNH à remporter le trophée Art Ross.

⟩ FORMATION DE LA FRANCHISE

Le 1er novembre 1924, Charles Francis Adams, un jeune homme d'affaires issu du milieu de l'alimentation, a versé 15 000 $ à la LNH pour devenir propriétaire de la toute première équipe américaine de la ligue.

⟩ BÂTISSEUR ÉMÉRITE

Adams s'est porté acquéreur de la totalité de la Western Hockey League pour alimenter en talents l'équipe des Bruins. C'est aussi lui qui a fait construire le Garden de Boston.

⟩ MEILLEUR JOUEUR REPÊCHÉ

Raymond Bourque (8e au total en 1979)

Il a fracassé le record de points inscrits par un défenseur recrue et est devenu, au fil de sa carrière, l'un des capitaines et défenseurs les plus respectés de la LNH. Aucun joueur à la ligne bleue n'a amassé plus de points en carrière que Raymond Bourque.

MOMENTS CLÉS

⟩ PREMIÈRE COUPE

La «dynamite line», composée de Cooney Weiland, Dit Clapper et Dutch Gainor, a mené les Bruins à une première conquête de la Coupe Stanley en 1929.

⟩ VOL PLANÉ HISTORIQUE

Bobby Orr effectue un vol plané après avoir marqué le but victorieux dans le dernier match de la finale en 1970.

⟩ TALENTS MULTIPLES

Milt Schmidt arrive en 1938 et devient, tour à tour, joueur, capitaine, entraîneur et DG de l'équipe des Bruins.

⟩ JAMAIS DEUX SANS TROIS

La « Kraut line » aide Boston à remporter sa troisième Coupe Stanley en 1940-1941.

⟩ HELLO ESPOSITO

En 1967, les Buins passent un sapin aux Hawks et mettent la main sur Phil Esposito lors d'une transaction. Celui-ci deviendra une vraie machine à marquer des buts.

Gilbert Perreault

Sabres
de Buffalo

MEILLEUR JOUEUR DANS L'UNIFORME

Gilbert Perreault a commencé sa carrière en 1970, en même temps que l'équipe des Sabres. Premier choix au repêchage, il a joué à Buffalo pendant 17 ans. Il possédait une accélération peu commune et des mains exceptionnelles.

⟩ FORMATION DE LA FRANCHISE

Après avoir connu du succès avec des équipes des ligues mineures, Buffalo s'est vu accorder, le 2 décembre 1969, une franchise de la LNH.

⟩ BÂTISSEUR ÉMÉRITE

Depuis la nomination du DG Darcy Regier à la barre de l'équipe en 1997-1998, les Sabres ont participé à quatre finales de la section Est ainsi qu'à la finale de la Coupe Stanley de 1999. Grâce à de judicieux choix au repêchage et à la mise sous contrat de collaborateurs clés, il a construit une équipe jeune et performante.

⟩ MEILLEUR JOUEUR REPÊCHÉ

Pierre Turgeon (1er au total en 1987)
Tout comme Perreault, Turgeon était un fin passeur et un as pour faire dévier les lancers. Il vient de prendre sa retraite après une carrière de 16 saisons dans la LNH, affichant un total de 1327 points.

MOMENTS CLÉS

⟩ LE DOMINATOR

L'équipe acquiert le gardien suppléant Dominik Hasek des Blackhawks de Chicago en août 1992.

⟩ FAMEUX PATIN

En 1999, Hasek réussit à mener les Sabres jusqu'en finale, mais voit ses rêves s'écrouler lorsque Brett Hull, des Stars, compte un but controversé.

⟩ ROUE DE FORTUNE

Les Sabres remportent le premier choix au repêchage en 1970 grâce à une heureuse roue de fortune.

⟩ PREMIER AMOUR

En 1972-1973, les Sabres participent aux éliminatoires avec une fiche à domicile (30-6-3) qui suscite l'enthousiasme des amateurs. Deux ans plus tard, ils se rendront en finale.

⟩ FAILLITE

Sous la tutelle de la LNH, les Sabres font l'acquisition en 2003 de Daniel Brière des Coyotes de Phoenix.

Flames
de Calgary

Al MacInnis

MEILLEUR JOUEUR DANS L'UNIFORME

Al MacInnis était un défenseur offensif qui possédait tout un lancer frappé. Il a été le général des Flames à la ligne bleue pendant ses 12 années à Calgary et a été nommé Meilleur joueur des séries à l'occasion de leur marche vers la Coupe Stanley en 1989.

〉 FORMATION DE LA FRANCHISE

Après huit ans à Atlanta, les Flames ont déménagé, en 1980, à Calgary, où ils jouèrent leurs premières saisons dans un minuscule amphithéâtre de 6475 places.

〉 BÂTISSEUR ÉMÉRITE

Cliff Fletcher a été DG des Flames pendant 18 ans et c'est lui qui a constitué l'équipe championne de 1989. Après qu'il eut quitté ses fonctions en 1991, les Flames ont raté les séries éliminatoires huit fois au cours des douze années subséquentes.

〉 MEILLEUR JOUEUR REPÊCHÉ

Brett Hull (117e au total en 1984)

Même s'il était le fils du légendaire Bobby Hull, Brett n'a pas été favorisé lors du repêchage de 1984. Calgary l'a échangé aux Blues de St-Louis après 57 matchs à peine, mais il est devenu un des meilleurs marqueurs de la ligue. Après son départ, toutefois, les Flames se sont vite dirigés vers la conquête de la Coupe Stanley.

MOMENTS CLÉS

〉 ENFIN, LA COUPE!

L'équipe remporte sa première Coupe Stanley en 1989 contre les Canadiens en six parties.

〉 FIÈVRE DES SÉRIES

La ville de Calgary bourdonne d'activités tout au long de la série finale contre Tampa Bay en 2004. Malheureusement, les Flames doivent s'avouer vaincus.

〉 GROSSE TRANSACTION

Les Flames envoient Joe Nieuwendyk à Dallas en échange d'un jeune de 18 ans du nom de Jarome Iginla.

〉 BUT REFUSÉ

Le but controversé de Martin Gélinas dans le sixième match de la finale de 2004 aurait permis à l'équipe de remporter la Coupe.

〉 AU BOUT DU BANC

L'équipe embauche Darryl Sutter comme entraîneur à mi-chemin de la saison 2002-2003.

Ron Francis

Hurricanes
de la Caroline

MEILLEUR JOUEUR DANS L'UNIFORME

Ron Francis était un joueur calme, admiré de tous pour ses qualités de leader, tant chez les Whalers que les Hurricanes. Lauréat des trophées Selke et Lady Bing, il a toujours réussi à inspirer ses coéquipiers.

〉 FORMATION DE LA FRANCHISE

En 1997, après presque deux décennies dans la LNH, l'équipe des Whalers de Hartford déménage en Caroline. Les premiers matchs ont été joués à Greensboro avant que l'équipe ne s'installe à Raleigh.

〉 BÂTISSEUR ÉMÉRITE

Jim Rutherford est DG de l'équipe depuis 1994 ; elle était encore basée à Hartford. Il ne s'est jamais gêné pour aller de l'avant avec des transactions audacieuses.

〉 MEILLEUR JOUEUR REPÊCHÉ

Chris Pronger (2e au total en 1993)

En plus de repêcher Ron Francis au quatrième rang en 1981, les Hurricanes ont pu mettre la main sur Chris Pronger, un futur membre du Temple de la renommée. À différents moments dans sa carrière, Pronger a été considéré comme le meilleur défenseur et le meilleur joueur de la LNH.

MOMENTS CLÉS

〉 PREMIÈRE COUPE

En 2006, c'est une victoire de 3-1 contre Edmonton dans le septième match de la série finale qui a permis aux Hurricanes de remporter leur première Coupe Stanley.

〉 GROSSE DÉCISION

En 1997, les Whalers déménagent en Caroline après 18 années à Hartford.

〉 ÉCHANGES CLÉS

Les Hurricanes améliorent leur attaque à la dernière minute en 2006 en faisant l'acquisition de Doug Weight et de Mark Recchi.

〉 RETRAITE MÉRITÉE

Gordie Howe prend sa retraite en 1980 après 32 saisons comme joueur et se joint à l'équipe de direction.

〉 SOLIDE COMME LE ROC

Doug Jarvis surpasse Gary Unger à titre d'homme de fer de la ligue lorsqu'il franchit la marque des 915 matchs en 1986.

Bobby Hull

Blackhawks
de Chicago

MEILLEUR JOUEUR DANS L'UNIFORME

Surnommé la « Comète blonde », Bobby Hull a été le meilleur ailier gauche de l'histoire. Rapide, il possédait un lancer frappé foudroyant et affichait toujours un sourire charismatique.

› FORMATION DE LA FRANCHISE

Le Major Frederic McLaughlin et la Ville de Chicago ont obtenu une franchise de la LNH le 25 septembre 1926.

› BÂTISSEUR ÉMÉRITE

Au cours de la carrière de Tommy Ivan, qui a été DG de l'équipe pendant 23 ans, les Hawks n'ont remporté qu'une seule Coupe Stanley. Par contre, ils ont toujours été au cœur de l'action et très compétitifs.

› MEILLEUR JOUEUR REPÊCHÉ

Dominik Hasek (207e au total en 2003)

Le choix le plus évident serait Denis Savard, sélectionné au troisième rang en 1980 et membre du Temple de la renommée depuis l'an 2000, mais que dire de Hasek ? Avant de devenir une super vedette et un des meilleurs gardiens de la Ligue, il a été échangé aux Sabres pour un joueur du nom de Stéphane Beauregard.

MOMENTS CLÉS

› PREMIÈRE COUPE

La victoire de 1934 a été acquise grâce aux performances de Chuck Gardiner devant le filet. Il est mort en juin de la même année.

› MAUVAIS ÉCHANGE

L'envoi de Phil Esposito à Boston lors d'un échange catastrophique en 1967.

› DÉPART CHOC

En 1972, Bobby Hull quitte les Blackhawks à l'âge de 33 ans pour joindre une équipe de l'AMH à Winnipeg.

› VIF COMME L'ÉCLAIR

Lors d'un match en 1952, Bill Mosienko a compté trois buts en 21 secondes.

› DERNIÈRE COUPE

En 1961, menés par Glenn Hall, Stan Mikita et Hull, les Hawks éliminent les Wings et remportent la Coupe Stanley.

Joe Sakic

Avalanche
du Colorado

MEILLEUR JOUEUR DANS L'UNIFORME

Joe Sakic a été le leader de l'Avalanche dès ses débuts. En tant que capitaine, il a mené l'équipe à la conquête de deux Coupes Stanley tout en maintenant une moyenne d'un point par match dans 15 de ses 18 saisons.

❯ FORMATION DE LA FRANCHISE

La faiblesse du dollar canadien et le manque d'intérêt de la Ville de Québec ont contribué à l'échec des Nordiques. La franchise a été déménagée à Denver le 21 juin 1995.

❯ BÂTISSEUR ÉMÉRITE

Pierre Lacroix, qui est devenu DG de l'Avalanche en 1994-1995, a été à la barre de l'équipe pendant son heure de gloire et ses deux victoires de la Coupe Stanley. Il est maintenant président de l'équipe.

❯ MEILLEUR JOUEUR REPÊCHÉ

Eric Lindros (1er au total en 1991)

Outre Sakic, Lindros s'est révélé un joueur clé. Il ne voulait rien savoir des Nordiques et il a été échangé. Les joueurs obtenus lors de la transaction avec les Flyers ont transformé l'Avalanche en une équipe gagnante.

MOMENTS CLÉS

❯ UN VRAI VOL

Montréal échange le grand Patrick Roy à l'Avalanche en 1995.

❯ PREMIÈRE COUPE

En 1995, avec Roy devant les buts, Colorado balaie la Floride grâce à un but d'Uwe Krupp compté en prolongation.

❯ TOUTE UNE TRANSACTION

Les Nordiques reçoivent Peter Forsberg, quatre autres joueurs, deux choix au repêchage et 15 millions $ pour Eric Lindros.

❯ ABSENT DE MARQUE

En 2001, malgré une blessure à Forsberg, Colorado remporte tout de même la Coupe Stanley.

❯ CHANGEMENT DE CAP

Les Nordiques sont une des quatre équipes qui ont joint la LNH après la fusion avec l'AMH.

Rick Nash

Blue Jackets
de Columbus

MEILLEUR JOUEUR DANS L'UNIFORME

Nash est un compteur naturel ; un attaquant puissant qui possède une grande portée, de bonnes mains et de la vitesse. Codétenteur du trophée Maurice Richard en 2003-2004, ce jeune joueur va marquer beaucoup de buts.

〉 FORMATION DE LA FRANCHISE

Le 25 juin 1997, sept mois après que la demande fut déposée, la Ville de Columbus s'est vu accorder une franchise de la LNH. Trois ans plus tard, en 2000-2001, les Blue Jackets ont disputé leur premier match.

〉 BÂTISSEUR ÉMÉRITE

Doug MacLean n'a pas réussi à produire une équipe gagnante au cours de ses six années en tant que DG, mais à l'extérieur de la glace, il a fait connaître les Blue Jackets comme pas un.

〉 MEILLEUR JOUEUR REPÊCHÉ

Nikolai Zherdev (4e au total en 2003)
À part Nash, Zherdev est le joueur le plus doué à avoir été recruté au repêchage. Malheureusement, il ne s'est pas encore développé à la hauteur de son talent. On se console en se disant qu'il n'a que 23 ans.

MOMENTS CLÉS

〉 ÉCHANGE DE CHOIX

L'équipe a échangé son choix au repêchage avec la Floride pour pouvoir choisir Nash au premier rang en 2002.

〉 MORT D'UN AMATEUR

La LNH a rehaussé la sécurité dans ses amphithéâtres, en ajoutant un filet protecteur, après le décès d'une jeune fille de 13 ans survenu en 2002.

〉 UN ENTRAÎNEUR DE QUALITÉ

L'embauche de Ken Hitchcock en 2006-2007 donne à l'équipe un semblant de crédibilité.

〉 PREMIER CHOIX

Lors de son tout premier repêchage en 2000, l'équipe choisit Rostislav Klesla au quatrième rang de la première ronde.

〉 VIVE LE ROI !

Dave King est nommé premier entraîneur de l'équipe le 5 juillet 2000.

Stars

de Dallas

Mike Modano

MEILLEUR JOUEUR DANS L'UNIFORME

Modano a mené les Stars à leur seule conquête de la Coupe Stanley en 1999 et il a été un joueur de premier plan pour cette franchise depuis 1988. Dans ses meilleures années, Modano était un patineur véloce et talentueux.

MOMENTS CLÉS

〉 LA COUPE DE 1999

Malgré le fait que son patin était bien dans la zone réservée au gardien, Brett Hull marque un but controversé qui coule les Sabres de Buffalo en prolongation.

〉 LE GRAND DÉMÉNAGEMENT

Qui, en 1993, aurait prédit que le hockey quitterait le Minnesota pour le Texas?

〉 VEDETTES PRÉCOCES

Ce sont les jeunes qui ont mené les North Stars à la finale de 1981, que l'équipe a perdue aux mains des Islanders.

〉 CHOIX NUMÉRO 1

Avec le premier choix au total en 1988, les North Stars du Minnesota optent pour Mike Modano.

〉 DERRIÈRE LE BANC

Ken Hitchcock remplace Bob Gainey comme entraîneur à mi-chemin de la saison 1995-1996.

〉 FORMATION DE LA FRANCHISE

Après avoir quitté le marché de moins en moins attrayant du Minnesota en 1993, les Stars ont connu leurs six meilleures saisons à vie. Ce fut un pari payant pour Norm Green, le propriétaire d'alors.

〉 BÂTISSEUR ÉMÉRITE

Après avoir agi comme entraîneur de l'équipe pendant deux saisons, Bob Gainey a ajouté le titre de DG à ses fonctions en 1992. Son travail a dressé la table pour que cette équipe devienne, à la fin des années 90, une véritable puissance.

〉 MEILLEUR JOUEUR REPÊCHÉ

Marty Turco (124ᵉ au total en 1994)
Outre Modano, les Stars ont repêché Turco, mais il n'a pas encore réussi à les mener très loin en séries éliminatoires.

Red Wings
de Detroit

Gordie Howe

MEILLEUR JOUEUR DANS L'UNIFORME

« Monsieur Hockey » était robuste, talentueux et résilient. Howe a été le premier à combiner muscle et brio offensif sur la glace.

MOMENTS CLÉS

› M. HOCKEY
En 1969, Gordie Howe, 41 ans, termine au troisième rang des marqueurs et, pour la vingtième année consécutive, il se retrouve parmi les cinq meilleurs francs-tireurs de la Ligue.

› DOMINATION
En 1955, les Wings méritent le titre de la saison régulière pour une septième année consécutive et ils remportent la Coupe pour la quatrième fois au cours des six précédentes années.

› FIN DE LA DISETTE
Lors de la saison 1997, les Wings balaient les Flyers pour remporter la Coupe et mettre fin à une disette de 42 ans.

› TERRY À LA RESCOUSSE
L'échange de Harry Lumley permet à Terry Sawchuk de connaître une saison recrue exceptionnelle en 1950-1951.

› TRAGÉDIE
Un accident de limousine met fin à la carrière de Vladimir Konstantinov, mais les Wings remportent tout de même la Coupe en 1998.

› FORMATION DE LA FRANCHISE
Les Red Wings se sont vu attribuer une franchise de la LNH le 15 mai 1926, après qu'un groupe de Detroit eut fait l'acquisition de la formation des Cougars de Victoria, une équipe de la défunte WHL.

› BÂTISSEUR ÉMÉRITE
Bien qu'il ne fût jamais DG de l'équipe, Scotty Bowman était un entraîneur surdoué qui savait causer stratégie avec ses troupes. Sous sa gouverne (1993-2002), les Wings ont toujours été parmi les équipes favorites et il sut ajouter trois Coupes Stanley aux six qu'il détenait déjà.

› MEILLEUR JOUEUR REPÊCHÉ
Steve Yzerman (4e au total en 1983)
Le choix du futur capitaine et membre du Temple de la renommée Steve Yzerman, a pavé la voix aux succès que la franchise a connus au cours des 25 années suivantes.

Oilers
d'Edmonton

Wayne Gretzky

MEILLEUR JOUEUR DANS L'UNIFORME

La vision du jeu de Wayne Gretzky était tout simplement remarquable et ses statistiques le prouvent. Il a été la figure principale de quatre des cinq conquêtes de la Coupe Stanley par les Oilers et sera à tout jamais connu comme « La Merveille ».

⟩ FORMATION DE LA FRANCHISE

Sa route vers la LNH est passée par l'Association mondiale de hockey. Lorsque cette ligue a fermé ses portes en 1979, quatre équipes ont été intégrées à la LNH. Seuls les Oilers évoluent encore dans leur marché d'origine.

⟩ BÂTISSEUR ÉMÉRITE

Lorsque l'on regarde l'équipe que Glen Sather a réunie à partir du milieu des années 80, on découvre une enfilade de joueurs dignes du Temple de la renommée. Pas de doute, il a établi une des dynasties les plus dominantes dans l'histoire de la Ligue. C'est pourquoi il fait lui-même partie du Temple de la renommée.

⟩ MEILLEUR JOUEUR REPÊCHÉ

Mark Messier (48e au total en 1979)

Si Gretzky occupait une place de choix dans le cœur des amateurs d'Edmonton, Messier n'était pas loin derrière. En 1990, après le départ de Gretzky, Messier a mené les Oilers encore une fois vers la Coupe.

MOMENTS CLÉS

⟩ UNE DYNASTIE

Une formation composée de joueurs qui méritent tous d'être au Temple de la renommée a permis à Edmonton de remporter cinq Coupes Stanley en sept ans (1984-1990).

⟩ PREMIÈRE COUPE

Les Oilers remportent leur première Coupe après une année au cours de laquelle l'équipe a marqué un record de 446 buts en saison régulière.

⟩ DIRECTION L.A.

En août 1988, Gretzky fait des adieux émouvants aux amateurs des Oilers.

⟩ REPÊCHAGE DE 1979

En 1979, l'équipe repêche Kevin Lowe, Mark Messier et Glenn Anderson aux 21e, 48e et 69e rangs.

⟩ L'ÉQUIPE NÉGLIGÉE

Les plombiers des Oilers surprennent en 2006 et se rendent jusqu'en finale, après avoir remporté la dernière place disponible en séries d'après saison.

Panthers
de la Floride

Scott Mellanby

MEILLEUR JOUEUR DANS L'UNIFORME

Le travail soutenu de Mellanby a forgé l'identité de cette franchise de l'expansion. Il a été le meilleur compteur de l'équipe à sa première année ainsi qu'en 1995-1996, saison durant laquelle il a mené une formation hybride à la finale de la Coupe Stanley.

⟩ FORMATION DE LA FRANCHISE

H. Wayne Huizenga s'est vu attribuer une franchise de la LNH le 10 décembre 1992 et a choisi le sud de la Floride comme port d'attache. Grâce au repêchage de l'expansion, il mit sur pied l'équipe de première année la plus performante dans l'histoire de la Ligue..

⟩ BÂTISSEUR ÉMÉRITE

Alors que Bryan Murray agissait comme DG, les Panthers se sont taillé une place dans les éliminatoires trois années sur six, y compris une participation à la finale de 1996. Depuis qu'il a été remercié, à la fin de la saison 2000, l'équipe ne réussit plus à se tailler une place en séries.

⟩ MEILLEUR JOUEUR REPÊCHÉ

Ed Jovanovski (1er au total en 1994)

Jovanovski a disputé sa première (et seule) finale de la Coupe Stanley à l'âge de 19 ans. Il est fort, costaud et est un bon marqueur, mais il semble sujet aux blessures depuis quelques années.

MOMENTS CLÉS

⟩ PREMIÈRE FINALE

L'équipe se rend en finale pour la première fois en 1996 après avoir battu Pittsburgh en sept matchs.

⟩ EXCELLENT CHOIX

En 1993, lors du repêchage de l'expansion, les Panthers mettent la main sur John Vanbiesbrouck avec leur premier choix.

⟩ GROSSE TRANSACTION

L'acquisition de Roberto Luongo et de Olli Jokinen des Islanders en octobre 2000.

⟩ BON DÉBUT

L'équipe termine sa première saison avec 83 points, le plus haut total pour une équipe de première année.

⟩ GESTE FÉTICHE

Le 8 octobre 1995, Mellanby tue un rat pour ensuite compter deux buts dans une victoire des Panthers. Depuis, les amateurs jettent des rats de plastique sur la glace lorsqu'un but est marqué.

Kings
de Los Angeles

Marcel Dionne

MEILLEUR JOUEUR DANS L'UNIFORME

Avant que Wayne Gretzky n'atterrisse à Los Angeles, Marcel Dionne y était depuis 12 ans. Il a aidé à promouvoir le hockey en Californie et été la première vedette de l'équipe, accumulant sept saisons de 50 buts ou plus.

⟩ FORMATION DE LA FRANCHISE

Le Canadien Jack Kent Cooke, à qui appartenaient déjà les Lakers de la NBA, a voulu faire connaître le hockey dans le sud de la Californie. Il s'est vu attribuer une franchise le 9 février 1966 dans le cadre de l'expansion de 1967.

⟩ BÂTISSEUR ÉMÉRITE

Bruce McNall a fait l'acquisition de Gretzky un an après avoir acheté les Kings de Jerry Buss en 1987. Avant de connaître des démêlés avec la justice au milieu des années 90, McNall a suscité beaucoup d'intérêt pour cette équipe en attirant des vedettes aux matchs des Kings.

⟩ MEILLEUR JOUEUR REPÊCHÉ

Luc Robitaille (171e au total en 1984)
« Lucky Luc » est un joueur dynamique qui détient le record de la LNH pour le nombre de buts comptés par un ailier gauche.

MOMENTS CLÉS

⟩ LA « MERVEILLE »

L'acquisition de Gretzky en août 1988 a fait du hockey sur glace un sport incontournable sur le marché américain.

⟩ VERS LA FINALE

En 1993, le tour du chapeau de Gretzky dans le septième match de la série éliminatoire contre les Leafs a propulsé les Kings en finale.

⟩ UN VRAI MIRACLE

Les Kings ont effectué un ralliement de cinq buts en 3e période, qui a mené à une victoire en prolongation contre les Oilers, dans le cadre des séries de 1982.

⟩ TOUTE UNE LIGNE

Marcel Dionne, Charlie Simmer et Dave Taylor formaient une ligne à l'attaque connue sous le nom de la « Triple couronne ».

⟩ L'IMPACT DU 99

Bernie Nicholls compte 70 buts en 1989-1990. Par la suite, son plus haut total n'a jamais dépassé 47.

Wild
du Minnesota

Marian Gaborik

MEILLEUR JOUEUR DANS L'UNIFORME

Marian Gaborik est le porte-étendard du Wild depuis la création de cette équipe. Avec ses mains habiles et sa vitesse, il est un des joueurs les plus dangereux de la Ligue. Marian est également solide en défensive.

〉 FORMATION DE LA FRANCHISE

En 1997, quatre ans après que les North Stars ont déménagé à Dallas, la LNH annonce qu'elle a l'intention de retourner dans les villes jumelles de Minneapolis/St-Paul lors de l'expansion de 2000-2001.

〉 BÂTISSEUR ÉMÉRITE

Jacques Lemaire est le seul entraîneur de l'histoire de cette équipe. Son approche défensive et terre à terre a permis de mettre sur pied une équipe de l'expansion performante au Minnesota.

〉 MEILLEUR JOUEUR REPÊCHÉ

P.-M. Bouchard (8ᵉ au total en 2002)
En plus de celle de Gaborik, la contribution de Pierre-Marc Bouchard à cette équipe a été essentielle. Ce joueur possède tous les outils nécessaires pour marquer des points si le Wild laisse de côté sa stratégie défensive.

MOMENTS CLÉS

〉 CHEVAUCHÉE SAUVAGE

L'équipe remporte deux séries qu'elle perdait 3 à 1 avant de céder contre Anaheim dans la finale de l'Ouest en 2003.

〉 PREMIER REPÊCHAGE

L'équipe sélectionne Gaborik au troisième rang, Nick Schultz au 33ᵉ et Lubomir Sekeras au 232ᵉ.

〉 RETOUR RATÉ

Le 6 octobre 2000, le hockey revient au Minnesota, mais l'équipe perd 3-1 contre Anaheim.

〉 DOUCE REVANCHE

Le Wild blanchit les Stars 6-0 lors du premier match entre les deux équipes au Minnesota. C'est le début d'une série de huit matchs sans défaite.

〉 PLUS D'OFFENSIVE

Le Wild obtient Pavol Demitra en échange pour Patrick O'Sullivan et un choix au repêchage de 2006.

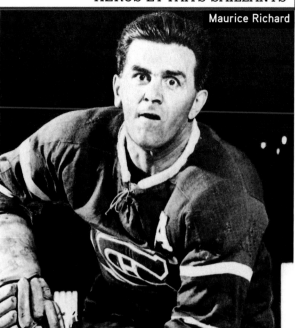
Maurice Richard

Canadiens
de Montréal

MEILLEUR JOUEUR DANS L'UNIFORME

Maurice Richard a été le premier joueur de la LNH à compter 500 buts. Cinq fois lauréat du trophée Art Ross, ce bouillant joueur d'attaque a remporté la Coupe Stanley huit fois au cours de sa carrière et est devenu une légende dans le monde du hockey.

⟩ FORMATION DE LA FRANCHISE

En 1909, huit ans avant la création de la LNH, les Canadiens ont été fondés par J. Ambrose O'Brien, un amateur de sport d'Ottawa soutenu financièrement par un certain Tommy Hare.

⟩ BÂTISSEUR ÉMÉRITE

Dans le rôle du DG de l'équipe entre 1964 à 1978, Sam Pollock a été l'architecte d'une dynastie qui a remporté neuf Coupes Stanley. Il a fait son entrée au Temple de la renommée du hockey en 1978.

⟩ MEILLEUR JOUEUR REPÊCHÉ

Guy Lafleur (1er au total en 1971)
Il détient cinq bagues de la Coupe Stanley, mais on se rappelle surtout de sa chevelure abondante et de ses montées à l'emporte-pièce à l'aile droite. Pendant plusieurs années, « Flower » a été un joueur dominant dans la Ligue.

MOMENTS CLÉS

⟩ NOMBRE RECORD DE COUPES

En avril 1960 l'équipe remporte une cinquième Coupe Stanley d'affilée, un record qui tient toujours.

⟩ AU SOMMET

Pendant la saison 1976-1977, les Canadiens établissent un record de la Ligue pour le nombre de points avec une performance de 132.

⟩ 50 EN PREMIER

Maurice Richard devient le premier compteur de 50 buts en 1944-1945.

⟩ LA VILLE EN FEU

Les partisans des Canadiens se transforment en émeutiers le 17 mars 1955 après que Clarence Campbell, le préfet de discipline de la Ligue, a suspendu Richard pour toute la durée des éliminatoires.

⟩ STAR MONTANTE

En 1950-1951, à l'âge de 19 ans, Jean Béliveau – un joueur qui allait devenir une grande vedette à Montréal – dispute son premier match dans l'uniforme des Canadiens.

Tomas Vokoun

Predators
de Nashville

MEILLEUR JOUEUR DANS L'UNIFORME

Vokoun est devenu gardien numéro 1 à la fin 2002 lorsque Mike Dunham a été échangé aux Rangers. Grâce à son jeu dominant devant le filet, les Predators ont fait un bond au classement quatre années consécutives.

MOMENTS CLÉS

› À VENDRE
Des projets de relocalisation pour cette franchise font surface dès que Jim Balsillie entre en scène.

› GROS NOM
Le 5 août 2005, l'embauche de l'agent libre Paul Kariya a redonné de la crédibilité aux Predators.

› PREMIERS PAS
La mise sous contrat de Vokoun en 1998, lors du repêchage de l'expansion, et l'acquisition de Kimmo Timonen des Kings.

› GROSSE TRANSACTION
En mars dernier, Peter Forsberg est venu s'ajouter à une équipe qui a beaucoup de potentiel.

› DE LA PROFONDEUR
Après que Vokoun eut subi une blessure, Chris Mason a terminé la saison 2005-2006 avec six victoires consécutives.

› FORMATION DE LA FRANCHISE
Après avoir construit le Nashville Arena, la compagnie Leopold Hockey Holdings s'est vu accorder une franchise de la LNH le 25 juin 1997 pour la saison 1998-1999.

› BÂTISSEUR ÉMÉRITE
Le premier et seul DG des Predators, David Poile, a mis sur pied une équipe compétitive grâce au repêchage, aux échanges et aux agents libres. Depuis, des contraintes financières l'ont obligé à se départir de plusieurs joueurs de talent.

› MEILLEUR JOUEUR REPÊCHÉ
David Legwand (2e au total en 1998)
Legwand a été un joueur décevant malgré son indéniable talent. Après sept saisons dans la LNH, sa performance de 107 buts en 500 matchs est considérée comme nettement insuffisante.

Devils
du New Jersey

Martin Brodeur

MEILLEUR JOUEUR DANS L'UNIFORME

Son nom est impossible à dissocier de celui de la franchise. Brodeur a fracassé le record de victoires en une seule saison en 2006-2007 et il est sur le point de dépasser Patrick Roy et Terry Sawchuk dans le livre des records.

MOMENTS CLÉS

> **REPÊCHAGE DE 1990**
Brodeur est sélectionné 20e au total et il remporte le trophée Calder en 1994.

> **LA TRAPPE**
Jacques Lemaire met au point une nouvelle stratégie défensive.

> **PREMIÈRE COUPE**
Les Devils balaient les Red Wings dans la finale de 1995. Claude Lemieux remporte le trophée Conn Smythe avec 13 buts en séries.

> **CHICANE DE FAMILLE**
Les frères Niedermayer jouent l'un contre l'autre dans la finale de 2003. Scott et les Devils remportent leur troisième Coupe.

> **LE PRIX À PAYER**
En 1991, le DG Lamoriello exige Scott Stevens en guise de compensation pour Brendan Shanahan.

> **FORMATION DE LA FRANCHISE**
Après s'être vu refuser un déménagement au New Jersey en 1978, les Rockies du Colorado d'alors ont été vendus, le 27 mai 1982, et la relocalisation de l'équipe a été approuvée.

> **BÂTISSEUR ÉMÉRITE**
Les gens peuvent questionner les décisions et le style de Lou Lamoriello, mais ses trois Coupes Stanley en tant que DG en disent long sur ses habiletés. Juge perspicace du talent des joueurs, il a effectué des échanges d'anthologie.

> **MEILLEUR JOUEUR REPÊCHÉ**
Scott Niedermayer (3e au total en 1991)
Scott s'est distingué dans la Ligue presque autant que Brodeur. Pendant ses 12 années chez les Devils, il a remporté trois Coupes Stanley et un trophée Norris (2004). Il a ajouté une quatrième Coupe à son palmarès avec Anaheim.

Islanders
de New York

Bryan Trottier

MEILLEUR JOUEUR DANS L'UNIFORME

Un des meilleurs joueurs de centre de la Ligue, Bryan Trottier, a remporté quatre trophées individuels en quatre ans et a aidé les Islanders à remporter quatre Coupes Stanley consécutives. Il a été admis au Temple de la renommée en 1997.

〉 FORMATION DE LA FRANCHISE

Même si la franchise allait évoluer à proximité du marché des Rangers, la municipalité de Long Island voulait avoir sa propre équipe. Plutôt que de voir cette volonté se matérialiser dans l'AMH, la Ligue nationale de hockey lui a accordé une concession le 8 novembre 1971.

〉 BÂTISSEUR ÉMÉRITE

En 10 ans, Bill Torrey a transformé les Islanders d'une équipe de l'expansion ayant un rendement anémique de 30 points en une véritable dynastie. Il a recruté une série de joueurs talentueux et il a été très patient avec son entraîneur chef, Al Arbour. Celui-ci allait devenir, éventuellement, un membre du Temple de la renommée.

〉 MEILLEUR JOUEUR REPÊCHÉ

Denis Potvin (1er au total en 1973)

Il y a Trottier et puis il y a Potvin. Celui-ci a été capitaine de l'équipe lors de ses quatre conquêtes de la Coupe Stanley. Mike Bossy serait un autre choix valable, mais le leadership de Potvin lui confère une légère avance.

MOMENTS CLÉS

〉 TOUTE UNE DYNASTIE

L'équipe balaie les Oilers en 1983 pour remporter une quatrième Coupe d'affilée. Il s'agit de la dernière équipe professionnelle à réaliser un tel exploit.

〉 REPÊCHAGE DE 1974

L'équipe choisit Clark Gillies au 4e rang avant de mettre la main sur Trottier au 22e.

〉 PREMIÈRE COUPE

Après avoir remporté 51 matchs l'année précédente, les Islanders gagnent leur première Coupe en 1980.

〉 GRAVE ERREUR

Accorder un contrat de 10 ans d'une valeur de 87,5 millions $ à Alexei Yashin en 2001.

〉 AU CŒUR D'UNE MAGOUILLE

En 1996, l'achat des Islanders par John Spano se révèle frauduleux et celui-ci se retrouve derrière les barreaux.

Mark Messier

Rangers
de New York

MEILLEUR JOUEUR DANS L'UNIFORME

Il a été nommé capitaine dès son arrivée avec l'équipe et il a livré la marchandise, ramenant la coupe de Lord Stanley à Broadway. Il s'agissait de sa sixième conquête du convoité trophée. Très peu de joueurs dans l'histoire possédaient autant de vitesse, de force et de talent brut.

〉 FORMATION DE LA FRANCHISE

Le succès initial des Americans de New York a convaincu le président du Madison Square Garden, G. L. « Tex » Rickard, de réclamer sa propre franchise. La LNH la lui accorda pour la saison 1926-1927.

〉 BÂTISSEUR ÉMÉRITE

Tout au long de sa carrière en tant que DG (1964 à 1975) les choix au repêchage d'Emile Francis ont souvent été douteux. Mais les Rangers ont participé aux séries éliminatoires neuf saisons consécutives à compter de 1966-1967, dont une difficile défaite aux mains des Bruins dans la finale de 1972.

〉 MEILLEUR JOUEUR REPÊCHÉ

Brian Leetch (9e au total en 1986)
Leetch a été un des meilleurs défenseurs offensifs de la Ligue et il a joué un rôle clé dans la victoire des Rangers lors de la finale de la Coupe Stanley de 1994. Il a remporté les trophées Calder, Conn Smythe et Norris (deux fois).

MOMENTS CLÉS

〉 PROMESSE TENUE

« Nous gagnerons ce soir », a déclaré Mark Messier avant de réussir un tour du chapeau dans le 6e match de la finale de l'Est en 1994.

〉 LA COUPE DE 94

Les Rangers ont mis un terme à une disette de 54 ans en battant Vancouver en sept matchs.

〉 ADIEU AU 99

Le 18 avril 1999, après trois ans au sein de l'équipe, Wayne Gretzky joue son dernier match dans l'uniforme des Rangers.

〉 PREMIÈRE COUPE

Lorne Chabot est blessé dans le 2e match de la finale en 1928. À 44 ans, Lester Patrick, l'entraîneur de l'équipe, se voit obligé de le remplacer devant les buts.

〉 RIVALITÉ NATURELLE

De nouvelles vedettes émergent et la rivalité s'accentue lorsque les Islanders sont éliminés dans les demi-finales de 1979.

Sénateurs
d'Ottawa

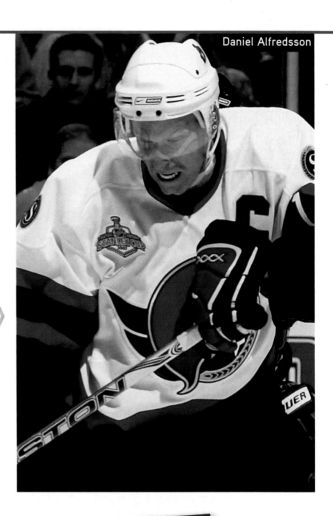

Daniel Alfredsson

MEILLEUR JOUEUR DANS L'UNIFORME

Avec Alexei Yashin à l'écart, Alfredsson a pris le rôle de capitaine en 1999. Il a un tir du poignet foudroyant, joue dur aux deux extrémités, et après plusieurs déceptions en séries, a réussi à se réveiller.

⟩ FORMATION DE LA FRANCHISE

Un groupe d'investisseurs mené par Bruce Firestone se fit accorder une franchise conditionnelle en 1990, et l'adhésion à la LNH suivit un an après.

⟩ BÂTISSEUR ÉMÉRITE

Avec le DG John Muckler (2002-07), le club fut hautement compétitif. Muckler est allé chercher des joueurs clés, les ajoutant aux talents déjà en place, et a mené son équipe en finale en 2007.

⟩ MEILLEUR JOUEUR REPÊCHÉ

Marian Hossa (12e au total, 1997)

À part Alfie, Hossa est le plus complet de tous les joueurs repêchés par Ottawa. Il manie bien la rondelle et en 2005, il réussissait à atteindre le plateau des 100 points. Son échange à Atlanta a amené Dany Heatley.

MOMENTS CLÉS

⟩ **OBSTINÉS**
2007 : menés par Alfredsson, les Sénateurs déjouent les critiques et passent en finale.

⟩ **REPÊCHAGE 94**
Prennent Radek Bonk 3e au total; mieux encore, saisissent Alfredsson 133e.

⟩ **MONTÉE**
Dany Heatley marque 50 buts en 2005-2006 après son arrivée d'Atlanta.

⟩ **CHOIX Nº 1**
Raflent Alexandre Daigle comme 1er choix au total en 1993.

⟩ **EXIT MARTIN**
Jacques Martin est renvoyé en 2004 après une élimination aux mains des Leafs.

Flyers
de Philadelphie

MEILLEUR JOUEUR DANS L'UNIFORME

Capitaine des Broad Street Bullies, Clarke était aussi la perle offensive du club. Il n'était pas le plus doué, mais il a guidé les Flyers vers deux Coupes d'affilée.

Bobby Clarke

〉 FORMATION DE LA FRANCHISE

La LNH, 35 ans après l'échec des Quakers, revint à Philadelphie lors de l'expansion de 1967 et l'équipe est aujourd'hui l'une des plus prospères de la Ligue.

〉 BÂTISSEUR ÉMÉRITE

Bobby Clarke troqua son 'C' pour le poste de DG le 15 mai 1984. Hormis deux ans où il fut DG des North Stars, il a passé toute sa carrière avec les Flyers, ne ratant que deux fois les séries comme joueur, et qu'une fois comme DG.

〉 MEILLEUR JOUEUR REPÊCHÉ

Peter Forsberg (6e au total, 1991)

Peu de temps après ses débuts en 1995, on le classait parmi les meilleurs. Le Suédois peut dominer une partie par son jeu physique et son adresse, quand il n'est pas blessé, bien sûr…

MOMENTS CLÉS

〉 DOUBLÉS

Deux Conn Smythe au gardien Bernie Parent, deux Coupes aux Flyers en 1974 et 1975.

〉 GROS ÉCHANGE

Soutirent Eric Lindros à Québec contre six joueurs, des choix et de l'argent (1992).

〉 REPÊCHAGE 69

17e choix au total, Clarke (trois fois gagnant du trophée Hart) se joint aux Flyers.

〉 PORTE-BONHEUR

Kate Smith chante le *God Bless America* – tradition liée à la première Coupe des Flyers.

〉 COMMOTION

Première commotion de Lindros sur un coup de Darius Kasparaitis (7 mars 1998).

Coyotes
de Phoenix

Dale Hawerchuk

MEILLEUR JOUEUR DANS L'UNIFORME

En neuf ans à Winnipeg, le jeu enivrant de Dale Hawerchuk a aidé à combler bien des sièges. Magicien avec la rondelle, il a dépassé six fois les 100 points – dont l'année où il a gagné le Calder.

⟩ FORMATION DE LA FRANCHISE

Les Jets de Winnipeg intégrèrent la LNH lors de la fusion avec l'AMH en 1979. Le club a été vendu en 1995 et a déménagé à Phoenix en 1996-97.

⟩ BÂTISSEUR ÉMÉRITE

Bobby Smith devint DG en 1996 et Phoenix fit les séries quatre fois d'affilée. Bien qu'éliminés chaque fois en 1re ronde, les Coyotes promettaient. Ce n'est plus le cas aujourd'hui, même avec Wayne Gretzky comme entraîneur.

⟩ MEILLEUR JOUEUR REPÊCHÉ

Teemu Selanne (10e au total, 1988)
Selanne fit une percée remarquée dans la LNH en 1992-93. Il établit un record pour une recrue avec 76 buts et gagna le trophée Calder, s'attirant le surnom de « Finnish Flash ».

MOMENTS CLÉS

⟩ MIGRATION
Au désarroi de plusieurs Winnipegois, les Jets se font Coyotes et s'en vont à Phoenix.

⟩ LA MERVEILLE
Wayne Gretzky joint le club en tant que copropriétaire et passe ensuite derrière le banc.

⟩ REPÊCHAGE 81
Les Jets prennent Hawerchuk, 1er choix au total.

⟩ LE FLASH
1992-93 : le Calder va à Selanne grâce à ses 76 buts (record pour une recrue).

⟩ TEMPS PERDU
Record pour le plus de matchs sans victoires en 1980 avec une fiche de 0-23-7.

Penguins
de Pittsburgh

Mario Lemieux

MEILLEUR JOUEUR DANS L'UNIFORME

Sans aucun doute, le dévouement du Magnifique pour les Penguins est sans égal dans le sport professionnel. Non seulement éblouissait-il sur la glace, mais il a acheté l'équipe après sa retraite.

⟩ FORMATION DE LA FRANCHISE

Résidence des Hornets de l'AHL pendant près de 30 ans, Pittsburgh s'est joint à la LNH lors de l'expansion de 1967.

⟩ BÂTISSEUR ÉMÉRITE

Le club connut du succès dans les années 90 avec Craig Patrick comme DG. Aidés par l'acquisition de Ron Francis et Ulf Samuelsson en 1991, les Penguins remportèrent la Coupe deux années de suite.

⟩ MEILLEUR JOUEUR REPÊCHÉ

Sidney Crosby (1er au total, 2005)

Autre que Lemieux, les Penguins ont trouvé un nouveau sauveur en Sid « The Kid », grâce au système de loterie. Ce coup sonne le début d'une nouvelle ère de domination. Crosby peut tout faire.

MOMENTS CLÉS

⟩ SUPER MARIO

Repêchent Lemieux au premier rang et la recrue termine avec 100 points.

⟩ CROSBY

Les Penguins remportent la loterie post lock-out en 2005, qui détermine l'ordre des sélections.

⟩ COUPES 91 ET 92

Lemieux mène les Penguins à la Coupe deux ans d'affilée.

⟩ EXIT Nº 66

Après avoir passé à travers la maladie de Hodgkin et trois opérations, Lemieux se retire.

⟩ SANS JAGR

Échangent Jaromir Jagr à Washington en 2001, sans rien recevoir d'intéressant en retour.

Brett Hull

Blues
de Saint-Louis

MEILLEUR JOUEUR DANS L'UNIFORME

Acquis de Calgary pour sauver un club agonisant, Hull était un joueur haut en couleurs avec un tir fulgurant. Il a mené la LNH pour les buts comptés pendant trois saisons, entre 1990 et 1992, et il a mérité le surnom de « Golden Brett ».

⟩ FORMATION DE LA FRANCHISE

Après avoir perdu son équipe durant la Grande Dépression, St. Louis se reprit en 1967-68 et fut l'une des six équipes de l'expansion.

⟩ BÂTISSEUR ÉMÉRITE

Engagé comme DG en 1983, Ron Caron l'est demeuré pendant 10 ans. Il a été impliqué dans l'acquisition de Brett Hull, Adam Oates, Curtis Joseph et Brendan Shanahan. Sous sa gouverne, les Blues sont toujours demeurés compétitifs.

⟩ MEILLEUR JOUEUR REPÊCHÉ

Bernie Federko (7ᵉ au total, 1976)
Détenant le record de parties jouées, de points et d'assistances chez les Blues, neuf fois meilleur marqueur du club en 13 ans avec eux.

MOMENTS CLÉS

⟩ DUO VÉZINA

Duo de gardiens des Blues en 1968 : Glenn Hall et Jacques Plante.

⟩ PAS DE COUPE

S'inclinent en finale lors des trois premières années du club.

⟩ TROC

1995 : Échangent Brendan Shanahan à Hartford pour Chris Pronger, qui allait gagner le trophée Hart en 2000.

⟩ HULL/OATES

Adam Oates, secret des 86 buts de Hull en 1990-1991.

⟩ REPÊCHAGE 83

La franchise étant en péril, aucun représentant n'est envoyé et aucun joueur n'est choisi.

Joe Thornton

Sharks
de San Jose

MEILLEUR JOUEUR DANS L'UNIFORME

Bien qu'arrivé tout récemment, il est clair que Thornton est à présent – et pour la prochaine décennie – un meneur pour les Sharks. Il a de la puissance, voit très bien le jeu et ses coéquipiers en tirent profit.

〉 FORMATION DE LA FRANCHISE

Les Seals d'Oakland peinèrent financièrement pendant neuf ans avant de déménager en 1976. La LNH annonça le 5 mai 1990 qu'ils reviendraient dans la région de la baie de San Francisco pour 1991-92, sous la forme des Sharks.

〉 BÂTISSEUR ÉMÉRITE

En plus de faire des merveilles avec les équipes affiliées des Sharks, le DG Doug Wilson a mis sur pied une formation solide grâce aux repêchages, aux agents libres et aux échanges.

〉 MEILLEUR JOUEUR REPÊCHÉ

Patrick Marleau (2e au total, 1997)
Même avec Thornton sur le premier trio, les deux dernières saisons ont été les meilleures de Marleau. Il est le meilleur marqueur de l'histoire des Sharks.

MOMENTS CLÉS

〉 VOL
2005 : dérober Thornton aux Bruins contre trois plombiers.

〉 COMBO
2006 : Thornton gagne les trophées Hart et Art Ross, Cheechoo rafle le Maurice-Richard.

〉 PERCÉE
Saison pitoyable de 24 points suivie d'une de 82 points en 1993-94, et victoire sur Detroit, pourtant tête de série en 1ère ronde.

〉 REPÊCHAGE 94
Choisir le gardien n° 1 Evgeni Nabokov 219e au total.

〉 PARCOURS 2006
Avancent à la finale de l'Ouest, mais perdent en six contre Calgary.

Lightning
de Tampa Bay

Vincent Lecavalier

MEILLEUR JOUEUR DANS L'UNIFORME

Lecavalier améliore constamment son jeu et détient les records de son équipe pour le plus de buts et de points en une saison. Après huit années au sein de l'équipe, il a signé un contrat bien mérité.

〉 NAISSANCE DE L'ÉQUIPE

En 1990, 25 581 personnes ont assisté à l'affrontement Kings-Pingouins à St. Petersburg – prouvant que la Floride aime le hockey. Tampa a eu son équipe pour la saison 1992-93.

〉 MEILLEUR BÂTISSEUR

John Tortorella. À sa première saison complète, Tampa finit avec plus de 60 points pour la première fois en cinq ans. Entraîneur de l'année en 2004, il mena l'équipe, cette saison-là, à sa seule Coupe Stanley.

〉 MEILLEUR AU REPÊCHAGE

Brad Richards (64e au total, 1998).
À part le choix de Lecavalier, celui de Richards au même repêchage fut le meilleur coup du Lightning. Il excelle à préparer le jeu et contribue dans chaque zone.

MOMENTS CLÉS

〉 COUPE DE 2004
Ruslan Fedotenko marque deux buts pour ravir le 7e match face à Calgary

〉 REPÊCHAGE 98
Lecavalier 1er au total et Richards 64e.

〉 WALL STREET
Nikolai Khabibulin devient agent libre après l'attribution de gros contrats à Lecavalier et à Martin St-Louis en 2005.

〉 TRIADE
On reprendra Richards en 2006 pour préserver le Big Three, aux dépens d'autres besoins.

〉 NOUVEAU CHEF
Tortorella démet Lecavalier de son poste de capitaine après sa piètre performance en 2001-2002.

Syl Apps

Maple Leafs
de Toronto

MEILLEUR JOUEUR DANS L'UNIFORME

En 10 ans passés avec l'équipe, Apps a gagné trois Coupes Stanley comme capitaine, en plus d'être recrue de l'année en 1937. Il est au Temple de la renommée depuis 1961.

❭ NAISSANCE DE L'ÉQUIPE

Baptisé Arenas à ses débuts, le club s'appela plus tard les St. Pat's, avant d'être finalement renommé Maple Leafs par Conn Smythe en 1927.

❭ MEILLEUR BÂTISSEUR

Smythe acheta l'équipe en 1927 et fut à l'origine de la construction du Maple Leafs Gardens, ouvert en novembre 1931. Sous ses ordres, son équipe a remporté sept Coupes Stanley.

❭ MEILLEUR AU REPÊCHAGE

Darryl Sittler (8e au total, 1970).
Meilleur marqueur de l'histoire de l'équipe avant que Mats Sundin ne le dépasse en 2008, Sittler en était aussi la figure de proue. Il est au Temple de la renommée depuis 1989.

MOMENTS CLÉS

❭ TOUR DU CHAPEAU
Premier club à gagner trois Coupes d'affilée (1947-49).

❭ EXPÉRIENCE
Âgés de 32 ans en moyenne, les Maple Leafs répètent l'exploit en 1962-64.

❭ GAIN EN SURTEMPS
La Coupe va aux Leafs, en 1951, grâce à un but en prolongation de Bill Barilko — son dernier. Il meurt plus tard dans un écrasement d'avion.

❭ RENVERSEMENT
1966-67, les Leafs surprennent Montréal et gagnent leur dernière Coupe à ce jour.

❭ PERSÉVÉRANCE
Première et seule équipe à gagner la Coupe après avoir tiré de l'arrière 0-3 (1942).

Trevor Linden

Canucks
de Vancouver

MEILLEUR JOUEUR DANS L'UNIFORME

Capitaine dès ses 21 ans, marqueur aguerri en mi-carrière et solide attaquant défensif dans sa trentaine, Linden a été le modèle à suivre des Canucks au cours de ses deux séjours au sein de l'équipe.

⟩ FORMATION DE LA FRANCHISE

Après plusieurs années dans l'ancienne WHL, Vancouver s'est jointe à la LNH en 1970, en même temps que les Sabres de Buffalo.

⟩ BÂTISSEUR ÉMÉRITE

DG des Canucks pendant 11 saisons, Pat Quinn érigea une équipe qui gagna tour à tour le titre de la division Smythe en 1992 et 1993 et s'approcha à une victoire de remporter la Coupe Stanley en 1994.

⟩ MEILLEUR JOUEUR REPÊCHÉ

Pavel Bure (113e au total, 1989)

Une aubaine ! Le Rocket russe alignait les saisons de 60 buts au début des années 90 et fut le meilleur joueur à 1 contre 1 pendant une décennie. Des blessures l'ont toutefois poussé à s'arrêter vers 2002-03.

MOMENTS CLÉS

⟩ SUSPENSION

Les espoirs de Coupe se sont évanouïs quand Todd Bertuzzi a été suspendu pour le reste de la saison 2004.

⟩ PRESQUE...

La Coupe échappe aux Canucks lors d'un 7e match face aux Rangers en 1993-94.

⟩ DRAPEAU BLANC

Ils atteignent la finale en 1981-82 après que Roger Neilson a brandi sa serviette.

⟩ RECORD D'ÉQUIPE

2006-07 : ils remportent la division Smythe avec 105 points.

⟩ BARRE DES 100

Un joueur brise enfin la barre des 100 points en 1992-93 quand Pavel Bure marque 60 buts.

Peter Bondra

Capitals
de Washington

MEILLEUR JOUEUR DANS L'UNIFORME

Ce rapide tireur d'élite slovaque a mené deux fois la Ligue pour les buts comptés. En 14 ans avec les Capitals, il a été leur marqueur le plus fiable et a atteint l'an dernier le plateau des 500 buts en carrière.

⟩ FORMATION DE LA FRANCHISE

Le propriétaire des Bullets de Baltimore (NBA), Able Pollin, avait besoin d'un colocataire pour son projet d'aréna. Il soumit donc une demande in extremis à la LNH en mars 1972, et les Capitals virent le jour en 1974-75.

⟩ BÂTISSEUR ÉMÉRITE

Avant ses miracles à Nashville, David Poile a été le DG de Washington pendant 15 ans. Il est allé chercher le capitaine Rod Langway, a repêché Olaf Kolzig, Bondra et Sergei Gonchar, et a atteint les séries chaque année sauf à sa dernière.

⟩ MEILLEUR JOUEUR REPÊCHÉ

Alex Ovechkin (1er au total, 2004)
Avec lui, les Capitals ont un joueur autour duquel bâtir. Ovechkin est physique et rapide; son tir est mortel et il peut compter n'importe comment, même sur le dos.

MOMENTS CLÉS

⟩ JAGRMEISTER

Voler Jaromir Jagr à Pittsburgh en 2001 en lui offrant le plus gros contrat de l'histoire du hockey.

⟩ OVIE

2005-06 : Ovechkin bat le record des Capitals pour une recrue avec 106 points.

⟩ FINALE 98

Peter Bondra et Olaf Kolzig mènent l'équipe à sa première finale, mais Detroit l'emporte 4-0.

⟩ PERTE DE TEMPS

Première saison parmi les pires du hockey : huit victoires. Buts marqués : 181 ; buts alloués : 446.

⟩ REPÊCHAGE 82

5e choix au total : Scott Stevens, un général à la ligne bleue.

L'équipe des Canadiens, qui a remporté la première Coupe Stanley de la franchise en 1915-1916.

Le hockey des premiers jours

〉 PAR DENIS GIBBONS

LA LIGUE NATIONALE DE HOCKEY MÈNE, SEMBLE-T-IL, depuis toujours un combat pour favoriser le jeu offensif. Les initiatives en ce sens se sont multipliées depuis la fin des années 20 jusqu'à 2005, année où la LNH a introduit des mesures pour réduire l'accrochage.

Certaines mesures ont eu du succès, comme l'ajout de la ligne rouge en 1943, qui a marqué le début de l'ère moderne du hockey. En introduisant la ligne rouge et en autorisant les joueurs à sortir la rondelle de leur zone par une passe, le nombre de buts marqués par match est passé de 7,2 à 8,2, la moyenne la plus élevée depuis la saison 1920-1921.

L'AJOUT DE LA LIGNE ROUGE, EN 1943, A MARQUÉ LE DÉBUT DE L'ÈRE MODERNE DU HOCKEY.

Les changements qui ont marqué le hockey avant la Seconde Guerre mondiale sont trop nombreux pour être énumérés. Après tout, le sport était encore en train de prendre forme au cours de la première moi-

Le gardien de but Clint Benedict, dans l'uniforme des Sénateurs d'Ottawa au cours des années 1910.

Frank Calder a été le premier président de la LNH.

tié du 20ᵉ siècle. Voici tout de même quelques moments marquants de l'histoire du hockey avant le début de l'ère moderne.

Durant un match entre les Rangers et les Pirates de Pittsburgh le 17 mars 1929, la Ligue tente l'expérience de permettre aux joueurs de pousser la rondelle avec leurs patins et de faire des passes avant dans les trois zones de jeu, ce qui était une première à l'époque.

Durant la saison 1929-30, la LNH modifie officiellement ses règlements pour permettre la passe avant dans les trois zones, à condition de ne pas franchir l'une ou l'autre des lignes bleues. Le nombre de buts passe aussitôt de 2,9 à 5,9 par match, tandis que le nombre de jeux blancs chute de 120 à 26.

« Le hockey est devenu ce qu'il est aujourd'hui grâce à ces nouveaux règlements, dit Len Kotylo, président de la Société internationale de recherche sur le hockey. Auparavant, les joueurs devaient observer la règle du hors-

jeu autant dans les zones défensives qu'offensives. »

Les premiers règlements de hockey ont été rédigés par James George Aylwin Creighton et publiés dans la *Gazette* de Montréal le 27 février 1877. Creighton était le capitaine de l'équipe qui a remporté le tout premier match organisé au Victoria Skating Rink de Montréal en 1875.

On croit que les premiers règlements sont inspirés de ceux de sports similaires connus sous les noms de « ricket » ou « shinny », des variantes d'un jeu écossais, le « shinty », pratiquées à Halifax à l'époque.

En 1903, plus de 10 ans avant la création de la LNH, la Ligue fédérale de hockey amateur, composée de quatre équipes – les Wanderers de Montréal, le National de Montréal, Ottawa et Cornwall –, introduit des lignes de but pour aider les arbitres à déterminer si un but a été marqué.

Pendant la Première Guerre mondiale, Ted Dey,

propriétaire de la patinoire d'Ottawa, est le premier à utiliser le système de lumière rouge pour signaler les buts marqués.

Dey demande au maire d'Ottawa, Stanley Lewis, de lui bricoler deux lampes munies d'ampoules rouges, puis les fait brancher à un interrupteur que les arbitres peuvent actionner pour signaler un but. Cette innovation marque un progrès important : dorénavant, les spectateurs n'ont plus aucun doute lorsqu'un but est marqué. Auparavant, le juge de but signalait un but en

fédérale décide d'employer un filet tissé entre deux poteaux. Soutenu par une barre transversale en acier, ce filet est fait de cordage de coton blanc plutôt qu'en chanvre. D'une couleur plus pâle que le chanvre, le coton permet de repérer la rondelle plus facilement.

« C'était toute une amélioration par rapport aux filets précédents, qui consistaient en deux poteaux figés dans la glace à six pieds d'écart et d'une ligne imaginaire à quatre pieds de hauteur, qui délimitait le haut du filet », relate l'historien du hockey Bill Fitsell.

LE 8 DÉCEMBRE 1931, LES AMERICANS DE NEW YORK ONT DÉGAGÉ LA RONDELLE À 61 REPRISES. LE RÈGLEMENT DU DÉGAGEMENT INTERDIT A ÉTÉ ADOPTÉ EN 1937-38.

levant sa main ou un mouchoir blanc, ce qui n'était pas toujours très visible.

En 1917-18, voulant donner suite à une suggestion faite lors d'une assemblée générale, le premier président de la LNH, Frank Calder, annonce l'introduction d'un système de signaux sémaphoriques pour signaler les buts.

La suggestion initiale était d'installer une ampoule électrique sur le but, mais Calder la fait placer derrière l'arbitre, en hauteur et protégée contre les rondelles par un grillage en fils de fer.

Le concept de Calder est à l'origine du système actuel, dans lequel une lumière rouge indique un but et une lumière verte la fin de la période. La lumière rouge ne peut s'allumer après la verte, éliminant la possibilité qu'un but soit marqué après la fin de la période.

Le filet tel qu'on le connaît aujourd'hui apparaît à la saison 1899-1900, lorsque la Ligue de hockey amateur

En 1926-27, Art Ross, alors entraîneur et directeur général des Bruins de Boston, crée un nouveau modèle de filet, que la LNH adoptera la saison suivante. Grâce au concept de Ross, les rondelles qui auparavant avaient tendance à rebondir à l'extérieur du but restent maintenant emprisonnées dans le filet.

Ross a également redessiné la rondelle en arrondissant ses angles aigus. Cette innovation a permis de réduire le nombre de coupures subies par les joueurs frappés par le disque de caoutchouc.

En 1910, les dirigeants de l'Association nationale de hockey modifient la structure des matchs, remplaçant les deux demies de 30 minutes par trois périodes de 20 minutes.

Avant 1910, l'alignement ne comptait bien souvent que huit joueurs par match. Après 30 minutes de jeu sans interruption, plusieurs étaient épuisés. Le nouveau format permet aux joueurs de reprendre des forces, et donne la chance aux préposés à la patinoire d'enlever la neige accumulée sur la glace et qui ralentit le jeu.

En 1911, le poste de maraudeur est abandonné, marquant le début du hockey à six joueurs. Selon Kotylo, il s'agit du changement de règlement le plus important de l'histoire du hockey. « À sept contre sept, il y avait toujours au moins un joueur qui pouvait récupérer sur la glace pendant un match, dit-il. Mais avec le jeu à six, les joueurs se fatiguaient trop rapidement, ce qui a mené aux changements de lignes. Les Canadiens de Montréal ont gagné la Coupe Stanley en 1915 contre

LE FILET TEL QU'ON LE CONNAÎT AUJOURD'HUI APPARAÎT À LA SAISON 1899-1900.

Portland, de l'Association de hockey de la côte Pacifique, parce qu'ils avaient beaucoup de joueurs sur le banc et pouvaient faire des substitutions. Ils avaient presque deux lignes complètes. »

Le premier changement majeur aux règlements de la LNH survient lors de la toute première saison de la ligue, en 1917-1918. Les dirigeants décident d'éliminer les pénalités mineures décernées aux gardiens qui se jettent sur la glace pour arrêter la rondelle.

Certains gardiens de but, comme Clint Benedict d'Ottawa, avaient pris l'habitude de faire passer leurs arrêts pour des accidents. « On pouvait faire semblant de perdre l'équilibre pour faire hésiter les arbitres, admet Benedict. Ils devaient juger si le gardien était tombé ou s'il s'était volontairement jeté sur la glace. »

Le 20 février 1930, Benedict devient le premier gar-

dien à porter un masque dans la LNH alors qu'il joue pour les Maroons de Montréal lors d'un match contre les Americans de New York. Il est de retour au jeu après avoir été blessé au visage par un tir de Howie Morenz des Canadiens le mois précédent.

Le gardien des Maroons ne jouera qu'un seul match avec le masque de cuir muni d'un imposant protège-nez. Il faudra attendre 29 ans, avec Jacques Plante des Canadiens, pour voir un gardien porter de nouveau un masque.

En 1927-28, le port du casque apparaît pour la première fois à l'ordre du jour des discussions des gouverneurs de la LNH à la suite de la fracture du crâne subie par l'attaquant de Chicago Dick Irvin. L'arbitre Lou Marsh et l'ancien entraîneur des Blackhawks, Barney Stanley, proposent deux prototypes de casque, mais l'idée est vite rejetée.

Ce n'est qu'en 1979-80 que le port du casque devient obligatoire, et là encore, seulement pour les nouveaux joueurs de la LNH. Le règlement ne s'appliquera pas aux joueurs qui étaient déjà dans la ligue. Marsh et Stanley auront cependant eu le mérite de commencer à faire bouger les choses.

De nombreux autres changements ont contribué à l'amélioration du jeu dans la première moitié du 20e siècle.

Un mois après le début de la saison 1929-30, les dirigeants de la ligue ont introduit la règle du hors-jeu, qui interdit aux joueurs de franchir la ligne bleue adverse avant la rondelle.

Le 8 décembre 1931, les Americans de New York ont dégagé la rondelle dans la zone adverse à 61 reprises dans un gain de 3-2 contre Boston. Après le match, le propriétaire des Bruins, Charles Adams, a demandé à la LNH d'introduire un règlement forçant la tenue d'une mise en jeu dans la zone de l'équipe qui dégage la rondelle à l'autre bout de la patinoire, et ce pour réduire la pression. Le règlement du dégagement interdit a finalement été adopté en 1937-38.

Le tir de pénalité est introduit dans la LNH en 1934-35, mais sous une forme différente du tir que l'on connaît aujourd'hui. Les joueurs devaient prendre le tir à partir d'un cercle de 10 pieds, à une distance de 38 pieds du gardien. On accordait le tir de pénalité à un joueur victime d'une faute alors qu'il était « en bonne position de marquer ».

Dans la première année, les gardiens réussissent à bloquer 25 des 29 tirs. Aujourd'hui, non seulement les tirs de pénalité existent toujours, mais l'introduction des tirs de barrage a rendu le jeu encore plus excitant.

L'entraîneur des Rangers Frank Boucher a tenté l'expérience de faire jouer deux gardiens en alternance. Au cours d'un match en 1945-1946, les gardiens Charlie Rayner et « Sugar » Jim Henry se remplaçaient toutes les quatre à six minutes.

« J'ai été très impressionné, a déclaré l'entraîneur des Canadiens Dick Irvin. Je crois qu'on se dirige vers une époque où les gardiens se remplaceront aussi souvent que les attaquants et les défenseurs. »

La prédiction d'Irvin ne s'est pas vraiment réalisée, mais le hockey d'aujourd'hui doit beaucoup à la vision et au courage de ces entraîneurs et directeurs généraux qui cherchaient à améliorer leur produit. ⟨

Lester Patrick et Frank Boucher, des innovateurs.

Des innovations à oublier...

〉 PAR MIKE BROPHY

AU FIL DES ANS, NOUS AVONS EU L'OCCASION DE nous familiariser avec toutes sortes de nouveaux concepts qui ont fait avancer le sport du hockey. Chemin faisant, toutefois, la LNH a aussi connu des initiatives moins glorieuses que tous préféreraient oublier. En voici quelques-unes.

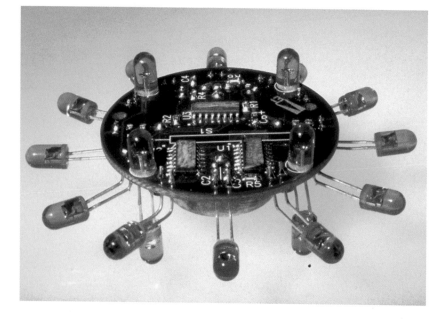

La rondelle luminescente : Baptisée « FoxTrax », elle était sensée être plus facile à suivre pour les amateurs américains regardant un match à la télévision. Non seulement cette innovation fut-elle un échec cuisant, mais elle constituait aussi une distraction désagréable. Finalement, le réseau de télévision Fox n'a utilisé la rondelle luminescente que lors du Match des étoiles de 1996 et de quelques rares parties par la suite. À l'instar de la trace lumineuse qui traversait l'écran de télé lorsque la rondelle se déplaçait, cette invention a rapidement sombré dans l'oubli.

Les suspensions applicables aux jours de pratique : Gil Stein, qui présida la LNH pendant quelques minutes en 1992-1993, est à l'origine de cette brillante décision. Plutôt que de suspendre les joueurs pour un ou plusieurs matchs à venir, il avait institué la suspension pendant les jours de congé. Le joueur suspendu pouvait disputer les matchs, mais n'avait pas le droit de pratiquer avec son équipe les autres jours. Le but de l'opération était de ne pas priver les amateurs du spectacle de leurs joueurs préférés en action. Cette mesure s'est avérée aussi stupide que la tentative de Stein de s'introniser lui-même au Temple de la renommée du hockey, initiative qui fut, heureusement, rejetée.

Le patin dans la zone réservée au gardien : En 1998-1999, dans un effort visant à mieux protéger les gardiens, la LNH a décidé de refuser tout but qui serait compté lorsqu'un joueur de l'équipe attaquante posait un patin dans la zone réservée au gardien de but. Ce changement a provoqué des retards considérables durant plusieurs matchs, car les jeux devaient être constamment révisés. De plus, comme le sport manquait cruellement d'offensive, il était bien mal venu de refuser des buts. Comble de l'ironie, la Coupe Stanley de 1999 a été remportée avec un but compté en prolongation par Brett Hull, des Stars de Dallas, alors qu'il avait – vous l'aurez deviné – un patin dans la zone interdite...

La culotte Cooperall : La LNH a fait une incursion dans le monde de la haute couture en 1981-1982, lorsque les Flyers de Philadelphie ont décidé de faire porter des culottes longues à leurs joueurs. Contre toute attente, les Whalers de Hartford leur ont emboîté le pas la saison suivante. La Ligue a finalement interdit l'usage de ces pantalons en évoquant des raisons de sécurité, mais on soupçonne que le véritable motif était l'allure ridicule que ces culottes donnaient aux joueurs. ⟨

Que nous réserve l'avenir ?

⟩ PAR BRIAN COSTELLO

DE LA RETRANSMISSION TÉLÉ DES MATCHS EN DIRECT aux réseaux spécialisés, en passant par la révision vidéo des jeux controversés, le hockey a fait un bon bout de chemin depuis l'époque où, penchés sur une vieille dactylo Underwood, les journalistes écrivaient leurs articles sur les exploits des six équipes fondatrices de la LNH. Il en est de même pour d'autres événements qui ont ponctué l'histoire récente du hockey. Qui aurait pu croire, en effet, qu'un conflit de travail annulerait toute une saison de hockey ? Que les gardiens porteraient des masques et se laisseraient tomber sur la glace en position papillon ? Qui aurait pu imaginer les salaires astronomiques d'aujourd'hui ? Cela dit, ne riez pas trop à la lecture des capsules suivantes, qui pourraient très bien refléter ce que le hockey est susceptible de devenir d'ici une soixantaine d'années.

2011-2012

Le hockey de la LNH se joue à quatre contre quatre pendant toute la partie

Dans un effort ultime pour contrer le déclin du jeu offensif, la LNH a annoncé que les parties se joueraient dorénavant à quatre contre quatre en saison régulière et pendant les séries éliminatoires. Malgré la mise en place de nombreux changements depuis 2005, l'offensive a atteint le fond du baril en 2010-2011 avec une moyenne anémique de 4,7 buts comptés par partie. La période de temps supplémentaire pendant la saison régulière se jouera à trois contre trois. Cette année, les équipes pourront compter sur une formation de 20 joueurs, mais ce nombre sera réduit à 16 dès l'année prochaine (14 joueurs et deux gardiens). Pour compenser la perte de 120 emplois, la LNH a décidé d'aller de l'avant avec ses projets d'expansion en 2012-2013.

2012-2013

La LNH prend de l'expansion et compte maintenant 38 équipes

Dans le cadre de la plus importante expansion de son histoire, la LNH compte maintenant 38 équipes avec l'inclusion des villes de Hamilton, Winnipeg, Las Vegas, Stockholm, Moscou, Helsinki, Prague et Bratislava. Le commissaire de la Ligue, Bill Daly, a déclaré que la popularité du hockey en Europe jumelée au manque d'intérêt sur le marché américain sont à l'origine de cette nouvelle expansion. « La LNH est maintenant internationale, a-t-il affirmé. Avec une augmentation de 55 % de l'offensive la saison dernière (7,3 buts en moyenne par partie), l'assistance lors des matchs et les cotes d'écoute à la télé ont connu une forte progression. Notre ligue connaît présentement son heure de gloire. »

2018

Le balayage électronique détermine la validité des buts comptés

L'invention d'un scanner tridimensionnel et d'une puce de silicone que l'on insère à l'intérieur de la rondelle ont depuis peu éliminé le besoin d'avoir des juges de but et celui de recourir à la reprise vidéo pour déterminer s'il y a but. La zone soumise au balayage est strictement limitée à la surface intérieure du filet. Les poteaux des buts s'allument dès qu'une rondelle équipée de la puce cryptée traverse complètement la ligne des buts. Cette technique révolutionnaire est considérée comme infaillible et élimine toute autre forme de révision ou de jugement arbitraire.

2021

Les officiels s'installent sur la tribune de presse

Les arbitres des matchs effectuent leur travail à partir de la passerelle de la presse depuis que l'on a décidé de soumettre les hors-jeu et les punitions à un panel pour analyse. Chaque officiel a en main un bouton d'activation et il scrute le jeu qui se déroule à ses pieds à l'aide de nouvelles lunettes d'approche qui multiplient par 10 le champ de vision de l'utilisateur. Un sifflet, installé en haut des gradins, se fait entendre et arrête le jeu dès que deux des trois officiels appuient sur leur bouton simultanément. Le quatrième officiel, équipé d'un lecteur vidéo, surveille les incidents qui se produisent loin du porteur de la rondelle. Il décerne des pénalités ou des suspensions à la fin de chaque période. Cette nouveauté aura pour effet de diminuer le nombre d'individus sur la glace, qui est passé de 16 en 2011 à 10 aujourd'hui.

2028

Des appareils de détection éliminent les plongeons bidons

L'invention des champs de force corporels individuels, conçus pour éliminer les actes de violence en société, a eu une influence importante sur le hockey. Tous les joueurs doivent ajuster l'intensité de leur champ de force personnel au minimum de l'échelle de résistance, ceci afin d'aider les officiels sur la passerelle à déterminer avec plus de précision si un joueur effectue un plongeon bidon. Lorsqu'un contact provoque la chute d'un joueur, l'officiel peut immédiatement décider s'il y a infraction pour obstruction en consultant la résistance affichée dans le capteur du champ de force du joueur visé : si le chiffre est faible – indiquant que le joueur est tombé sans avoir été soumis à une force suffisante –, une punition pour plongeon lui est immédiatement attribuée.

2034

Introduction du contrat aller-retour d'un an

Walter Weir, magnat des énergies solaires et éoliennes, vient de populariser le controversé, mais, oh! combien efficace, contrat d'un an qui a permis à son équipe de remporter la Coupe Stanley deux années de suite en 2034-2035 et 2035-2036. Weir met ses joueurs sous contrat pour un an et fixe l'entente en se basant sur les performances du joueur au cours de l'année précédente.

« L'idée m'est venue lorsqu'un jeune m'a dit qu'il détestait jouer avec les types qui possèdent de juteux contrats à long terme, a-t-il affirmé. Les joueurs qui ont un contrat d'un an sont prêts à faire le travail. S'ils réussissent bien avec nous, je n'ai pas de problème avec le fait qu'ils signent un contrat à long terme avec une autre équipe, car il y a une multitude d'agents libres sur le marché qui rêvent de se joindre à nous. Je me suis rendu compte que les joueurs sont motivés par les sommes très avantageuses que nous offrons lorsqu'ils gagnent la Coupe Stanley. »

2049

Les patins sur coussin d'air deviennent la norme

L'invention par Noah Kay au milieu des années 2040 du patin monté sur coussin d'air a été largement contestée par les traditionalistes, mais la LNH a décidé de l'adopter définitivement lorsque le commissaire Connor Campbell a constaté que le hockey pouvait maintenant se développer dans les États du sud des États-Unis, la surface glacée n'étant plus nécessaire à la pratique du sport. « Le hockey n'a pas changé, a déclaré Campbell. La seule différence, c'est qu'il n'y a plus de glace ni de lames sur les patins. Les joueurs se propulsent et glissent à quelques pouces du sol tout comme le faisaient les patineurs jadis. Certains joueurs sont plus rapides que d'autres, mais, heureusement, ils ont des rétropropulseurs pour freiner leurs accélérations. » Campbell s'attend à ce que cette innovation suscite de l'intérêt pour le hockey dans les marchés de Bâton Rouge en Louisiane, de Birmingham en Alabama et d'Atlanta en Georgie.

2068

Les étoiles internationales effectuent une tournée de l'amitié

Depuis qu'en 2062 des explorateurs terriens ont établi un contact avec des êtres vivants sur la planète Vexon III, l'Union mondiale a invité les organismes culturels et les ligues de sport professionnel à effectuer des missions d'amitié vers cette nouvelle galaxie. En 2068, la LNH enverra donc un groupe de 25 joueurs étoiles effectuer une tournée d'un mois sur Vexon III pour enseigner les rudiments du hockey et faire la promotion du sport. En retour, les Vexans ont accepté d'envoyer 25 des leurs vivre et s'entraîner au sein d'équipes de la LNH en 2072. ⟨

SIDNEY CROSBY

Le poids du sport sur ses épaules

〉 PAR ALAN ADAMS

C'EST UNE DOUCE SOIRÉE À BRY-SUR-MARNE, PAISIBLE BANLIEUE de Paris. Dans un restaurant au bord de la rivière, la discussion glisse de la Coupe du monde de rugby, qui enfièvre la France, pour porter sur les sportifs canadiens célèbres. « Ah, dit le serveur italien, Leonard Cohen, Neil Young, Ben Johnson, Wayne Gretzky, Sidney Crosby... »

Que le serveur italien croie que Leonard Cohen et Neil Young soient des sportifs n'a rien de choquant : après tout, dans le monde de la musique, on pourrait dire que ce sont des poids lourds.

Il n'est pas étonnant non plus que le spectre de Ben Johnson rôde toujours, 20 ans après l'humiliant test de contrôle antidopage qui l'a obligé à rendre sa médaille d'or aux Jeux olympiques de Séoul.

Gretzky et Crosby, cependant, sont dans une tout autre catégorie. Gretzky est tout simplement « la Merveille ». Il est le meilleur joueur de l'histoire du hockey et le premier à avoir véritablement donné ses lettres de noblesse au plus beau sport sur glace. À l'image de Gretzky, Crosby a ennobli le hockey, et représente tout à fait ce dont

The Lester B. Pearson Award

NHLPA

Sidney Crosby ne fait pas encore partie des individus qui ont transformé le hockey, mais il exerce une influence de plus en plus grande et commence à changer la façon dont les joueurs, les équipes et la ligue se mettent en valeur.

SIDNEY CROSBY SE CLASSE AU DEUXIÈME RANG DE LA LISTE DES PERSONNES LES PLUS INFLUENTES DE LA LNH.

le hockey a besoin actuellement. Jeune, séduisant, bien élevé et bilingue, en plus d'être d'un talent époustouflant au hockey, il a tout pour lui.

Il n'est pas faux d'affirmer que Crosby mérite déjà de figurer sur notre liste des moments ou des individus qui ont changé ce sport. Quelques années seulement après son entrée en scène, il est déjà le meilleur joueur de la Ligue... et un formidable produit de marketing. Mais ne précipitons pas les choses : son nom figurera sûrement sur cette liste un jour. Laissons simplement l'histoire suivre son cours.

Revenons cependant à la fin des années 1980, alors que le hockey n'avait pas encore pris son envol chez nos voisins du sud. Après avoir mené les Oilers d'Edmonton à quatre Coupes Stanley en cinq ans, Gretzky a été échangé aux Kings de Los Angeles ; ce fut un véritable tournant dans l'histoire de la LNH.

En effet, du jour au lendemain, la Ligue comptait un ambassadeur de choc pour vendre le hockey aux États-Unis, et Gretzky a exercé sa magie. La LNH était devenue un produit très recherché. Elle avait pris une telle ampleur que *Sports Illustrated* est allé jusqu'à déclarer, en 1994, que le hockey avait plus la cote chez les amateurs que la NBA.

Doit-on préciser que Gretzky, qui a pris sa retraite en 1999, demeure la figure la plus populaire du hockey ? Le hockey a changé, cependant, depuis que la Merveille a réécrit le livre des records, et c'est en Crosby que se trouve le plus grand potentiel pour lancer la LNH vers de nouveaux sommets.

Le jeune joueur des Penguins n'a pas encore atteint le stade où les journalistes et le public soupèsent chacun de ses mots, comme ils l'ont fait et continuent de le faire pour Gretzky, mais ce moment n'est pas loin. L'« ère Crosby » en est encore à ses premiers balbutiements.

Sidney Crosby ne le réalise peut-être pas, mais il se classe au deuxième rang de la liste des personnes les plus influentes de la LNH, juste derrière le commissaire de la LNH, Gary Bettman. N'oublions pas que sa carrière ne fait que commencer! À l'âge de 19 ans, Crosby est devenu le septième joueur de l'histoire de la LNH à réaliser un triplé en remportant le trophée Art Ross (meilleur compteur), le trophée Hart (comme joueur le plus utile à son équipe, et il est d'ailleurs le hockeyeur le plus jeune à remporter ce trophée depuis Gretzky en 1980), et le trophée Lester B. Pearson, remis au meilleur joueur choisi par ses pairs. Et ce n'est pas tout.

Je pense que vous trouverez la réponse si je vous demande quel hockeyeur, avant même de marquer son premier but dans la LNH, a lancé des rondelles dans une sécheuse à la demande de Jay Leno, pendant *The Tonight Show*.

C'est un secret de polichinelle que la LNH songe encore à une expansion, mais il serait hors de question qu'elle le fasse si elle ne pouvait pas compter sur le n° 87 pour attirer des amateurs dans les gradins.

Il n'est pas faux d'affirmer que Crosby peut déplacer des montagnes. Lorsque Pittsburgh a affronté Ottawa lors des éliminatoires de 2007, la LNH a déplacé en après-midi une partie qui devait être diffusée le samedi soir lors la traditionnelle Soirée du hockey, afin d'accommoder les diffuseurs américains.

Puis, il y a eu le fiasco entourant la vente des Penguins de Pittsburgh au milliardaire canadien Jim Balsillie. La transaction a achoppé sur les restrictions de

LE DOSSARD N° 87 DES PENGUINS FAIT FUREUR DANS TOUTES LES VILLES DE HOCKEY NORD-AMÉRICAINES.

dernière minute que la LNH a imposées à Balsillie. Ce qu'il faut comprendre dans cette histoire, c'est que la ligue ne voulait pas que Crosby se retrouve dans une ville canadienne. Il aurait en effet été impossible de vendre l'« emblème de la LNH » sur Wall Street s'il avait joué dans le fin fond du Canada avec les N'importe Qui de Hamilton.

Ce n'est qu'un exemple supplémentaire de l'influence qu'exerce « Sid the Kid » sur son sport.

Il est rare qu'une ligue de sport professionnel compte dans ses rangs un élément d'une aussi grande qualité que Crosby. Au cours de son histoire, la LNH a accueilli plusieurs grands joueurs, mais ni Bobby Orr, ni Maurice Richard ni Gordie Howe n'ont réussi à transcender le hockey comme Gretzky par le passé et Crosby actuellement.

Il ne le sait peut-être pas encore, mais Sidney Crosby aide la LNH à éponger les pertes liées à l'arrivée du n° 99 aux États-Unis. Il y a 20 ans, Gretzky avait été le sauveur la LNH. Il a en été le moteur économique. Mais les dirigeants de la Ligue de l'époque étaient tellement enthousiastes qu'ils ont succombé à leurs idées de grandeur.

Aujourd'hui, la LNH est en difficulté dans quelques marchés des États-Unis, et Crosby est celui sur lequel elle compte pour relancer la fièvre du hockey et, par le fait même, sauver le monde de Gary Bettman.

Le dossard n° 87 des Penguins fait fureur dans toutes les villes de hockey nord-américaines. Crosby est le joueur dont les prouesses font la manchette tous les soirs à la télévision. Et il est le seul joueur actuel de la LNH qui soit connu, par exemple, d'un serveur italien d'une banlieue parisienne.

De Pittsburgh à Paris, et partout ailleurs, Crosby est bel et bien l'homme de la situation. ⟨

Crédits
photographiques